国家自然科学基金项目"东北粮食主产区耕地利用布局调整及其适应机制重构研究——基于种植结构优化视角"（项目编号：41971247）研究成果

东北粮食主产区耕地利用区域分化特征及其驱动机理研究

宋 戈 张文琦 著

科学技术文献出版社

·北京·

图书在版编目（CIP）数据

东北粮食主产区耕地利用区域分化特征及其驱动机理研究 / 宋戈，张文琦著. —北京：科学技术文献出版社，2021.12
 ISBN 978-7-5189-8662-0

Ⅰ.①东… Ⅱ.①宋…②张… Ⅲ.①粮食产区—耕地利用—研究—东北地区 Ⅳ.①F323.211

中国版本图书馆 CIP 数据核字（2021）第 242285 号

东北粮食主产区耕地利用区域分化特征及其驱动机理研究

策划编辑：周国臻　责任编辑：崔灵菲　胡远航　责任校对：文　浩　责任出版：张志平

出　版　者	科学技术文献出版社
地　　　址	北京市复兴路15号　邮编 100038
编　务　部	（010）58882938，58882087（传真）
发　行　部	（010）58882868，58882870（传真）
邮　购　部	（010）58882873
官 方 网 址	www.stdp.com.cn
发　行　者	科学技术文献出版社发行　全国各地新华书店经销
印　刷　者	北京虎彩文化传播有限公司
版　　　次	2021年12月第1版　2021年12月第1次印刷
开　　　本	710×1000　1/16
字　　　数	182千
印　　　张	10.25　彩插 2 面
书　　　号	ISBN 978-7-5189-8662-0
定　　　价	48.00元

版权所有　违法必究

购买本社图书，凡字迹不清、缺页、倒页、脱页者，本社发行部负责调换

前　言

耕地作为粮食作物种植的载体具有不可替代性。不同作物种植类型在数量结构和空间分布等属性特征方面表现出耕地利用方式的区域分化。受到自然和人文因素的共同驱动，耕地利用方式与各影响因子之间相互作用，其分化特征在不同时段具有明显的空间差异。从粮食作物种植视角研究耕地利用区域分化问题，突破了传统的以水田、水浇地和旱地为耕地利用类型的宏观分类体系，根据不同作物种植产生的耕地利用方式差异，将作物种植结构转化为耕地利用方式的空间关系，这是对耕地利用研究内容的进一步延伸和细化。因此，科学合理地判断粮食作物耕地利用区域分化特征，探寻耕地利用区域分化过程中不同影响因子间的联系与作用关系，系统地阐释耕地利用区域分化的驱动机理，是揭示自然条件变化和人类长期活动对耕地利用影响的有效方式。研究成果将为耕地利用布局优化提供依据，对促进耕地资源优化配置及保障粮食结构性安全具有重要的理论意义和实践应用价值。

本书以松嫩平原黑土区相互邻接的3个典型县（依安县、克山县和拜泉县）为研究区，基于 Google Earth Engine 大数据云平台，使用随机森林分类器提取 1988—2018 年中典型年份（1988 年、1996 年、2006 年、2016 年和 2018 年）主要粮食作物（大豆、玉米、水稻和其他作物）的空间分布信息；运用地理信息技术与空间统计方法，分析和阐释研究区典型年份不同时段主要粮食作物耕地利用的数量变化和空间分异特征；剖析关键性影响因子的单一和交互作用对耕地利用区域分化的作用强度，并探究社会经济和自然要素对主要粮食作物耕地利用数量变化与空间分布的作用规律，揭示研究区粮食作物耕地利用区域分化的驱动机理。在此基础上，科学划分主要粮食作物耕地利用优势区，构建不同政策情景，因地制宜提出具有差别化的耕地利用管控对策，提升耕地利用空间的有序性，为完善耕地保护与粮食安全制度设计提供思路。

本书系国家自然科学基金项目"东北粮食主产区耕地利用布局调整及其适应机制重构研究——基于种植结构优化视角"（项目编号：41971247）的研究成果，也得到了该项目经费的资助。在撰写过程中，得到了领域内同行专家的指点和帮助，也参考了国内外众多学者的文献资料，在此致以诚挚的谢意。书中文献若有疏漏，还请原作者谅解。同时感谢科学技术文献出版社及负责本书出版的周国臻老师，有了他们的帮助与支持，本书才得以顺利出版。

目前，关于粮食作物耕地利用区域分化特征及其驱动机理方面的研究仍处于探索阶段，诸多问题仍需进一步深入探讨，由于笔者水平有限，书中难免存在不妥之处，恳请专家、同行和读者批评指正。

目 录

1 绪论 ………………………………………………………………… 1
   1.1 问题的提出 ………………………………………………………… 1
   1.2 国内外研究动态 …………………………………………………… 5
   1.3 研究方法与技术路线 ……………………………………………… 12
   1.4 研究区概况 ………………………………………………………… 16
   1.5 数据来源与处理 …………………………………………………… 22

2 耕地利用区域分化特征及其驱动机理的理论概述 ………………… 25
   2.1 相关概念的辨析 …………………………………………………… 25
   2.2 理论基础 …………………………………………………………… 26
   2.3 分析框架 …………………………………………………………… 30
   2.4 本章小结 …………………………………………………………… 32

3 粮食作物耕地利用区域分化特征 …………………………………… 33
   3.1 粮食作物种植信息提取 …………………………………………… 33
   3.2 粮食作物耕地利用数量分化特征 ………………………………… 36
   3.3 粮食作物耕地利用空间分化特征 ………………………………… 44
   3.4 粮食作物耕地利用的区域分化总体特征 ………………………… 74
   3.5 本章小结 …………………………………………………………… 78

4 粮食作物耕地利用区域分化的驱动机理 …………………………… 83
   4.1 粮食作物耕地利用区域分化的影响因子选取 …………………… 83
   4.2 粮食作物耕地利用区域分化的因子探测分析 …………………… 88
   4.3 社会经济要素对粮食作物耕地利用数量分化的驱动机理 ……… 102
   4.4 自然要素对粮食作物耕地利用区域分化的驱动机理 …………… 104
   4.5 本章小结 …………………………………………………………… 127

5 粮食作物耕地利用区域分化的管控策略 …………………………… 133
   5.1 耕地利用区域分化的管控目标与原则 ………………………… 133
   5.2 粮食作物耕地利用区域分化的管控方案 ……………………… 135
   5.3 粮食作物耕地利用区域分化的管控对策 ……………………… 141
   5.4 本章小结 ………………………………………………………… 145

6 结论与讨论 ……………………………………………………………… 147
   6.1 结论 ……………………………………………………………… 147
   6.2 讨论 ……………………………………………………………… 150

参考文献 …………………………………………………………………… 152

1 绪 论

1.1 问题的提出

1.1.1 研究背景

作物种植是耕地最直接的利用方式，作物与耕地具有唯一的对应性。长期以来，自然条件变化和人类需求增加深刻地改变着农田地理环境，直接作用的结果是耕地利用方式和结构发生改变，不同种类作物种植的耕地利用方式与区域间耕地利用结构通过不断调整，最终形成耕地利用的区域分化。耕地利用的区域分化是自然资源环境变化和人类活动相互作用的结果，其变化过程呈现出时序动态性、不稳定性和复杂性的特征。耕地利用区域分化在一定程度上影响着区域的生态环境、粮食安全和社会经济发展，可以反映出区域耕地利用现状和区域内耕地资源的优劣特征，是诊断耕地利用合理与否的重要依据，成为分析和解释区域耕地利用空间现象、过程和机理的重要因素。长期以来，人类通过行为活动不断地开发利用耕地资源以满足自身需求，对资源环境和生物结构产生了巨大影响。目前，尽管耕地综合生产力和粮食总量呈逐年提高之势，但粮食作物耕地利用存在着结构性矛盾，如玉米种植供大于求，大豆供需缺口却逐年扩大。粮食作物种植结构失衡，耕地利用方式随之发生变化。

耕地作为粮食作物种植的载体具有不可替代性。不同的作物种植类型在数量结构和空间分布等属性特征方面表现出耕地利用方式的区域分化。受到自然和人文因素的共同驱动，耕地利用方式与各影响因子之间相互作用，其分异特征在不同时段具有明显的空间差异。从粮食作物种植视角研究耕地利用区域分化问题，突破了传统以水田、水浇地和旱地为耕地利用类型的宏观分类体系，根据不同作物种植产生的耕地利用方式差异，将作物种植结构转化为耕地利用方式的空间关系，这是耕地利用研究内容的进一步延伸和细化。因此，科学合理的判断粮食作物耕地利用区域分化特征，探寻耕地利用区域分化过程中不同影响因子间的联系与作用关系，系统阐释耕地利用区域分化的驱动机理，是揭示自然条件变化和人类长期活动对耕地利用影响的有效方式。研究成果将为耕地利用布局优化提供依据，对促进耕地资源优化配置及保障粮食结构性安全具有重要的理论意义和实践应用价值。

我国作为农业大国，是农作物和农耕文明的起源地。我国政府始终高度重视农业生产与耕地保护。改革开放以来，我国农业制度政策为适应时代需求不断调整变化，这也推动了耕地利用方式与结构的极大转变。在人类活动和自然因素的共同作用下，耕地利用区域分化日趋明显。1978年，我国开始探索家庭联产承包责任制改革，实行分田包产到户，改变了人民公社体制，农户成为耕地利用的主体。1988年，黑龙江省大豆精量点播技术和覆膜玉米栽培技术开始规模化推广，直接影响大豆与玉米作物种植效益的提升，导致研究区耕地利用种植结构出现转折。1996年，为更好地满足国内大豆需求，开始实行低关税贸易政策，大豆进口量猛增，我国成为大豆净进口国。国内大豆受品种、种植技术和自然条件的制约，单产一直较低，使得大豆总产量高低主要取决于耕地播种面积的多少。2006年，我国大豆种植面积开始逐年递减，国内大豆种植面积萎缩，粮食作物耕地利用出现明显的区域分化。2015年11月，农业部出台《关于"镰刀弯"地区玉米结构调整的指导意见》，首次提出玉米种植的调减方案，目标是在5年内使该区域玉米种植面积减少超5000万亩，这也推动了该区域粮食作物耕地利用区域分化的新一轮转变。2016年4月，农业部印发《全国种植业结构调整规划（2016—2020年）》，从国家层面提出对耕地种植结构调整的优化目标，耕地保护特别是耕地利用与管理工作得到了加强。试点地区正式从2016年开始实施"减玉米、增大豆"的种植结构调整政策，区域间耕地利用结构通过不断调整，粮食作物耕地利用区域分化特征显著。2017年1月，农业部发布的《关于推进农业供给侧结构性改革的实施意见》中，强调要稳定粮食生产，继续推进以减玉米为重点的种植业结构调整。2018年试点地区开始大规模实行耕地轮作休耕的利用模式，耕地利用区域分化表现出明显的动态性。此后，2020年2月，农业农村部制定《2020年种植业工作要点》，提出"守底线、优结构、提质量"的目标任务，要求守住国家粮食安全底线、优化种植结构和推动种植业绿色高质量发展，对粮食作物耕地利用方式和结构提出了新的要求。2021年中央一号文件《中共中央 国务院关于全面推进乡村振兴加快农业农村现代化的意见》的发展目标中，再次强调到2025年要农业基础更加稳固，粮食和重要农产品供应保障更加有力，农业生产结构和区域布局明显优化。纵观整个历史进程，不同时期指导耕地利用政策的提出，对推进粮食作物耕地利用的科学发展和促进区域社会经济可持续发展都具有重要作用，针对改革政策或重要事件发生的时间节点，展开粮食作物耕地利用区域分化特征及驱动机理研究，有利于更好地支撑耕地利用布局调整和促进农业空间可持续发展，并且对于保障未来国家粮食结构性安全意义重大。

松嫩平原地处核心黑土区，土壤肥沃，耕地资源丰富，土地条件居全国之首，在我国粮食安全中有着举足轻重的地位。在农业现代化发展与农业市场化变革过程中，松嫩平原粮食作物种植结构矛盾日益突出，加剧了对深化与拓展耕地利用领域研究的迫切需求。本研究以松嫩平原北部的拜泉县、克山县和依安县3个相互邻接的典型县为研究区，研究区位于我国松嫩平原北部的黑土带，土地总面积10 460 km²，耕地占79.48%，人均耕地面积8.18亩/人。2018年年末研究区总人口约为148万人，辖46个乡镇，2个农场。研究区耕地集中连片，土壤类型主要为黑土和黑钙土，土壤肥沃，腐殖质深厚，有机质含量高，地处黑龙江省第三积温带，农作物熟制以一年一熟为主，是北方玉米和大豆种植的主要分布区，该区域在东北粮食主产区具有很强的代表性。改革开放以来，受自然资源条件和市场经济行为的影响，我国对粮食作物种植结构进行了大幅度调整，主要粮食作物耕地利用结构在时间和空间上的复合性与目标导向性表达发生变化和调整，区域耕地利用方式出现明显差异，呈现出显著的区域分化特征。耕地种植结构的改变，使生产要求与资源环境之间的矛盾突出，人地关系紧张。2017年以来，研究区3个县均被列为耕地轮作试点地区，开始推广以玉米与大豆轮作为主的耕地利用模式，基本改变以种植玉米为主的连作状况。政策驱动下，研究区耕地利用区域分化的特征日趋显著，大豆与玉米耕地种植面积出现"剪刀差"的变化趋势，耕地种植结构调整初见成效。因此，为减少耕地利用结构失衡对粮食安全、生态环境和经济社会产生的不良影响，必须明确研究区粮食作物耕地利用的区域分化特征，深入了解耕地利用区域分化的形成过程及自然与人文因子对其驱动机理，设计符合区域实际的农业政策情景，并提出相应的管控对策。研究成果对于改善区域粮食供需结构、推进黑土区耕地保护战略实施具有重要的理论价值和实践指导意义。

本研究以松嫩平原黑土区相互邻接的3个典型县（依安县、克山县和拜泉县）为研究区，基于Google Earth Engine（GEE，谷歌地球引擎）大数据云平台，使用随机森林分类器提取1988—2018年典型年份（1988年、1996年、2006年、2016年和2018年）的主要粮食作物（大豆、玉米、水稻和其他作物）的空间分布信息；运用地理信息技术与空间统计方法，分析和阐释研究区典型年份不同时段主要粮食作物耕地利用的数量变化和空间分异特征；剖析关键性影响因子单一和交互作用对耕地利用区域分化的作用强度，并探究社会经济和自然要素对主要粮食作物耕地利用数量变化与空间分布的作用规律，揭示研究区粮食作物耕地利用区域分化的驱动机理。在此基础上，科学划分主要粮食作物耕地利用优势区，构建不同的政策情景，因地制宜提出具有差别化的耕地利用管控对策，提升耕地利用空间的有序性，为完善耕地保护与粮食安全制度设计提供思路。

1.1.2 目的与意义

（1）研究目的

本研究的根本目的在于从粮食作物种植视角科学把握松嫩平原典型区耕地利用状态，探索粮食作物耕地利用区域分化的驱动机理，构建以耕地利用分区为指引的管控路径与措施，为提升耕地利用空间的有序性、实现粮食安全与耕地保护的双重目标提供理论依据。具体分为以下3个方面。

①基于长时间序列遥感影像，获取1988—2018年研究区典型年份主要粮食作物（大豆、玉米、水稻和其他作物）的耕地利用信息，明晰耕地利用的数量结构与空间分布等区域分化特征。

②系统解析粮食作物耕地利用区域分化从一种状态到另一种状态的动态变化过程，阐明不同影响因子对不同时段耕地利用区域分化的作用大小、强度、方向和空间异质性特征。

③在不同的政策情景下，探寻主要粮食作物耕地利用分区管控对策，为粮食作物耕地利用布局调整及保障国家粮食结构性安全提供科学依据。

（2）研究意义

①理论意义。当前从粮食作物种植视角研究耕地利用问题尚处于探索阶段，在其理论、方法上均有较大的发展空间。本研究立足于研究区社会经济及耕地资源利用现状，以主要粮食作物耕地利用方式与结构差异带来的耕地利用区域分化为切入点，结合地理学、农业经济学与土地利用科学等学科的理论和方法，构建耕地利用区域分化研究的理论体系，为耕地利用研究提供新思路。采用地学空间模型和计量分析方法，探讨主要粮食作物耕地利用变化的空间异质性，描述其随着时间产生的空间变异及分布特征，弥补了耕地利用类型在空间表达上的不足。从土壤、气候、地形、区位、价格等方面选取粮食作物耕地利用区域分化关键性影响因子，运用相关性分析、因子地理探测、交互探测及地理加权回归等方法，阐明耕地利用区域分化的驱动机理。基于耕地利用区域分化的特征，对研究区主要作物进行分区，明晰在不同政策情景下主要粮食作物的管控对策。研究成果将丰富耕地利用区域分化研究体系，对今后松嫩平原地区耕地利用区域分化的相关研究提供一定的理论参考和借鉴意义。

②实践意义。以松嫩平原的拜泉县、克山县和依安县为研究区，该区域自然环境和资源禀赋较优越、农业生产历史悠久，随着人类需求发展，主要粮食作物的耕地资源利用增减变化明显，耕地利用方式与结构呈现区域分化

的特征。明确研究区粮食作物耕地利用区域分化的基本特征，识别关键性影响因子，阐明粮食作物耕地利用区域分化的驱动机理，是揭示自然条件变化和人类行为活动对耕地利用影响程度的有效方式。有利于发现区域主要粮食作物耕地利用过程中存在的问题，探索耕地利用过程中存在问题的成因，阐释耕地利用区域分化与自然生态环境、社会经济活动之间的关系，进而改善区域耕地利用结构，对于进一步推进耕地保护工作和实现耕地利用布局优化具有一定的实际应用价值。同时，提出不同政策情景下主要粮食作物耕地利用管控对策，对农业部门进行粮食作物优化配置工作有很好的参考价值。

1.2 国内外研究动态

1.2.1 国内外研究进展

当前国内外关于耕地利用方面的研究多以耕地资源本身为研究对象，从作物种植视角进行耕地利用区域分化的研究相对较少。基于本书的研究目的与研究内容，本章在耕地利用的研究范围上进行了一定的扩展，重点梳理耕地利用、耕地利用区域分化特征、耕地利用区域分化驱动机理和耕地利用区域分化管控对策等方面的相关研究文献，探讨本研究的立足点，以期深化耕地利用领域的研究。

（1）关于耕地利用方面的研究

耕地利用方面的研究缘起于对农业土地利用的研究。国内外学者对耕地利用含义的认知并不统一，但从耕地利用行为来看，耕地利用是为满足人类生存需求而展开的行为活动。借鉴土地利用的基本含义，学者普遍认为耕地利用是指人类通过特定的方式，以耕地为对象，利用耕地的特性，获得农产品或其他价值的过程。一般而言，耕地最本质的利用方式是进行农作物种植，耕地利用合理与否直接关系到国家乃至世界的粮食安全，因此，耕地利用的相关研究逐渐成为学者们关注的焦点。

为更全面梳理总结关于耕地利用方面的研究，在中国知网（CNKI）对2020年及以前的相关文章进行检索，用关键词"耕地利用"共检索到相关文献3856篇，将全部检索结果进行可视化分析。从耕地利用历年发文数量变化趋势可以看出（图1.1），在20世纪末，国内耕地利用领域的相关研究开始出现，1999年耕地利用领域发文量为58篇，较之前有所提升，之后相关研究出现爆发式增长，到2016年达到峰值265篇，表明随着耕地保护意识的逐渐增强，国内耕地利用研究引起了众多学者的关注。

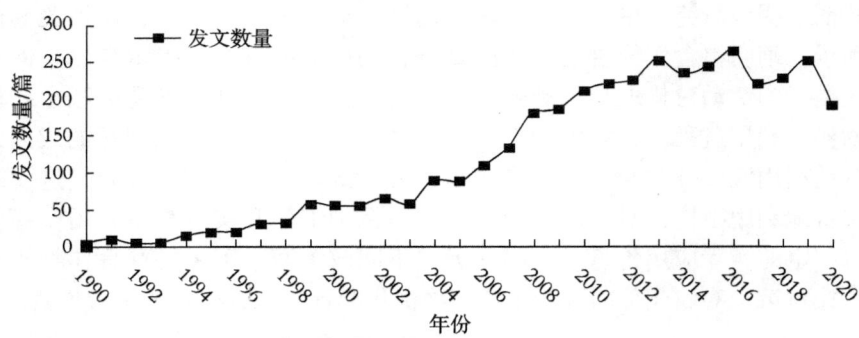

图1.1 耕地利用历年发文数量变化趋势

通过耕地利用相关领域的检索结果，研究主题和关键词集中在"耕地资源""耕地利用""可持续利用""耕地集约利用""耕地保护""耕地质量""耕地利用效率""耕地可持续利用""耕地资源利用"等方面。其中，排在前5位主要主题的发文数量共计1504篇，占总数的39%，对每个研究主题1990年以来的发文量变化趋势进行统计分析。

统计结果显示，以"耕地资源""耕地利用""可持续利用"为主题的文献较早出现在20世纪末期，以"耕地集约利用"和"耕地保护"为主题的文献兴起于21世纪初期；以"耕地资源""可持续利用""耕地集约利用"为主题的发文数量呈现波动上升再逐渐下降的趋势，而以"耕地利用"和"耕地保护"为主题的文献数量整体呈继续上升的趋势。结果表明，国内耕地利用研究早期大多关注耕地资源、耕地可持续利用和耕地集约利用等领域，而近年来国内学者更多地关注耕地保护与耕地利用领域的问题，研究主题从基础研究转向深化探讨。因此，从更微观的视角拓展耕地利用领域的研究是科学发展的必然趋势。

（2）关于耕地利用区域分化的研究

从更微观的视角深入研究耕地利用过程，是揭示耕地利用对人类活动响应程度的重要手段和途径。耕地作为农作物种植的重要载体，不同的耕地利用方式呈现明显的时空差异，表现为耕地利用区域分化。关于耕地利用区域分化方面的研究，集中在耕地利用变化和作物种植结构两个方面，已有的研究思路与方法为本研究提供了很好的借鉴。

国内外学者在耕地利用领域的探讨主要研究集中在耕地生产及开发潜力、数量变化、驱动因素、资源安全、质量监测等方向，研究体系不尽完善。对于耕地利用研究关注点主要有耕地数量、空间分布及景观格局变化等方面。在GIS和RS技术的支持下，耕地利用变化特征的研究多运用动态度指数、区位指数、转移矩阵、景观格局指数等模型和方法，研究某个时间节点或长时间序列耕地与其他土地利用类型之间的数量转移变化特征、耕地变化速率和耕地资源区域分布关系、水田和旱地转换特征、耕地利用变化机理、耕地变化与粮食安全关系等。

近年来，随着遥感信息获取技术手段的不断提升，学者们逐渐开展对水田和旱地的转换特征研究。研究表明，基于作物种植的耕地利用结构变化对于准确掌握耕地利用变化过程和形势、落实耕地保护政策具有重要的现实意义。从空间尺度来看，耕地利用变化的研究尺度已涵盖各尺度范围，涉及国家、区域、省域、市域、县域等不同尺度。其中大尺度研究对象为全球或各大洲等，是从整体视角监测土地利用/覆盖发展趋势；中尺度则一般以国家、区域、省域为研究对象，通过研究耕地利用变化过程及影响因素，指导区域土地利用规划和可持续发展；小尺度研究包括市域以下区域范围，通过自然要素和人文社会活动的微观分析，揭示地区耕地利用时空变化规律。时间范围上，研究通常都是用较长的时间序列的统计与遥感数据为研究基础进行分析，探究耕地面积的时间序列变化和耕地分布空间格局变化，但研究时间范围多为固定间隔时间序列，缺少科学依据，结合国家政策变化选取有代表性的时间节点开展研究，有利于厘清耕地利用变化过程与特征。

对于农作物种植结构时空变化研究，众多研究采用重心迁移模型和Moran's I 指数等方法定量分析种植结构时空变化和空间集聚特征，选取景观格局指数，从作物斑块密度、作物分离度指数、作物类型变化速度等指标分析不同作物动态变化规律，或利用不同时期作物分布图进行空间叠加分析，探索不同阶段的作物分布空间变化趋势。时间范围上，单一作物种植结构研究多利用统计数据对近30年大豆、玉米和水稻等空间分布特征进行研究，多数研究利用MODIS和Sentinel-2A结合NDVI数据对2000年以后的作物分布格局进行遥感监测，近年来，国内外学者开始研究基于Google Earth Engine大数据云平台和深度学习的提取算法对多源遥感数据进行探索，提取某一时点的作物空间分布。目前，该方面的研究区域多集中在我国北方作物一年一熟区，对于南方多熟制地区作物种植结构的精准提取尚存较大难度。相关研究多侧重耕地变化和作物种植类型的数量变化特征，但在实际中，不同耕地空间位置的同种作物耕地利用变化特点的差异同样显著，对耕地利用方式与结构的定量研究相对缺乏，亟待深入研究。

此外，农作物空间信息的精准提取是有效掌握耕地利用方式与结构动态变化的重要基础。早期研究受空间信息技术的限制，主要是利用行政单元的统计数据获取作物种植结构信息，统计数据为定量分析耕地利用种植结构提供了研究的基础数据，但统计数据形成过程和程序容易受到人为因素干扰，且统计数据只是对统计单元进行数量上的统计，难以反映出统计单元的多维属性和统计单元中作物空间分布的异质性。随着现代地理信息与遥感技术的发展，利用卫星遥感影像数据解译获取作物种植信息成了较为可靠的作物分类手段,一般参照物候信息,根据作物在不同生产阶段特有的光谱特征,通过遥感技术进行识别区分。分类方法由最初的目视解译,发展到以统计学和算法编程为基础的智能分类与机器学习,作物识别能力得到加强,识别精度不断提高。

国内外学者关于农作物类型空间信息提取的研究主要分为4个阶段。第1阶段,基于反射率数据与简单分类器的耕地利用作物种植结构信息提取。20世纪80年代到90年代,Landsat MSS/TM 影像是作物分类制图的主要数据来源,影像的反射率是分类的主要的输入数据,通常使用简单的监督分类与非监督分类方法进行分类。第2阶段,基于新型植被指数与新型分类器的耕地利用作物种植结构信息提取。2000年以来,耕地利用种植结构信息提取的方法得到改进,通过使用神经网络分类器和支持向量机分类器,结合作物生产不同时期的植被指数进行提取,以提高作物分类的准确性。第3阶段,基于时间序列数据进行耕地利用作物种植结构信息提取。虽然多时相图像已被用于第2阶段,但基于时间序列分析关键物候特征或变化并未被量化用于根据植被指数随时间的变化,采用基于阈值或决策树的方法可以更好地将不同作物与其他土地覆盖区别开来,但由于不同地区的水稻种植系统差异很大,这种方法难以广泛应用。第4阶段,基于识别作物关键物候期的耕地利用种植结构信息提取。前期研究已经认识到种植信息提取中作物关键生长期的重要性,然而,没有使用遥感方法定量识别作物的关键物候期,如水稻的移植期、分蘖期和收获期。在最近的研究中,越来越多的研究人员开始使用基于物候的方法进行耕地利用种植结构信息提取。研究发现可以通过使用NDVI(EVI)和LSWI之间的关系来提取耕地利用作物种植结构信息,但是对于该算法的可扩展性可能需要在不同区域进行更多验证。总之,涉及耕地作物种植信息提取的研究,集中于应用地理信息系统及遥感技术的空间维度和时间维度分析手段,通过遥感的方法识别某种单一作物空间分布信息,以及在不同区域尺度进行试验研究,突破传统对种植单元进行数量上的统计难以反映出种植单元的多维属性和作物空间分布异质性的弊端,对于指导今后耕地利用种植结构提取提供重要的技术支撑。

综合前人的研究来看,已有耕地变化和作物分布时空特征的研究方法,为开展耕地利用区域分化研究积累了丰富的理论、方法和技术手段,但将作物种植结构与耕地利用分离研究,难以平衡调整种植结构优化与耕地保护两者的关系。因此,选取符合研究区实际的空间分析方法,从作物种植结构视角深入分析研究区耕地利用时空分化特征,具有重要的研究价值。

(3)关于耕地利用区域分化驱动机理的研究

耕地利用区域分化是人类活动作用于自然环境的结果响应,是社会经济活动与自然生态过程相互作用的体现，对于处理和理解人地关系具有重要作用。耕地利用区域分化的形成受到众多自然基底条件和社会经济等多种因素的影响，两者在一定程度上制约着耕地利用方式与结构的变化。自然基底条件（如地形、地貌、土壤、光照、气温、降水、水文等）是耕地作物种植的环境基础，主要体现为长期控制作用；社会经济因素（如人口、技术、政策、市场调控等）则在较短时间尺度内决定着区域耕地利用种植结构的变化，影响着耕地利用区域分化的方向和速率。因此，深入了解耕地利用变化与各因素之间的相互作用成为当前研究的重点。

耕地利用是以耕地为基础，从事满足人类群体生产、生活、生态所需农产品和服务的农业活动。从耕地利用的目的来看，基本以种植农作物来获取其产物为主。耕地农作物种植受地理、气候等综合因素影响较大，空间分布特征较为明显。在已有研究中，较多以水稻、玉米、小麦、棉花等单一作物作为种植空间分布研究对象，这些作物区域分布性强、空间格局特征明显。

自然因素的空间差异在一定程度上驱动着粮食作物耕地利用的空间分布，已有研究表明，土壤状况和地形条件是影响农户种植选择的最直接因素，土壤理化性质的差异决定着土壤质量，进而对耕地利用种植结构产生重要影响。水文因素则决定着沼泽湿地的空间分布，尤其是天然降水和径流等补给水源的变化，很大程度上影响着湿地的空间演变。同时，气候因子是耕地生产潜力的重要驱动因子，气温、降水、光照等因子的时空差异在很大程度上影响着耕地生产潜力的区域分化。已有研究多利用空间分析软件，以国家、省域、县域等尺度为研究范围，对农作物种植在光照、降水、温度、土壤等自然约束的耕地利用作物种植空间格局的特征、演变阶段与作用机理进行分析。

以政策、市场、技术等宏观调控为主的人文因素，是在短期内影响粮食作物耕地利用数量变化的重要驱动因素。农业政策是国家根据粮食需求与发展需要，调节和保障区域内粮食作物的种植结构与耕地利用状态的重要基础，对粮食作物耕地利用区域分化具有强制性的影响，也是区域内部种植结构的直接决定因素。市场机制可以有效调节农业经营者选择农作物种植的类型，体现为农业生产和种植选择逐渐向具有比较优势的空间集聚发展。技术进步也是引起耕地利用变化的重要人文因素，受劳动成本、灌溉、化肥、农业机械总动力等因素的影响，耕地利用种植结构呈现出较强的时空差异。此外，还有众多定性分析不同因素对耕地利用种植方式差异的影响，这些研究考虑到各区域内农户长期形成的价值观念和生活习性等方面，同样是维持耕地利用方式与结构稳定的重要因素。

国外学者在解释耕地利用变化的原因时，往往从评价耕地利用的影响因素进行因果判断，但各国家、地区的自然资源条件和社会经济发展差异较大，需进一步探讨适用本区域的耕地利用可持续性及作物生产适宜性的评价指标体系和方法。20世纪80年代初，西方国家的Newman、Rosenzweig、Stockle等学者通过构建数学模型来评估未来的气候变化，尝试模拟气候变化情景下农作物种植结构与方式的转变。国外学者考虑耕地土壤蒸散量的临界值、作物生长所需积温值对北美玉米带转移产生的影响，模拟了气候变化导致的气温上升对种植业农作物带来的影响，或是构建耕地利用敏感性评价指标体系，分析二氧化碳等温室气体对农作物生长造成的影响。还有学者构建预测与优化模型，模拟未来一段时间内的气温、降水、太阳辐射变化对主要粮食作物种植的影响强度。此外，农作物耕地利用方式对于自然条件变化的响应，Ramirez-Villegas、David B、Lobell等学者也做了相关研究，较为常见的思路是利用统计模型预测长时间序列作物生长状态与产量的改变，也有学者研究世界范围内农作物的时空格局变化，从大尺度范围揭示农作物空间分布的特征。同时，学者们在研究过程中也会考虑人文因素的驱动作用，无论是自然条件还是人文要素，对不同的作物种植结构都会产生重要影响，因此，学者在确定一套完整的影响因素过程中已有较为成熟的经验，但耕地利用变化原因的组成结构更主要还是取决于研究目的。

总的来说，国内外关于粮食作物耕地利用区域分化驱动机理研究已较为丰富的成果，无论是自然因子作用还是其与人文因子共同作用，均对粮食作物耕地利用区域分化驱动机理研究提供了很好的方法参考与观点借鉴。粮食作物耕地利用区域分化的驱动因子处于动态调整和相互制约的状态，目前关于驱动机理的研究大多还仅仅是分析耕地利用区域分化的驱动力，通过驱动因子的描述解释进而分析驱动机理。通过已有研究梳理，针对粮食作物种植结构调整带来的耕地利用区域分化的驱动机理研究还相对较少，在相关研究中，自然与社会经济因子对粮食作物耕地利用区域分化的空间作用规律还需进一步加强，且各因子对不同作物耕地利用类型驱动机理方面的研究尚有不足。描述和分析粮食作物耕地利用结构变化、阐明耕地利用区域分化特征和驱动机理是指导区域国土空间规划和耕地资源可持续发展的重要途径，有助于深入揭示耕地利用与保护的社会经济和自然环境的相互关系，对于准确掌握耕地利用变化过程和落实耕地保护政策具有重要的现实意义。

(4) 关于耕地利用区域分化管控对策的研究

当前，直接针对耕地利用区域分化管控对策的研究多局限于宏观层面的政策、建议等定性分析，主要从经济、政策和技术3个方面对耕地利用方式采取调控措施。

经济措施是许多地区限制农转非、鼓励农民轮作休耕及控制城市蔓延所采取的主要措施，通过采取经济干预对耕地保护与协同利用进行调控。第一，通过调节轮作休耕补贴、种子补贴、农机补贴等农业补贴优惠措施，引导农民通过合理选择作物种植类型进而科学利用耕地。此外，还有为提高耕地质量和改善农业环境方面的直接补贴，以及为实现全域综合整治通过耕地整理、农地基础设施建设、提供技术信息服务等公共投资，进而提高耕地利用效率和提升竞争力的间接补贴。第二，通过对耕地设定他项权、转移开发权等手段以保障农地所有者的经济利益，提升耕地规模化利用水平，进而针对集中连片的耕地更易于机械化作业与规范化管理。

政策手段是国家根据本国的国情背景制定法律法规对不同区域内的耕地利用进行法律保护。所有耕地利用活动首要遵循的是《中华人民共和国土地管理法》，国家运用法律和行政的手段对土地财产制度和土地资源的合理利用所进行的管理活动予以规范。法律中对耕地保护有明确规定，实施永久基本农田保护制度，严格控制耕地转为非耕地。此外，国家政府根据不同的发展阶段与发展需求，制定《基本农田保护条例》等农业政策文件，对耕地利用实行用养结合的保护策略，以满足我国未来人口和国民经济发展对农产品的需求，为农业生产乃至国民经济的稳定快速发展起到保障作用。

通过科技手段实施耕地利用与保护的调控研究，较多关注耕地数量保护与质量修复的科学技术手段的创新与方法应用。现有技术调控手段主要包括耕地资源动态巡查技术、地理资源信息技术、农地退化治理与修复技术、农地污染修复技术、土地利用规划基本农田规划技术、土地开发复垦技术等。有研究通过采用可耕管理试验计划，测试和评估不同土壤适宜的植被及不同栖息环境适应的生物所构建的耕地生态环境，来选择适宜的种植作物和栖息物种，从而改善耕地土壤和生态环境。相关研究目前主要集中在生态安全格局优化和调控方面，针对景观结构、功能对生态过程的相互作用及影响，学界开始从景观生态规划和土地利用优化配置两个角度展开对生态（环境）安全格局优化和调控的研究。

总之，这些研究为耕地利用区域分化的管控对策研究提供了参考，耕地利用的优化模式也应该根据研究区的职能定位和资源优势，充分考虑区域内各种耕地利用类型的自然条件、区位优势和人类活动等因素，从整体上寻求最佳的耕地利用类型数量结构的分布和空间组合优化配置，以协调生态、经济和社会发展之间的关系，实现区域耕地资源的可持续利用，最终满足研究区生态安全、粮食生产结构性安全和经济社会协调发展的多目标要求。

1.2.2 研究评述

纵观国内外研究成果，在耕地利用区域分化特征方面的研究，多是侧重对耕地本身的数量及空间布局的分析。但实际中，基于作物种植的耕地利用方式与结构在不同空间位置上的耕地利用变化特点是不同的。作物种植结构的研究在农业地理与农业经济领域取得了较好的进展，但从作物种植视角细化耕地利用问题的研究极少，基于作物种植的耕地利用区域分化特征及驱动机理等方面的研究都有待深入探索。在耕地资源利用区域分化方面，已有研究集中于耕地利用集约度、利用效率及利用转型的研究，侧重耕地利用结合某种社会经济属性的数量变化特征及分布，对耕地利用时空变化的研究大多停留在区域分布的宏观层面和静态解释上，在一定程度上忽略了耕地利用方式与结构在空间上的定量化表达，将耕地利用延伸到作物种植给耕地利用带来的区域分化方面的研究也少见报道。在耕地利用区域分化驱动机理方面，多是考虑自然或人文因素对整个变化过程的影响，但耕地利用变化是一个时空动态过程，其主要影响因子对耕地利用变化的作用强度、方向等也会随时间而发生变化，本研究定量分析主要粮食作物耕地利用面积与粮食价格的相关性，对耕地利用区域分化的影响因子进行地理探测和交互作用分析，以及探究影响因子在不同空间位置上的影响程度，弥补了当前研究缺少揭示粮食作物耕地利用影响因子作用的空间异质性及因子间可能具有的协同或拮抗作用的不足。在耕地利用区域分化的管控对策方面，已有的管控对策通常过于宏观，没有考虑因子对区域内耕地利用结构的影响，本研究对不同粮食作物耕地利用的状况进行了分区划定，依据耕地利用区域分化驱动机理，评判耕地利用的发展能力，构建不同的政策情景，确定耕地利用区域分化的管控方向，在空间上实现耕地利用的合理规划。

1.3 研究方法与技术路线

1.3.1 研究方法

（1）遥感与地理信息技术相结合

遥感与地理信息系统技术作为目前研究土地利用问题重要的技术手段，得到了广泛的认可。本研究中的相关数据处理及分析拟采用遥感技术与地理信息系统技术相结合的方法。依据研究区一年一季农作物的物候特征，基于Google Earth Engine大数据云平台，使用随机森林分类器进行长时间序列的作物分类，结合土地利用变更调查数据库中的耕地利用田块信息，完成遥感解译数据的匹配，建立研究区典型年份的主要粮食作物耕地利用信息数据库。在ArcGIS平台下，实现多源数据中矢量数据与栅格数据的相互转换、空间分辨率和投影坐标系的统一，为基础数据库进行准备和数据预处理。同时，利用GIS强大的数据处理能力、空间信息分析功能和可视化的分析技术,综合处理和分析多种来源的时空数据,是支撑研究区不同耕地利用类型数量变化分布及其空间组合特征的基础,也为研究区主要粮食作物耕地利用问题研究提供了技术支撑。

(2) 地学空间模型

针对不同研究内容的需要,运用空间模型的方法,利用 ArcGIS 10.2、GeoDa 等地理空间软件平台提供的技术支撑,开展耕地利用区域分化特征及其驱动机理研究。主要研究方法具体包括:转移矩阵、动态度模型、标准差椭圆、重心迁移模型、地学信息图谱、探索性空间数据分析和地理加权回归模型等。这些方法能够很好地解决本研究的主要空间分析问题,确保了耕地利用区域分化研究的可靠性和科学性。

①空间统计分析。空间统计分析是在建立研究区粮食作物耕地利用数据库的基础上,通过对研究对象的数量结构、空间分布等属性特征进行统计分析,是准确揭示事物之间相关关系、变化规律和发展趋势的一种研究方法。本研究运用空间统计分析法,通过构建转移矩阵分析粮食作物面积、结构及动态度特征,用以发现研究区粮食作物耕地利用的数量变化特征及演变规律。

②重心迁移模型与标准差椭圆模型。重心迁移模型与标准差椭圆模型均是研究地理对象空间变化的重要方法,通过分析地理要素分布重心的迁移与空间分布格局的变化,可以从空间角度很好地描述耕地利用类型的空间分异特征。本研究运用重心迁移模型与标准差椭圆模型,分析研究区主要粮食作物耕地利用的空间分化特征,能够清晰、客观地反映区域内粮食作物种植结构的转移规律等空间特征。

③探索性空间数据分析。探索性空间数据分析(exploratory spatial data analysis, ESDA)是空间计量学中的重要研究方法之一,主要用来测度地理对象的空间关联特征,通过对事物或现象空间分布的描述与可视化表达,识别空间集聚和空间异常,揭示对象之间的空间相互作用机制。本研究运用探索性空间数据分析法,对研究区不同粮食作物进行空间关联性测度,从时间和空间的角度剖析不同单元之间的空间关联特征。

④地学信息图谱。地学信息图谱是进行土地利用"格局与过程"一体化数据合成和提取的主要方法,粮食作物耕地利用分化过程在时空上具有一般地学信息图谱"时间-空间-属性-过程"的基本特征。本研究通过构建地学信息图谱,从空间位置和时间变化的角度探究研究区典型年份粮食作物耕地利用区域分化的过程特征,可以较好地反映30年来研究区粮食作物耕地利用区域分化的空间格局和动态变化过程。

⑤地理加权回归模型。地理加权回归（geographically weighted regression, GWR）是一种考虑空间非平稳性的局部回归模型，相较于传统回归方法，可以真实反映变量之间的空间差异特征，还可以更好地描述地理要素的空间差异性。本研究运用地理加权回归模型，从影响因子作用的空间差异剖析研究区耕地利用区域分化的驱动机理，定量化表达各影响因子在不同地理位置对耕地作物种植类型变化的作用方向和强度。

（3）计量分析方法

针对不同研究内容的需要，运用计量分析的方法，利用 RStudio、SPSS23.0、Excel 等软件平台，开展耕地利用区域分化驱动机理及管控研究。主要研究方法具体包括：相关性分析、地理探测器和 K 均值聚类分组分析等。在定量分析基础上，采用定性分析的方法阐述和概括其研究结果，对耕地利用区域分化的管控对策进行的归纳总结。

①相关性分析法。相关性分析法是用来测度两个或多个具备相关性的变量元素之间关联特征的一种计量分析方法，能够衡量两个变量因素的相关密切程度。通常运用相关性分析对总体中确实具有联系的标志进行分析，核心思想是对总体中具有因果关系标志的分析，描述客观事物相互间关系的密切程度，并用适当的统计指标表示出来。本研究运用相关性分析法，检验粮食价格对不同粮食作物总体数量变化的解释能力。

②地理探测器模型。地理探测器模型是揭示地理要素空间分异性及其影响的研究方法，此方法核心思想是判断自变量对因变量空间分布的解释能力。其中，因子探测器的作用是探测驱动因子对作物种植变化空间分异的解释程度，交互探测器的作用是通过比较各单因子及两因子叠加解释能力，判断两因子是否存在交互作用，以及交互作用的强弱、方向、线性还是非线性。本研究运用地理探测器的因子探测器和交互探测器模型，定量分析研究区耕地利用区域分化的驱动机理。

③K 均值聚类分组分析。K 均值聚类分组分析是 ArcGIS 10.2 以上版本嵌入的空间聚类分析方法，该工具可根据研究需要进行指定字段，基于一定的空间约束条件实现对全部分析对象的组别划分。其优势表现为聚类过程考虑要素的地理空间位置关系，结合了分组对象的属性因素和空间特征进行综合聚类分析，寻找能够使每个组中的所有要素具有最大的相似性，但各个组之间尽可能不同的空间格局。本研究运用 K 均值聚类分组分析法，依据 1988—2018 年研究区主要粮食作物的种植结构，确定分区组数后进行耕地利用优势分区。

1.3.2 技术路线

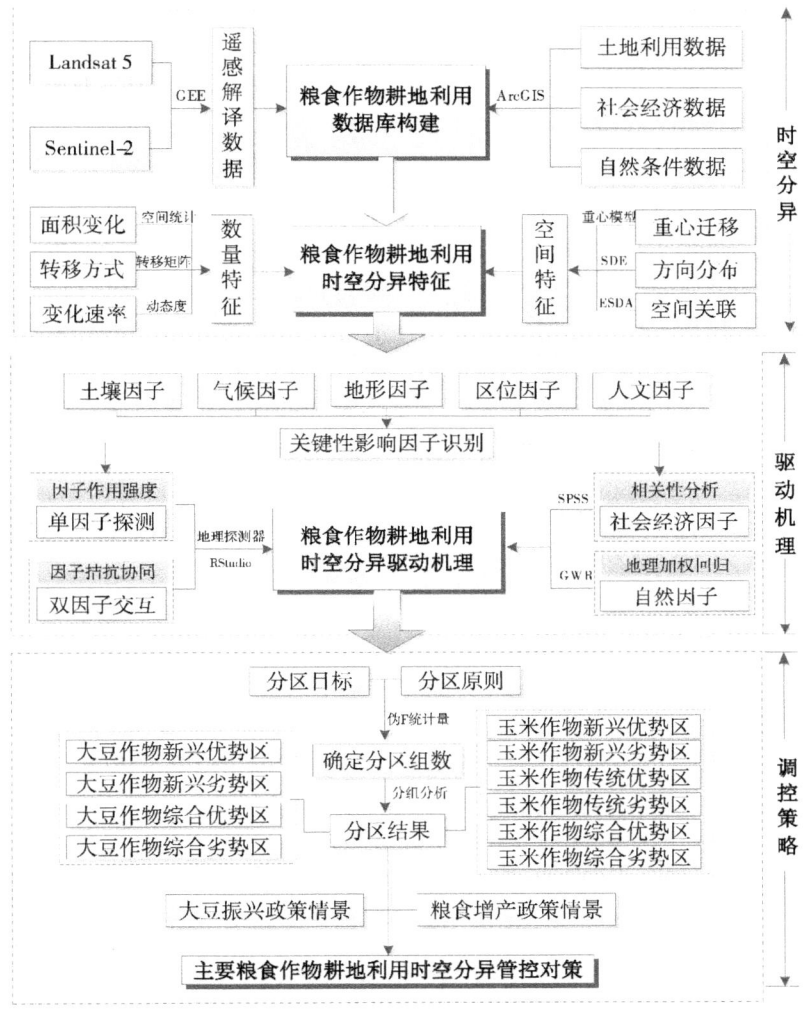

图 1.2 技术路线图

本研究以松嫩平原黑土区的拜泉县、克山县和依安县 3 个相互邻接的典型县为研究区，运用 GIS 和 RS 技术，构建研究区 30 年来典型年份主要粮食作物的耕地利用信息数据库，绘制主要粮食作物的耕地利用信息分布图，运用耕地利用动态变化度、耕地变化转移矩阵等方法测算研究区典型年份及不同时段主要粮食作物耕地利用面积、结构、转移方式、动态度等数量变化特征；运用重心迁移模型、标准差椭圆模型和空间探索性分析方法明确了主要粮食作物耕地利用的空间迁移路径、方向、分布范围、空间关联性等空间分异特征；通过构建地学信息图谱，从空间位置和时间变化角度探究研究区典型年份粮食作物耕地利用区域分化的总体特征。在明确耕地利用区域分化特征的基础上，从土壤要素、气候要素、区位要素、地形要素和人文要素等方面筛选和甄别1988—2018年研究区粮食作物耕地利用区域分化的关键性影响因子，借助RStudio平台构建地理探测器模型，测算各影响因子及因子交互作用对粮食作物耕地利用区域分化的作用大小和方向；运用SPSS软件进行相关性分析，探究粮食作物耕地利用数量变化与粮食价格之间的相关性；构建地理加权回归模型从空间上揭示不同影响因子对耕地利用区域分化的作用规律，明确研究区粮食作物耕地利用的区域分化驱动机理；根据研究区主要粮食作物耕地利用的发展能力和粮食结构特点进行耕地利用功能分区，构建不同的政策情景，提出主要粮食作物耕地利用的发展方向与管控对策，围绕区域内自然地理条件、农户种植习惯等因素，因地制宜，提出具有差别化的耕地利用管控对策，为完善耕地保护与粮食安全制度的设计提供思路。技术路线如图1.2所示。

1.4　研究区概况

1.4.1　研究区选取依据

（1）研究区代表性

本研究选取松嫩平原北部拜泉县、克山县和依安县3个相互邻接的典型县为研究区，其地理坐标为东经$124°49'46''\sim 126°33'1''$，北纬$47°16'50''\sim 48°33'51''$（图1.3）。研究区地处松嫩平原核心黑土区，3个县均为齐齐哈尔市辖县，研究区东与五大连池市、克东县、海伦市和北安市为邻，西与富裕县相接，北隔讷谟尔河与讷河市相望，南与林甸县和明水县接壤。研究区位于黑龙江省松嫩平原腹地黑土带，土地总面积10 460 km^2，耕地占79.42%，人均耕地面积0.55公顷/人。2018年年末，研究区总人口约为147.77万人，辖46个乡镇（其中拜泉县辖7镇9乡、克山县辖7镇8乡、依安县辖6镇9乡），有2个国有农场（克山农场和依安农场）。研究区地处黑龙江省第三积温带，农作物熟制以一年一熟为主，主栽作物为大豆、玉米和水稻，是松嫩平原具有代表性的区域。

1 绪 论

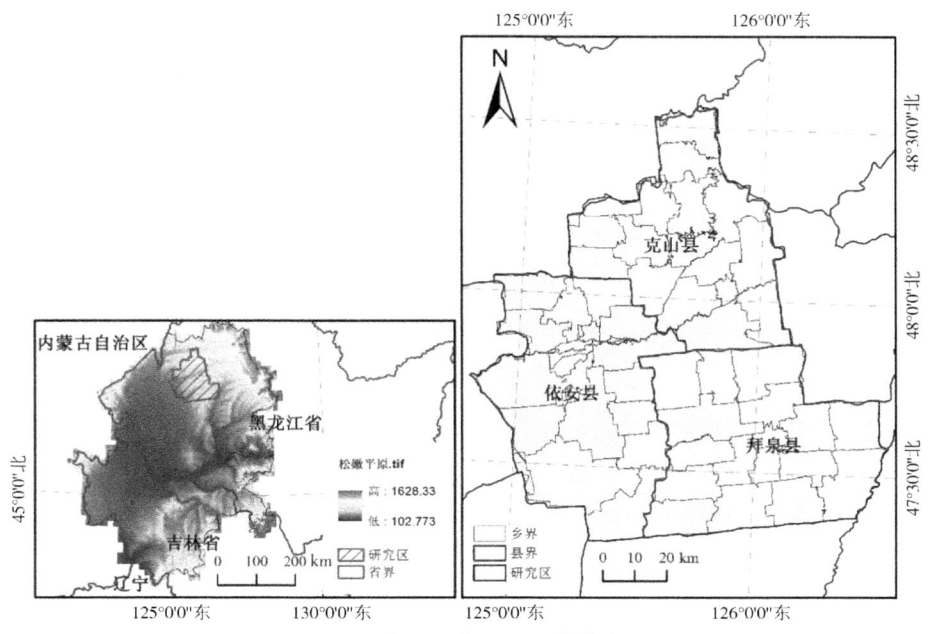

图 1.3 研究区示意图（见书末彩图）

研究区黑土资源丰富，耕地集中连片，土地条件居全国前列，对维护国家粮食安全具有重要作用。随着农业现代化发展与农业市场化进程的不断推进，研究区粮食作物种植结构不断发生变化，对东北地区的粮食生产与经济发展产生了重要影响。2016 年《探索实行耕地休耕轮作制度试点方案》实施后，研究区 3 个县均被列为黑龙江省耕地轮作试点县，是种植结构调整的重要区域，具有很强的代表性。因此，选择该区域研究粮食作物种植视角下耕地利用的区域分化及驱动机理，具有重要的理论意义与实践价值。

（2）自然条件概况

①地形地貌。研究区地处小兴安岭南麓与松嫩平原的过渡地带，地势整体上呈现北高南低、东高西低的特点。研究区东北部克山县海拔最高，地形起伏变化较大，为丘陵漫岗区；东南部拜泉县地势高低起伏，为漫川漫岗区，浅山和低丘陵占据很大比例；西南部依安县地势平坦，为冲积平原，中部乌裕尔河流域河滩地带海拔较低（图 1.4）。研究区地势从东北向西南部倾斜，最高点位于克山县境内，海拔 382 m；最低点位于依安境内，海拔 157 m；两地相差 225 m，全境平均海拔 239.4 m。研究区地貌类型中低山丘陵、丘陵边缘岗地、漫岗平原、冲积平原、河滩地等均有分布。

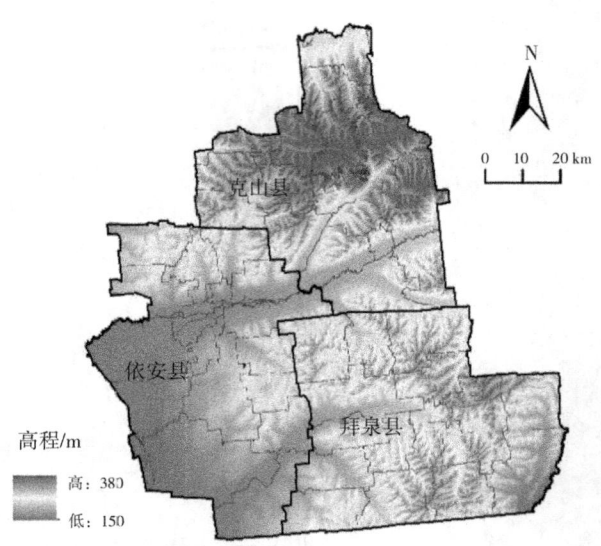

图1.4 研究区地形图（见书末彩图）

②气候条件。研究区地处中高纬度地区，属中温带大陆性季风气候区，季节变化显著。该区域年平均气温 3.1℃。其中，依安县年平均气温 3.4℃，拜泉县年平均气温 3.1℃，克山县由于纬度较高导致气温偏低，年平均气温 2.8℃，研究区整体上呈现南暖北凉的特点。该研究区年均日照约 2766 小时，有效积温 2400℃，一年之中有 5 个月平均气温在 0℃以下，区域内全年无霜期 122 天左右。研究区雨热同季，降雨集中在夏季的 6—8 月，该区域年平均降水量约 640 mm。此外，研究区年平均风速 3 m/s，受到蒙古低压影响，大风天气一般发生在 4 月上旬至 6 月上旬和 9 月下旬，其风力最大可达 8 级以上。

③水文条件。研究区水域覆盖面积广，拥有较为丰富的地表水资源。乌裕尔河是黑龙江省内最大的内陆河，横贯整个研究区，其支流双阳河、鳖龙沟、润津河、泰西河、宝泉河等水量充沛的季节性河流也流经研究区境内。在季节变化的影响下，径流集中在每年的 6—8 月，地下水资源储量分布不均且动态变化较大。研究区西南部地表水充沛，地下水距地表距离较近且储量大，东北部地区为枯水地区，地下水距地表距离较远，地下水储量小，因此该地区水量供给的主要有上游潜流和自然降水两种形式。

④土壤条件。研究区位于松嫩平原北部的核心黑土区，涵盖黑土、黑钙土、草甸土、暗棕壤和沼泽土等不同土壤类型，区域内土壤有机质含量高，较适宜玉米、大豆、水稻等粮食作物种植（图 1.5）。研究区最主要的土壤类型为黑土、黑钙土和草甸土，3 种类型的土壤在研究区占比超 90%。其中，黑土在研究区东部克山县和拜泉县广泛分布，是研究区最主要的土壤类型，占研究区总面积的 41%，其土壤表层厚度达 30 cm 以上，土壤有机质含量 5%，

具有良好的团粒结构；黑钙土是研究区第二大土壤类型，占研究区总面积的24%，以草甸黑钙土和碳酸黑钙土为主，主要分布在研究区西部的依安县境内；草甸土一般分布在丘陵漫岗地区的地势低平的岗间位置，占研究区总面积的33%；研究区沼泽土和暗棕壤分布较少，沼泽土一般分布在河水流经区域及局部低洼湿地，部分受气候影响而常年水涝的地区也有沼泽土零星分布；暗棕壤则主要分布在以丘陵山冈地貌类型为主的地域（图1.5）。

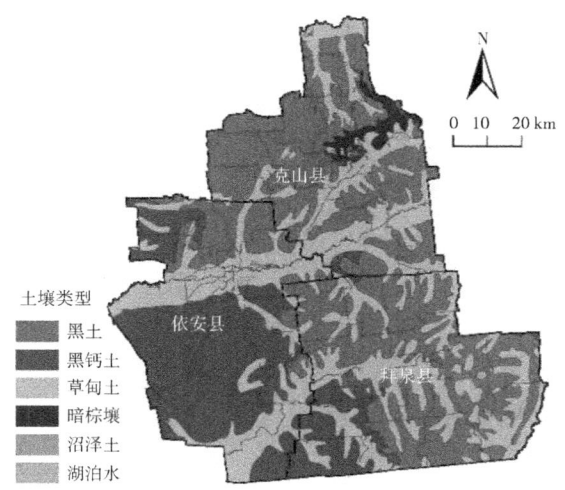

图1.5 研究区土壤类型（见书末彩图）

（3）社会经济概况

研究区3个县级行政单元均隶属于齐齐哈尔市，截至2018年年末，拜泉、依安和克山县总人口约147.77万，研究区全境人口密度为141.29人/km²。其中，农业人口110.46万，占比为75%，农民人均可支配收入11 301.67万元，农业机械总动力209.5万千瓦。研究区的主要交通方式为公路运输，2018年年底，研究区全境公路总里程为6794 km，其中，依安县公路里程2410 km；克山县公路里程2101 km；拜泉县公路里程2283 km。研究区依安县、克山县、拜泉县是东北粮食主产区传统的农业大县，主要粮食作物为玉米、大豆和水稻，同时，3个县的产业结构和粮食结构也存在一定的区域差异。

①产业结构。2018年，研究区依安县、拜泉县和克山县的地区生产总值为216.21万元。其中，研究区全境第一产业占据优势地位，生产值82.43万元，占比38.13%；第二产业较为薄弱，生产值46.69万元，占比21.59%；第三产业生产值略高于第一产业，为87.09万元，占比40.28%。研究区三产结构占比约为4∶2∶4，人均地区生产总值为14 532.67万元（图1.6）。根据总体产业结构分析，研究区的第一产业和第三产业占比相当，第二产业相对

薄弱。作为松嫩平原粮食主产区，3个县的第一产业对区域经济增长的贡献较高，第二产业贡献较小，特别是依安县第一产业占比49.46%，远高于第二、三产业，克山县和拜泉县的第一产业贡献略低于第三产业，表明研究区目前仍以农业生产为主导。

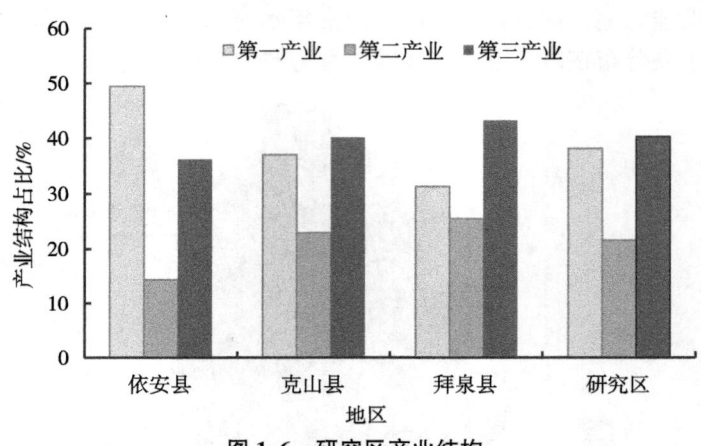

图 1.6 研究区产业结构

②粮食结构。研究区人均占有耕地数量多，但耕地轮作程度明显不足。研究区位于松嫩平原西北部的黑土区，土地总面积104.6万公顷，依据2017年土地利用变更数据库，该区域耕地面积83.07万公顷，占土地总面积的79.42%，人均耕地面积0.55万公顷，是黑龙江省人均耕地面积的1.8倍，是全国人均耕地面积的5.7倍。但研究区耕地粮食作物常年连作成为主导，玉米常年连作在较好的土地上，大豆主要在积温不足、生长期较短的高纬度地区进行连作，致使其单产水平较低，耕地轮作程度明显不足。

研究区粮食总产量较高，但粮食安全存在结构性矛盾。研究区3个县均为东北粮食主产区的产量大县，2018年粮食总产量达295万吨，其中依安县粮食产量134.25万吨，克山县粮食产量73.90万吨，拜泉县粮食产量86.85万吨。但研究区粮食结构失衡，玉米阶段性供大于求，大豆缺口不断扩大（图1.7）。从研究区粮食结构分析（图1.7），该区域主栽作物为玉米、大豆和水稻，3种作物产量均超过各地区粮食总产量的90%，其中玉米占据绝对优势，占比均达70%以上，大豆产量严重不足，拜泉县大豆产量占比22.7%，克山县大豆产量占比17.5%，而依安县大豆种植面积较小，产量占比仅有4.8%。乌裕尔河沿岸水源充沛，适宜水田种植，依安县水稻产量占比10.1%，克山县和拜泉县水稻产量占比较低。

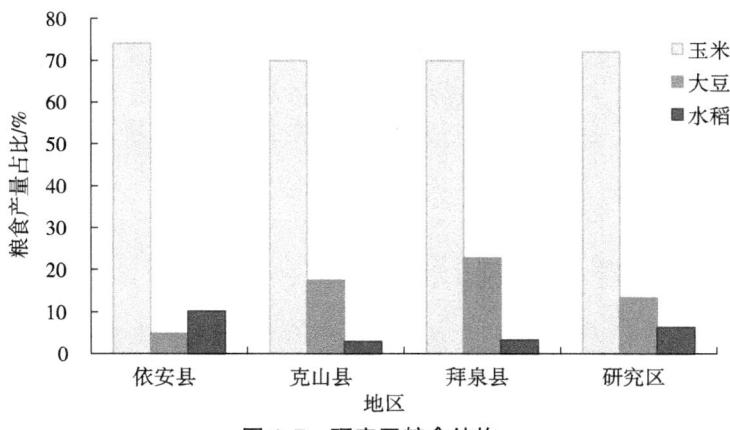

图1.7 研究区粮食结构

1.4.2 典型年份选取依据

改革开放以来,我国的农业制度和政策发生了巨大的变化,推动了耕地利用方式与结构的极大转变,在人类活动和自然因素的共同作用下,耕地利用的区域分化特征日趋明显。本研究依据我国改革开放以来国家及地区农业制度政策实施改革节点或重要事件发生的时间点（表1.1）,选取1988年、1996年、2006年、2016年和2018年5个时间点作为典型年份,分析这5个时间点及1988—1996年、1996—2006年、2006—2016年和2016—2018年共4个时段的耕地利用区域分化特征及驱动机理。

表1.1 改革节点或重要事件发生的时间点

时间	制度政策
1978年	我国开始探索实施农村家庭联产承包责任制
1988年	大豆精量点播技术和覆膜玉米栽培技术开始规模化推广
1996年	实施大豆低关税贸易政策,我国成为大豆净进口国
2006年	废止《农业税条例》,大豆种植面积开始逐年递减
2016年	《关于"镰刀弯"地区玉米结构调整的指导意见》《全国种植业结构调整规划（2016—2020年）》
2018年	《关于推进农业供给侧结构性改革的实施意见》

其中,1978年,我国开始探索实施农村家庭联产承包责任制;1988年,研究区开始规模化推广大豆精量点播技术和覆膜玉米栽培技术;1996年,大豆低关税贸易政策实施后,我国成为大豆净进口国;2006年,我国废止《农业税条例》,从这一年开始大豆种植面积开始逐年递减;2016年,出台《全

国种植业结构调整规划（2016—2020年）》和《关于"镰刀弯"地区玉米结构调整的指导意见》，研究区开始实施"减玉米、增大豆"的种植结构调整政策；2018年，《关于推进农业供给侧结构性改革的实施意见》再次强调种植业结构调整的必要性，黑龙江省开始大范围推行轮作休耕试点工作，并取得一定实施成效。

1.5 数据来源与处理

1.5.1 遥感影像来源与处理

Google Earth Engine 是集科学分析、海量遥感数据处理、地理信息数据可视化于一体的云计算平台，其中存储着 PB 数量级处理就绪的遥感影像数据与地理信息数据，通过编写代码可在线调用和处理所需遥感影像，已经有很多研究利用 GEE 平台对作物类型、土地利用类型、滨海湿地提取、森林变化、水田休耕地等进行研究。本研究采用云端—本地相结合的方式提取研究区典型年份的主要粮食作物分布信息，从 GEE 中选择合适的影像使用去云处理程序获得研究时段无云影像集合，采用不同作物训练样点结合随机森林分类器提取研究区粮食作物长时间序列的空间分布信息，并利用不同作物验证样本进行精度研究。

1988年、1996年和2006年选取覆盖研究区且云量少于5%的耕作期 Landsat5 TM 遥感影像，分辨率为30 m，每年选取两期共4景影像，一共获取12景影像；2016年和2018年选取覆盖研究区且云量少于1%的耕作期 Sentinel-2 高分辨率遥感影像，分辨率为10 m，每年选取两期共8景影像，一共获取16景影像。遥感影像成像时间及其详细信息见表1.2。通过 Google Earth Engine 大数据云平台的支持，借助 Java Script 编写代码调用所需遥感影像。

表 1.2 遥感影像获取信息

序号	传感器	成像时间	分辨率	序号	传感器	成像时间	分辨率
1	Landsat5 TM	1988-06-26	30 m	6	Landsat5 TM	2006-08-25	30 m
2	Landsat5 TM	1988-08-13	30 m	7	Sentinel-2	2016-05-09	10 m
3	Landsat5 TM	1996-06-02	30 m	8	Sentinel-2	2016-08-22	10 m
4	Landsat5 TM	1996-08-21	30 m	9	Sentinel-2	2018-05-09	10 m
5	Landsat5 TM	2006-06-06	30 m	10	Sentinel-2	2018-07-23	10 m

1.5.2 自然条件数据来源与处理

地形、土壤及气候等自然条件数据来源：DEM 数字高程数据下载自地理空间数据云（http://www.gscloud.cn），分辨率为30 m；根据研究区矢量数据裁剪得到所需高程数据。研究区土壤类型空间分布数据，来源于全国第二次土壤普查汇总得到的1∶100万土壤空间数据库，可以检索到土壤类型分布及土壤分类名称等属性信息，数据获取地址为土壤科学数据库（http://vdb3.soil.csdb.cn/）。土壤有机质含量、土壤全氮量、土壤全钾量和土壤全磷量的1 km栅格数据，来源于国家科技基础条件平台的国家地球系统科学数据中心土壤分中心（http://soil.geodata.cn）。研究区1988—2018年的平均气温和年降水量等气候数据，来源于国家气象信息中心（http://data.cma.cn）。

土地利用数据来源：本研究土地利用数据来源于依安县、克山县和拜泉县2017年土地利用变更调查矢量数据库，该矢量数据库中包含县、乡、村行政区的信息和耕地、田块的类型、位置、面积等信息，为本研究中主要粮食作物的耕地利用信息提取及后续研究提供基础信息。

自然条件数据处理：本研究的自然条件数据包括土壤、气候、地形地貌等数据，在ArcGIS 10.2软件的支持下，按照研究区行政边界进行提取，运用Spatial analysis工具箱下的Reclassify功能，对所需的土壤和气候数据进行栅格重采样，获取像元分辨率为30 m×30 m的网格单元，数据类型为栅格数据，存储格式为GRID。对数据进行地图投影和坐标校正，统一采用CGCS2000投影坐标系，再按照一定的规则统计每个分析单元的数据值。耕作期平均气温数据选取为1988—2018年每年5—9月气温的平均值，耕作期降水量平均值选取1988—2018年每年5—9月降水量的年度平均值，通过对研究区周围10个气象站点数据进行空间插值处理，统计到每个分析单元。

1.5.3 社会经济数据来源与处理

社会经济数据来源。本研究涉及的研究区社会经济数据，主要来源如下：①1987—2019年的《中国统计年鉴》《黑龙江省统计年鉴》《齐齐哈尔经济统计年鉴》《齐齐哈尔年鉴》和各县国民经济和社会发展统计公报；②农业农村部种植业管理司提供的全国农业经济数据库（http://www.zzys.moa.gov.cn）；③到研究区相关部门（县政府和乡政府、农业农村局、自然资源局、土肥站、气象站、农经站等）收集资料，资料包括县志、乡志、典型年份农业区划成果、农业生产管理、耕地保护相关数据资料、典型年份的农业种植结构与农业政策信息、种植情况资料、土地流转情况、土地利用规划成果等；④粮食价格数据通过联合国粮食及农业组织统计司（http://www.fao.org/faostat）获取我国历年主要作物（大豆、玉米和水稻）粮食价格的年度数据。

此外，本研究团队依据研究区自然地理条件和历史发展规律，搜集并整理各种自然、历史图件和经济社会资料，包括研究区的县志：1991年版和2009年版《克山县志》、1988年版和2007年版《拜泉县志》、1989年版和2005年版《依安县志》与历史农业资料。掌握研究区农业种植经营主体的耕作方式、耕作制度、粮食产量、种植技术、农产品市场价格及种植偏好和意愿等基本情况，为作物分类样本选取、耕地利用区域分化驱动机理研究、主要粮食作物分区管控及整个研究过程中所需数据提供参考和资料。

社会经济数据处理：研究区主要公路、河流、居民点数据来源于国家基础地理信息中心，利用ArcGIS 10.2软件与研究区范围叠加获得，采用Euclidean Distance工具计算栅格单元到主要公路距离并统计到分析单元。其他社会经济数据按照数据类型和研究需要进行归类统计以满足研究需求。

2 耕地利用区域分化特征及其驱动机理的理论概述

2.1 相关概念的辨析

2.1.1 耕地

耕地是指种植农作物并可以正常收获农产品的土地。在《土地利用现状分类》（GB/T 21010—2017）中主要分为水田、水浇地、旱地。耕地包括耕地本身及所在周围环境，其是一种自然生态资源，具有维持农田生态系统的恢复力、净化生态环境及提供景观生态效应等作用。同时，耕地是人类赖以生存的基本资源和条件，与人类社会密切相关，其能通过种植农作物产生经济价值，具有保障人类基本生活、保障粮食安全、为人类提供良好生态服务等功能，是一种社会生产资源。人类社会在利用耕地的过程中，在耕地上获取各类农产品以满足对粮食的需求，与耕地进行物质、信息、能量、价值的交换。

2.1.2 耕地利用

耕地利用是人类通过一定的行为活动，在耕地上进行农作物种植以获取农产品来满足对粮食需求的过程。传统耕地利用类型按耕地的用途分为水田、水浇地和旱地，本研究从粮食作物种植视角，按照耕地利用方式对耕地利用类型进行细化，考虑研究区实际情况，将耕地利用类型划分为种植大豆作物、玉米作物、水稻作物和其他作物 4 种类型。耕地利用的方式和状态会随着自然条件、社会经济、科学技术的变化而发生改变，促使人类从耕地上获得农产品的收益在一定程度上得到提升。一定区域范围内耕地种植农作物的选择，充分依据耕地资源自然禀赋、农业政策引导和科学技术手段，一般是通过调整农作物种植结构来改变耕地利用方式，从而合理地配置耕地资源与社会资源，实现耕地利用的科学可持续。

2.1.3 耕地利用区域分化

一定区域范围内，耕地利用种植结构状态特征的时间演变和空间布局演变具有结构性差异，在自然人文因素的共同驱动下，区域耕地利用方式呈现明显的区域分化。本研究将耕地利用区域分化界定为：不同粮食作物的耕地利用状态，在时间序列上的数量结构变化和空间区域内的分布及关联关系等属性特征方面表现出的时空异质性。耕地利用区域分化具体表现为耕地种植结构在时间和空间上的复合性、阶段性、空间异质性、时间动态性、目标导向性表达的变化和调整，其本质是作物种植的耕地利用状态在一定时间和空间范围内演变的结果。本研究仅从研究区典型年份（1988 年、1996 年、2006 年、2016 年和 2018 年）主要粮食作物（大豆、玉米、水稻和其他作物）耕地利用的面积、结构、转入转出方式、综合和单一动态度、重心迁移、空间方向分布、全局和空间关联性等方面来衡量耕地利用方式在时间属性和空间属性上的分化特征，并运用地学信息图谱将 30 年间粮食作物耕地利用区域分化总体特征进行空间化表达。

2.1.4 耕地利用区域分化驱动机理

在特定的时间和空间范围内，在受到区域自然地理条件和社会经济发展等复杂因素影响而发生改变的过程中，耕地利用自身的运行方式及要素之间相互作用形成的规则和原理，即为耕地利用区域分化的驱动机理。本研究旨在探寻耕地利用区域分化过程中不同影响因子间的联系与作用关系，从社会经济和自然要素两个层面揭示耕地利用区域分化发生的本质，深入剖析耕地利用区域分化的驱动机理。

2.2 理论基础

2.2.1 地域分异理论

地域分异理论是自然地理学中重要的基本理论之一。研究范畴涉及自然地理领域的地表生态系统的自然演化过程，以及人类活动影响下的资源生态、农业土地利用、社会经济等领域。国外在地域分异理论方面的研究比较广泛，19 世纪中叶德国学者提出的自然地域分异规律，涵盖地带性、非地带性和地方性规律等内容。近年来，国际上以地域分异理论为基础的研究，已经拓展到物质循环、景观格局及作物空间分布等众多领域。此外，从经济活动角度论述大尺度区域间行为差异、生物多样性、土地利用等区域差异方面的研究，同样涉及地域分异相关的理论。

相比于国际研究，近几十年来中国关于地域分异的研究也逐渐丰富。20世纪70年代，我国地理学家黄秉维院士提出地理环境地域差异的地带性规律，成为我国地理学综合性的研究重点，主要研究由太阳辐射能按纬度分布不同引起的地带性分异规律。20世纪90年代，国内的地域分异研究进入数据化和模型化时代，先后探索研究了中国土地利用程度模型、青藏高原山体效应分布模式、农业资源分异规律等问题。同时，在进行国家战略、区域性发展规划和土地系统优化调控时也逐渐考虑地域单元的分异规律，依照不同的地域特色与地域优势，充分实现区域性和地域间的协调统一发展。

地域分异理论是解释地球表层自然地理环境及其组成要素在时间和空间维度差异及变化规律的基本理论，该理论的主要观点认为自然地理环境在空间上保持相对一致的同时，也在某些层面存在明显的差异和变换规律。影响地域分异的基本因素包括地球表面太阳辐射的纬度分带性的地带性因素和地球内能引起的非地带性因素，两者共同控制和反映自然地理环境的大尺度分异。地域分异的研究客体在不同区域范围表现出不同的地域差异和变换规律，研究尺度涵盖全球、洲际、国家及特定区域，研究方法依据研究需要选择静态模型或动态模拟模型。

地域分异理论在耕地利用区域分化特征及驱动机理研究中的运用体现在：第一，对耕地的开发利用需要与自然地理环境要素的地域分异规律相契合，依据主要粮食作物耕地利用情况、自然地理环境和各区域社会经济发展等，分析不同区域之间耕地利用的数量和空间分化特征，为阐明耕地利用区域分化驱动机理提供数据支撑；第二，基于地域分异特征对主要粮食作物耕地利用区域分化的关键性影响因子进行驱动力分析，可以揭示研究区主要粮食作物耕地利用的整体性和差异性特征及其形成原因和本质；第三，以地域分异理论为指导，探索主要粮食作物耕地利用的不同地域分异特征，根据不同区域的发展特征制定主要粮食作物耕地利用区域分化的管控途径和措施。

2.2.2 人地关系理论

人地关系理论在漫长的历史演变过程中不断丰富完善。自人类文明诞生以来，自然环境与人类活动始终共同演进，竞争中求协同，协同中求发展。18世纪中叶，法国启蒙思想家孟德斯鸠提出了自然地理环境对人类活动产生影响的思想论，奠定了人地关系理论产生的基础。19世纪以来，地理学随着欧洲科学技术的进步更加完善，推动了人地关系理论的系统化发展，使之逐渐成为地理学重要的核心理论。西方地理学家在论著中不同程度地探讨了人类活动与气候、环境、资源之间的辩证关系，英国历史地理学家巴克尔、德国地理学家拉采尔从不同角度提出地理环境对人口分布、宗教信仰、风俗习惯等方面的影响,认为自然地理环境决定着人类活动的发展和进步。近代地理学的奠基人洪堡和李特尔对人地关系理论的发展起到了重要作用,他们把自然现象与人文现象的研究成果综合起来,认为地理学的中心原理是一切自然现象和形态与人类的关系,而人类则是地球这个自然统一体的组成部分,人地关系是研究各种自然和人文现象的地域结合。第二次世界大战之后,自然资源被大量开发和掠夺,原有的生态环境系统稳定性被打破,自然环境承载力面临着极大的挑战,人们开始日益重视人类与自然环境之间的协调关系,认为人类开发利用自然资源时,要保持自然环境处在协调平衡的状态。

从农业社会时期以来,人地关系理论的核心观点由地理环境决定论,即人类社会的发展由地理环境决定,逐渐发展为人地协调论,即"人"与"地"之间相互依存协调互补。近年来,人地关系理论在新时代国际背景下发展为以可持续发展论为核心,强调社会经济发展要与人口、资源、环境等诸多因素相协调。在我国近年来的研究中,人地关系表现为"人与地""地与地""人与人"之间的逻辑关系。早期我国地理学家以地域为单元提出人地关系地域系统的概念,认为地球表层内一定区域范围是人地关系系统的基础,在区域范围内人类活动和自然地理环境构成复杂的系统,系统内部具有一定的结构和功能,通过分析和揭示人地关系系统内的各要素相互作用,从而调整整个系统结构。本研究以人地关系理论为支撑,从粮食作物种植视角探讨社会经济和自然要素变化对耕地利用区域分化的影响程度,揭示耕地利用过程中人与耕地各因素之间的相互作用关系,有效分析耕地利用区域分化的驱动机理。

本研究以人地关系理论为支撑,从粮食作物种植视角探讨要素变化对耕地利用区域分化的影响程度,揭示耕地利用过程中人与耕地各因素之间的相互作用关系,有效分析耕地利用区域分化机理,并对耕地利用进行优化调控。人地关系理论在耕地利用区域分化驱动机理研究中的具体应用如下。第一,本研究人地关系中"人"与"地"之间的关系,是指人类与耕地及耕地系统所涉及的气候、土壤、地形地貌等自然地理条件,以及农田水利、道路交通等耕地基础设施之间的关系。人类通过发挥主观能动性,在自然地理条件适宜的耕地上进行农业种植,实现人地关系相互适应与协调。第二,本研究人地关系中"地"与"地"之间的关系,可理解为自然地理因素与耕地资源分配形成的耕地利用形态之间的关系。在耕地资源禀赋无法人为改变的情况下,耕地利用方式在可承受自然地理因素限度内发生调整,以满足人类对不同粮食作物的需求,提升能够充分利用耕地的能力。第三,本研究人地关系中"人"与"人"之间的关系,是指耕地利用过程中发生的土地分配、市场调控、合作经营等行为组织关系，旨在分析耕地利用演变过程的基础上，解析人类行为对粮食作物耕地利用区域分化的作用程度，以促进人地系统协调及可持续发展。

2.2.3 农业区位理论

区位理论用来解释人类活动和社会活动在地域上的空间组合和空间关系，包括农业区位理论、中心地理论、市场区位理论及工业区位理论。农业区位理论作为解决农业生产方式与农业生产关系问题的经典理论，起源于德国（普鲁士）农业领域。早期的合理农业论在理论界占主导地位，认为改变农业落后状况的最直接途径是全面轮作式农业生产方式，这为农业区位理论的产生奠定了基础。农业区位理论正式产生的标志是1826年德国（普鲁士）农业经济学家杜能出版的《孤立国同农业和国民经济的关系》一书，作为农业区位理论的开山之作，首次系统地阐述了农业区位理论的思想，是国际上影响最深刻的农业区位理论。20世纪30年代，杜能的农业区位理论被翻译成中文传入中国，此后中国学者广泛运用农业区位理论开展农业区位、农业生产制度等方面的研究，对农业生产具有积极意义。

农业区位理论的核心观点是农业用地利用方式受到自然资源条件和社会经济状况的影响，在空间上呈差异化分布。传统的农业区位理论是用孤立化的方法排除其他要素干扰，探讨在一个均质的假定空间里农业生产方式与距离的关系，依据农业区位论的孤立性和区位地租差异性，得出农产品种植种类围绕着中心地区呈环带状分布的理论模式。该理论认为农业经营方式和农产品种类取决于市场上农产品销售的价格，单位面积土地利用效益的最大化取决于农产品的市场价格、农产品生产成本和农产品运输成本。按照农业生产方式的空间配置原则，由城市中心向远处分别为6种不同圈层，这些孤立区域都围绕唯一的中心城市呈同心圆状分布。综合来看，在孤立国的假设前提下，区域性极差地租有利于农业因地制宜地建立地域农业经营模式，而不同地域单元随着距中心地区距离的远近形成不同的农业发展区位和经营方式。

农业区位理论在耕地利用区域分化特征及驱动机理研究中的运用体现在：第一，本研究在农业区位理论的指导下，从气候、土壤、水文、区位条件等方面识别研究区自然资源禀赋的分布差异性，分析粮食作物耕地利用区域分化的驱动机理。第二，本研究借鉴农业区位理论指导各种粮食作物的最佳区位选择，充分考虑自然因素与人文因素对主要粮食作物耕地利用进行分区管控，有利于农业政策的执行，通过调整粮食作物种植结构促进耕地利用合理发展。

2.3 分析框架

为系统解构耕地利用区域分化现象及驱动机理，在分析人地关系理论、地域分异理论和农业区位理论的产生和发展、主要观点及其应用的基础之上，建立各理论与本研究之间的逻辑关系框架（图2.1），按照该理论分析框架开展粮食作物种植视角的耕地利用区域分化研究。依据本研究理论分析框架，耕地利用遵循地域分异规律，在数量结构、空间布局、形成过程和关联关系等方面存在明显的区域分化特征，同时受到人地系统中人类活动与资源要素的共同驱动，在不同时段表现出动态的空间分异特征，然后在农业区位理论的指导下，进行主要粮食作物的耕地利用分区，提出粮食作物种植视角的耕地利用管控对策。

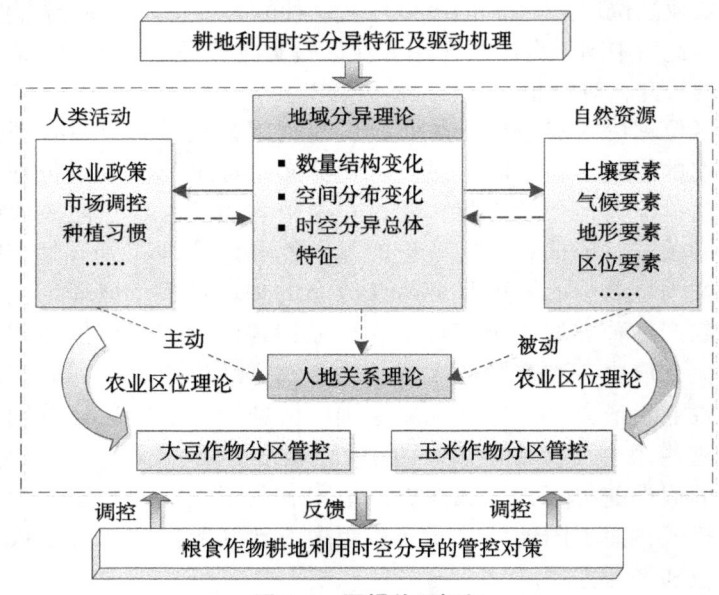

图 2.1　逻辑关系框架

（1）以地域分异理论为指导的耕地利用区域分化特征

地域分异理论是自然地理学的核心理论之一，其表现出的地域分异规律较好地解释了自然地理现象的系统性与差异性。地域分异规律在地理学研究范畴内指自然地理综合体及其附属成分，随着地理位置改变而产生的有规律的变化和更替现象。地理学者认为，地域分异规划包括地带性、非地带性及派生性、地方性和局地分异规律。耕地利用区域分化问题可以看成是自然地域分异的衍生现象，耕地利用方式在人类活动与资源要素的共同作用下产生区域分化特征，促使耕地利用区域分化产生的核心要素则成为耕地利用区域分化的驱动因素。

地域分异理论为耕地利用区域分化研究提供了理论支撑，基于粮食作物种植视角研究耕地利用区域分化特征是明晰耕地利用数量、空间、过程和集聚状态的重要途径，更是分析耕地利用区域分化驱动机理和分区管控的重要基础。本研究基于地域分异理论，剖析研究区主要粮食作物（大豆、玉米、水稻和其他作物）耕地利用方式的空间差异特征，揭示粮食作物耕地利用数量结构和空间分布方面的变化规律，为粮食作物耕地利用区域分化驱动机理和分区管控奠定基础。

（2）以人地关系理论为指导的耕地利用区域分化驱动机理

人地系统是由人类活动主体和自然资源要素的相互作用形成的，具有复杂性、交叉性和开放性。人类活动及其社会经济行为在人地系统中起到主导作用，伴随着社会生产力的逐步发展，人类对自然资源的改造能力越来越凸显，成为人地系统中的核心力量。在人地系统中，"地"包含土地与广义的自然资源环境，为人类及其社会经济活动提供空间场所和资源要素支撑，表现出被动的人地关系状态。对于耕地而言，其最直接的利用方式即为人类所利用，进行农作物种植活动，以获取满足人类生存所需的农产品。因此，人类社会经济活动结果和自然资源要素的匹配程度成为人地关系状态最直接的表现。

粮食作物耕地利用区域分化驱动机理研究的目标是探寻耕地利用过程中自然与人文因素同耕地资源分配形成的耕地利用形态间的联系与作用关系，揭示耕地利用区域分化的本质。本研究以人地关系理论为指导，从政策、市场、气候、土壤、水文、区位条件等方面分析研究区自然资源禀赋的分布差异性，识别影响粮食作物耕地利用区域分化的关键性影响因子，进而从数量变化与空间分布两个维度揭示研究区主要粮食作物耕地利用的整体性和差异性特征及其形成原因，为耕地利用管控提供理论参考。

（3）以农业区位理论为指导的耕地利用管理及调控

农业区位理论产生于对农业生产力布局的分析，既是经济地理学与农业地理学的基础理论，同时也奠定了区域经济学的发展基础。农业区位理论在严格假设条件的限定下得出农业生产布局的方案，考虑农产品差异与极差地租因素，形成圈层结构的农作物耕作制度。农业区位理论发展至今，农作物生产布局不单纯与极差地租有关，更与气候、地形、土壤等自然条件和种植习惯、管理技术等人文因素息息相关。根据农业区位理论，粮食作物的种植选择受到诸多因素的影响，形成了具有规律性的区域分化特征，粮食作物种植的历史发展规律成为对耕地利用调控与反馈的重要依据。

粮食作物耕地利用分区管控是合理利用和管理耕地的重要手段,更是实现粮食安全与耕地保护双重目标的途径。人类通过发挥主观能动性,在自然地理条件适宜的耕地上进行农业种植,实现人地关系的相互适应与协调。本研究借鉴农业区位理论指导各种粮食作物的最佳区位选择,充分考虑历史发展规律与农户种植习惯,对主要粮食作物耕地利用进行分区管控。加强对研究区耕地利用的管理和指导工作,因地制宜,采取不同的农业政策引导,合理优化各区域种植结构和生产措施,实现科学引导促进研究区耕地利用的可持续发展。

2.4 本章小结

本章在对耕地利用和耕地利用区域分化两个核心概念的内涵进行明确界定和解析的基础上,梳理了对本研究具有指导意义的地域分异理论、人地关系理论和农业区位理论,论述了理论的产生和发展、主要观点及其在耕地利用区域分化驱动机理研究中的应用,为后续研究耕地利用区域分化及驱动机理提供理论支撑。同时,建立了本研究的理论分析框架,明确了耕地利用区域分化在数量结构和空间分布方面遵循地域分异规律。受人地系统中人类活动与资源要素的共同驱动,粮食作物耕地利用在不同时段表现出动态的区域分化。本研究在农业区位理论指导下进行主要粮食作物的耕地利用分区,进而在大豆振兴和粮食增产等不同政策情景下提出基于粮食作物种植视角的耕地利用管控对策。

3 粮食作物耕地利用区域分化特征

作物种植是耕地最直接的利用方式,作物与耕地具有唯一对应性。耕地利用区域分化是指在一定的时间和空间范围内,不同粮食作物种植产生的耕地利用方式在数量结构和空间分布等方面表现出的明显的空间异质性特征。以松嫩平原黑土区典型县域为研究区,从粮食作物种植视角分析近30年间耕地利用区域分化特征,是研究耕地利用区域分化驱动机理及管控策略的前提和重要基础。本研究基于研究区1988年、1996年、2006年、2016年和2018年主要粮食作物(大豆、玉米、水稻和其他作物)的耕地利用数据,运用地理信息技术与空间统计分析方法,测算了研究区典型年份及不同时段主要粮食作物耕地利用面积、结构、转移方式、动态度等数量分化特征,明确了主要粮食作物耕地利用的空间迁移路径、方向、分布范围、空间关联性等空间分异特征,阐明了研究区粮食作物耕地利用的动态变化规律。在此基础上,构建地学信息图谱,综合反映30年来研究区粮食作物耕地利用的空间格局和动态变化,为研究区粮食作物耕地利用区域分化的驱动机理和管控研究提供科学依据。

3.1 粮食作物种植信息提取

3.1.1 粮食作物种植信息提取原理

研究区耕地分布集中连片,以大豆、玉米、水稻为主要作物类型,依据研究区一年一季农作物的物候特征进行作物分类(图3.1)。

水稻作物一般4月开始育苗,5月中下旬到6月初处于插秧和分蘖期,此时水田在遥感影像中光谱差异明显,故选择研究期内每年5月或6月的影像用于识别水稻。7月下旬到8月中下旬研究区的大豆作物处于结荚鼓粒期至成熟期,植株开始泛黄,而玉米作物在该时段处于乳熟期,植株绿度仍然较高,因此选择7月或8月的影像以分辨玉米和大豆作物。本研究在GEE中将研究年份中用于识别水田的5~6月的影像与用于区分玉米大豆的7~8月的影像进行打包，对影像缺失的地区使用插值进行填补。

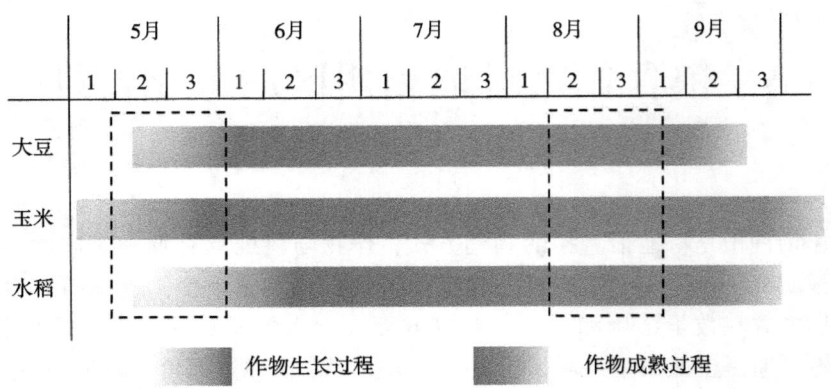

图 3.1　研究区物候学模型及主要作物类型的判别

（图中 1、2、3 分别指代每月的上、中、下旬）

3.1.2　粮食作物种植信息提取流程

表 3.1　研究区作物分类系统

序号	作物类型	波段组合	判读特征
1	大豆	R：Band_nir G：Band_blue B：Band_red	规则的几何斑块，结荚期呈现黄色偏粉，具有一定耕作纹理特征
2	玉米	R：Band_nir G：Band_red B：Band_blue	规则的几何斑块，乳熟期多为暗红色，具有一定耕作纹理特征
3	水稻	R：Band_nir G：Band_red B：Band_blue	集中分布在河流水域附近，灌水期呈现深蓝色，具有明显田块纹理特征
4	其他	R：Band_nir G：Band_red B：Band_blue	播种期有明显耕作纹理，8月表现为裸土特征，或区别于主要作物的混合色

遥感影像的判读解译，依据图像的纹理、结构、色调等反映地理标志特征的影像结构，准确建立具有明显辨别性差异的判读标志，是人工或机器判读的重要基础。根据研究区遥感影像 landsat TM 和 Sentinel-2 的波段组合特征及其合成效果分析，选择对不同作物反应敏感的波段组合方式，通过对遥感影像不同波段进行 RGB 假彩色合成处理，建立研究区作物分类系统，进而对

遥感影像进行判读解译（表3.1）。主要粮食作物的影像学特征多具有规则的田块及耕作特征，对于种植期影像，水田灌水移栽期呈深蓝色，对于作物成熟期影像，大豆在结荚期呈黄色偏粉，玉米在乳熟期以暗红色为主，其他作物色调区别于以上作物，如小麦等收割较早呈裸土特征。

基于上述不同作物波段组合特征，结合典型年份关键时期遥感影像，按照不同作物分布比例绘制主要粮食作物的分布样点，作为分类的训练样点和验证样点。为保证作物分类精度，经过反复试验，确定每年选取600个样点，根据主要粮食作物的种植结构确定每种作物的样点数量。1988年，大豆作物选取240个样点，玉米作物选取140个样点，水稻作物选取20个样点，其他作物选取200个样点；1996年，大豆作物选取260个样点，玉米作物选取200个样点，水稻作物选取20个样点，其他作物选取120个样点；2006年，大豆作物选取280个样点，玉米作物选取200个样点，水稻作物选取40个样点，其他作物选取80个样点；2016年，大豆作物选取200个样点，玉米作物选取240个样点，水稻作物选取100个样点，其他作物选取60个样点；2018年，大豆作物选取320个样点，玉米作物选取140个样点，水稻作物选取100个样点，其他作物选取40个样点。

本研究所运用的随机森林分类法（random forest）是包含多个决策树的分类器，利用多个决策树对样本进行训练和预测的分类方法，比传统的最大似然法和决策树分类法更为精确，在遥感领域得到广泛应用，并成功应用于许多分类研究。本书基于Google Earth Engine大数据云平台，使用随机森林分类器结合每一年的作物样点与关键时期影像进行分类，其中60%的样点作为训练样点，40%的样点作为验证样点。在Google Earth Engine大数据云平台中使用"ee. Classifier. smileRandomForest"程序，为避免出现过拟合，将树的数量（number of trees）设置为300，其他参数设置为默认值。基于随机森林分类法解译，得到研究区1988—2018年主要粮食作物的空间分布信息。在ArcGIS 10.2的支持下，将每年作物分类结果分区统计到耕地矢量图斑中，得到1988—2018年以地块为统计单元的主要粮食作物耕地利用空间分布图。

3.1.3 精度验证

采用同期样本点和土地调查资料进行精度验证，1988年、1996年、2006年、2016年和2018年影像解译总体精度分别为83.95%、81.25%、80.62%、91.52%和89.37%，Kappa系数分别为0.82、0.79、0.77、0.89和0.85，分类结果满足精度要求。因此，通过该方法获取的研究区主要粮食作物类型结果满足研究所需精度。

3.2 粮食作物耕地利用数量分化特征

改革开放初期,研究区耕地种植的主要作物有小麦、谷子、玉米、大豆等。其中,小麦作物种植面积占耕地总面积比例约为25%,谷子作物种植面积占耕地总面积比例约为20%,玉米作物种植面积占耕地总面积比例为25%,大豆作物种植面积占耕地总面积比例为15%,其他为杂粮与经济作物等①。20世纪80年代以来,随着卫星遥感技术的发展,粮食作物耕地利用信息空间化表达成为可能,进而运用空间统计分析、转移矩阵、动态度模型等方法,测算了研究区典型年份(1988年、1996年、2006年、2016年和2018年)主要粮食作物耕地利用的面积及结构特征,以及不同时段(1988—1996年、1996—2006年、2006—2016年和2016—2018年)主要粮食作物耕地利用之间的转入转出方式、综合耕地利用动态度和单一耕地利用动态度等数量变化特征。

3.2.1 粮食作物耕地利用的面积变化特征

根据研究区1988年、1996年、2006年、2016年和2018年粮食作物耕地利用分类结果,统计研究区30年间大豆、玉米、水稻和其他作物的耕地利用面积变化的情况,分析不同时期大豆、玉米、水稻和其他作物所占的比重,确定1988—2018年研究区耕地利用的面积变化特征(表3.2)。

表3.2 1988—2018年研究区不同耕地利用类型面积及占比

类型	大豆		玉米		水稻		其他作物	
年份	面积/万公顷	占比/%	面积/万公顷	占比/%	面积/万公顷	占比/%	面积/万公顷	占比/%
1988	38.11	45.34	16.86	20.05	0.16	0.19	28.94	34.43
1996	48.91	58.18	22.32	26.55	0.63	0.75	12.19	14.50
2006	53.45	63.59	22.93	27.27	0.87	1.03	6.81	8.10
2016	17.99	21.40	56.36	67.05	4.45	5.29	5.26	6.26
2018	34.19	40.67	43.79	52.09	4.81	5.72	1.28	1.52

1988年,研究区不同粮食作物耕地利用类型的面积占耕地总面积的比重由大到小依次为:大豆作物>其他作物>玉米作物>水稻作物(图3.2a)。1996年,研究区不同粮食作物耕地利用类型的面积占耕地总面积的比重由大到小

---

① 数据来源:1991年版《克山县志》、1988年版《拜泉县志》和1989年版《依安县志》。

依次为：大豆作物>玉米作物>其他作物>水稻作物（图 3.2b）。2006 年，研究区不同粮食作物耕地利用类型的面积占耕地总面积的比重由大到小依次为：大豆作物>玉米作物>其他作物>水稻作物（图 3.2c）。2016 年，研究区不同粮食作物耕地利用类型的面积占耕地总面积的比重由大到小依次为：玉米作物>大豆作物>其他作物>水稻作物（图 3.2d）。2018 年，研究区不同粮食作物耕地利用类型的面积占耕地总面积的比重由大到小依次为：玉米作物>大豆作物>水稻作物>其他作物（图 3.2e）。

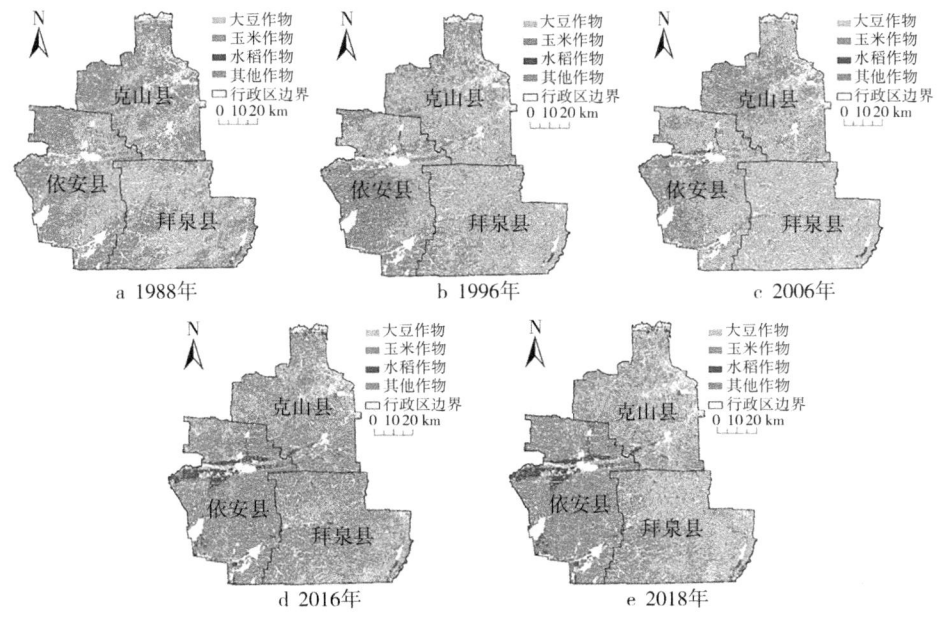

图 3.2　1988—2018 年研究区耕地利用现状（见书末彩图）

1988—1996 年，大豆作物是研究区耕地利用的主要类型，种植面积由 37.66 万公顷上升至 48.91 万公顷，占耕地总面积的比重由 45.34%变为 58.18%，逐渐突出主导优势。玉米种植面积由 16.65 万公顷上升为 22.32 万公顷，占耕地总面积的比重由 20.05%变为 26.55%，上升为第二大耕地利用类型。水稻种植面积所占比重较小，少量分布在拜泉县东南部。1988 年，以小麦为主的其他作物种植面积 28.59 万公顷，仅次于大豆作物，占耕地总面积的 34.42%。1996 年，其他作物种植面积降至 12.19 万公顷，占耕地总面积的 14.5%。

1996—2006 年，大豆种植面积不断增加，种植面积由 48.91 万公顷增加到 53.45 万公顷，占耕地总面积的比重由 58.18%增加至 63.59%，占据绝对主导优势。玉米种植面积基本保持平稳，占耕地总面积的比重由 26.55%变为 27.27%。水稻种植面积稍有增加，整体变化幅度较小。这 10 年间其他作物种植面积持续萎缩，由12.19万公顷减少至6.81万公顷，占耕地总面积的比重也由14.50%下降至8.10%，研究区种植结构趋于单一化。

2006—2016年，受自由贸易政策和国际转基因大豆市场影响，大豆种植面积急剧下降，种植面积由53.45万公顷下降至17.99万公顷，种植面积缩小了近3/4，占耕地总面积的比重也由63.59%陡降至21.40%。与此同时，农户种植玉米作物的收益不断提升，玉米种植面积由2006年的22.92万公顷上升至2016年的56.36万公顷，占耕地总面积的比重由27.27%快速升至67.05%，成为研究区种植面积最大的粮食作物。水稻品种和种植技术的提升带来种植面积的增加，耕地利用类型面积由0.87万公顷上升到4.45万公顷，占耕地总面积的比重由1.03%上升至5.29%，主要分布在河流沿岸。其他作物种植面积继续缩小，种植面积由6.81万公顷变为5.26万公顷，占耕地总面积的比重随之减少2%。

2016—2018年，国家开始实施种植结构调整政策与大豆振兴计划，使得研究区大豆种植面积有所恢复，由17.99万公顷变为34.19万公顷，占耕地总面积的比重由21.40%提升至40.67%，政策实施效果较为明显。大豆种植面积的提升带来玉米种植面积的减少，由2016年的56.36万公顷调整为2018年的43.79万公顷，占耕地总面积的比重由67.05%降低至52.09%，缩小了与大豆种植面积之间的差距。水稻种植面积基本保持平稳，为研究区耕地总面积的5%左右。其他作物持续减少，2018年其他作物占耕地总面积的比重仅为1.52%。

3.2.2 粮食作物耕地利用的转入转出方式

转移矩阵源于转移概率矩阵，转移矩阵可以写成转移概率矩阵的转置矩阵形式，是对系统分析中系统状态与状态转移的定量描述。运用转移矩阵可全面且具体地刻画区域内粮食作物耕地利用变化的结构特征与各类型的变化方向。不同耕地利用类型在一定时期内的总变化量有限，但作物类型之间的转入和转出十分频繁。转移矩阵数学形式为：

$$S_{ij} = \begin{Bmatrix} S_{11} S_{12} \cdots S_{1n} \\ S_{21} \cdots \cdots S_{2n} \\ \cdots \cdots \cdots \cdots \\ S_{n1} S_{n2} \cdots S_{nn} \end{Bmatrix}, \quad (3.1)$$

其中，S表示为各种耕地利用类型的面积；n表示为耕地利用类型数，本研究中n值为4；i、j分别表示研究初期与研究末期的耕地利用类型。转移矩阵中，行表示变化初期作物类型，列表示变化末期的作物类型，S_{ij}表示变化初期的i种作物类型转变为变化末期的j种作物类型的面积。在实际分析中该矩阵可用表格形式表示，作为结构分析与变化方向分析的基础。

运用 ArcGIS 10.2 平台的地理处理功能，对不同研究期作物类型进行融合处理，借助分析工具中的叠加分析，获取叠加结果属性表，计算转移面积后导出属性表 dbf 文件，在 excel 中打开 dbf 文件并选择有效数据创建数据透视表，生成耕地利用转移矩阵。

（1）1988—1996 年粮食作物耕地利用的转入转出特征

如表 3.3 所示，1988—1996 年，大豆、玉米和水稻作物种植面积增加，其他作物种植面积减少，其中大豆种植面积增加 10.8 万公顷，玉米和水稻种植面积分别增加 5.47 万公顷和 0.48 万公顷，其他作物种植面积减少 16.74 万公顷。

表 3.3　1988—1996 年研究区耕地利用类型转移矩阵　　　　单位：万公顷

耕地利用类型		1996 年				1988 年总量	变化量
		大豆	玉米	水稻	其他作物		
1988 年	大豆	25.74	7.95	0.23	4.20	38.11	10.80
	玉米	5.46	6.20	0.16	5.03	16.86	5.47
	水稻	0.04	0.02	0.09	0.01	0.16	0.48
	其他作物	17.67	8.16	0.15	2.96	28.94	-16.74
1996 年总量		48.91	22.32	0.63	12.19	84.06	0

大豆种植面积增加的主要来源是玉米和其他作物的转入，其中玉米、水稻和其他作物分别向大豆转入 5.46 万公顷、0.04 万公顷和 17.67 万公顷；大豆向玉米、水稻和其他作物转出的耕地面积分别为 7.95 万公顷、0.23 万公顷和 4.20 万公顷；期间，有 25.74 万公顷种植大豆的耕地未发生变化。

玉米种植面积增加的主要来源同样是大豆和其他作物的转入，其中大豆转入玉米 7.95 万公顷，其他作物转入玉米 8.16 万公顷；玉米向大豆、水稻和其他作物的转出面积分别为 5.46 万公顷、0.16 万公顷和 5.03 万公顷；期间，有 6.20 万公顷种植玉米的耕地未发生变化。

水稻向大豆、玉米和其他作物转移的耕地面积分别为 0.04 万公顷、0.02 万公顷和 0.01 万公顷，水稻向其他耕地利用类型转出的耕地面积共 0.07 万公顷；大豆、玉米和其他作物向水稻转移的耕地面积分别为 0.23 万公顷、0.16 万公顷和 0.15 万公顷，其他耕地利用类型向水稻转入的耕地面积共 0.54 万公顷；期间，有 0.09 万公顷种植水稻的耕地未发生变化。

其他作物向大豆、玉米、水稻转移的耕地面积分别为 17.67 万公顷、8.16 万公顷和 0.15 万公顷，转出总耕地面积达 25.98 万公顷；大豆、水稻和其他作物分别向其他作物转移耕地面积 4.2 万公顷、5.03 万公顷和 0.01 万公顷，转入其他作物的耕地面积共9.24万公顷；期间，有2.96万公顷种植其他作物的耕地未发生变化。

（2）1996—2006年粮食作物耕地利用的转入转出特征

如表3.4所示，1996—2006年，大豆作物的种植面积持续增加，玉米和水稻作物种植面积略有增加，其他作物种植面积继续减少，其中大豆种植面积增加4.54万公顷，玉米和水稻种植面积分别增加0.60万公顷和0.24万公顷，其他作物种植面积减少5.39万公顷。

大豆种植面积增加的主要来源是玉米和其他作物的转入，其中玉米向大豆转入耕地面积12.21万公顷，其他作物向大豆转入耕地面积6.15万公顷；大豆作物向玉米、水稻和其他作物转移的耕地面积分别为11.06万公顷、0.17万公顷和2.59万公顷；期间，有35.09万公顷种植大豆的耕地未发生变化。

玉米种植面积增加的主要来源是大豆和其他作物的转入，大豆向玉米转入11.06万公顷，水稻向玉米转入0.01万公顷，其他作物向玉米转入3.68万公顷；玉米向大豆、水稻和其他作物转移的耕地面积分别是12.21万公顷、0.03万公顷和1.90万公顷，玉米向其他耕地利用类型转出的耕地面积共14.14万公顷；期间，有8.18万公顷种植玉米的耕地未发生变化。

水稻种植面积增加的主要来源是大豆、玉米和其他作物的转入，其中大豆向水稻转入耕地面积0.17万公顷，玉米向水稻转入耕地面积0.03万公顷，其他作物向水稻转入耕地面积0.06万公顷；水稻向大豆、玉米和其他作物转出的耕地面积较少，仅向玉米转移0.01万公顷；期间，有0.62万公顷种植水稻的耕地未发生变化。

其他作物向大豆、玉米和水稻转移的耕地面积分别为6.15万公顷、3.68万公顷和0.06万公顷，其他作物转出的耕地总面积为9.89万公顷；大豆和玉米向其他作物转移的耕地面积较少，分别为2.59万公顷和1.90万公顷，没有种植水稻的耕地转为其他作物；期间，有2.31万公顷种植其他作物的耕地未发生变化。

表3.4 1996—2006年研究区耕地利用类型转移矩阵　　　单位：万公顷

耕地利用类型		2006年				1996年总量	变化量
		大豆	玉米	水稻	其他作物		
1996年	大豆	35.09	11.06	0.17	2.59	48.91	4.54
	玉米	12.21	8.18	0.03	1.90	22.32	0.60
	水稻	0.00	0.01	0.62	0.00	0.63	0.24
	其他作物	6.15	3.68	0.06	2.31	12.19	-5.39
2006年总量		53.45	22.93	0.87	6.81	84.06	0

(3) 2006—2016年粮食作物耕地利用的转入转出特征

如表3.5所示，2006—2016年，受自由贸易政策影响，大豆种植面积减少35.46万公顷，2016年大豆种植面积仅为2006年的1/3，大量种植大豆的耕地转为种植玉米，玉米种植面积增加33.44万公顷。除此之外，水稻种植面积增加3.58万公顷，其他作物种植面积减少1.55万公顷。

大豆向玉米转出的耕地面积最多，为38.52万公顷，向水稻和其他作物转出的耕地面积分别为1.41万公顷和2.67万公顷，大豆向其他耕地利用类型转出的耕地面积共42.6万公顷；玉米、水稻和其他作物向大豆转入的耕地面积分别为5.46万公顷、0.04万公顷和1.64万公顷，转入大豆的耕地面积共7.14万公顷；期间，有10.85万公顷种植大豆的耕地未发生变化。

玉米向大豆、水稻和其他作物转入的耕地面积分别为5.46万公顷、1.59万公顷和1.82万公顷，玉米转为其他耕地利用类型的面积共8.87万公顷；大豆、水稻和其他作物转为玉米的耕地面积分别为38.52万公顷、0.10万公顷和3.68万公顷，其他耕地利用类型向玉米转入的耕地面积共42.3万公顷；期间，有14.06万公顷种植玉米的耕地未发生变化。

水稻向大豆、玉米和其他作物转移的耕地面积较少，分别为0.04万公顷、0.10万公顷和0.03万公顷，水稻转为其他耕地利用类型的面积共0.08万公顷；随着水稻品种改进和种植技术的提升，水稻种植面积开始增加，大豆、玉米和其他作物转为水稻的耕地面积分别为1.41万公顷、1.59万公顷和0.75万公顷，其他耕地利用类型向水稻转入的耕地面积共3.75万公顷；期间，有0.70万公顷种植水稻的耕地未发生变化。

其他作物向大豆、玉米和水稻转移的耕地面积分别为1.64万公顷、3.68万公顷和0.75万公顷；大豆、玉米和水稻向其他作物转入的耕地面积分别为2.67万公顷、1.82万公顷和0.03万公顷；期间，有0.73万公顷种植其他作物的耕地未发生变化。

表3.5 2006—2016年研究区耕地利用类型转移矩阵　　　　单位：万公顷

耕地利用类型		2016年				2006年总量	变化量
		大豆	玉米	水稻	其他作物		
2006年	大豆	10.85	38.52	1.41	2.67	53.45	-35.46
	玉米	5.46	14.06	1.59	1.82	22.93	33.44
	水稻	0.04	0.10	0.70	0.03	0.87	3.58
	其他作物	1.64	3.68	0.75	0.73	6.81	-1.55
2016年总量		17.99	56.36	4.45	5.26	84.06	0

(4) 2016—2018 年粮食作物耕地利用的转入转出特征

如表 3.6 所示，2016—2018 年，国家开始实施种植结构调整和轮作休耕政策，种植大豆作物的耕地利用类型面积增加 16.20 万公顷，种植玉米作物的耕地利用类型面积减少 12.58 万公顷，种植水稻作物的耕地利用类型面积增加 0.35 万公顷，种植其他作物的耕地利用类型面积减少 3.98 万公顷。

大豆种植面积增加的主要来源是种植玉米的耕地利用类型面积的转入，为 21.48 万公顷，水稻和其他作物向大豆转入的耕地面积分别为 0.09 万公顷和 1.87 万公顷，其他耕地利用类型转为大豆的耕地面积共 23.44 万公顷；大豆向玉米、水稻和其他作物转出的耕地面积分别为 6.99 万公顷、0.09 万公顷和 0.16 万公顷，大豆向其他耕地利用类型转出的耕地面积共 7.24 万公顷；期间，有 10.75 万公顷种植大豆作物的耕地未发生变化。

玉米向大豆、水稻和其他作物转移的耕地利用类型面积分别为 21.48 万公顷、0.32 万公顷和 0.53 万公顷，玉米向其他耕地利用类型转移的耕地面积共 22.33 万公顷；大豆、水稻和其他作物转为玉米的耕地面积分别为 6.99 万公顷、0.20 万公顷和 2.56 万公顷，其他耕地利用类型转为玉米的耕地面积共 9.75 万公顷；期间，有 34.04 万公顷种植玉米的耕地未发生变化。

水稻向大豆、玉米和其他作物转移的耕地利用类型面积分别为 0.09 万公顷、0.20 万公顷和 0.01 万公顷；大豆、玉米和其他作物转为水稻的耕地利用类型面积分别为 0.09 万公顷、0.32 万公顷和 0.26 万公顷；耕地利用类型未发生改变的水稻种植面积为 4.14 万公顷。

其他作物向大豆、玉米和水稻转移的耕地利用类型面积分别为 1.87 万公顷、2.56 万公顷和 0.26 万公顷；大豆、玉米和水稻转为其他作物的耕地面积分别为 0.16 万公顷、0.53 万公顷和 0.01 万公顷；耕地利用类型未发生改变的其他作物种植面积为 0.58 万公顷。

表 3.6 2016—2018 年研究区耕地利用类型转移矩阵　　单位：万公顷

耕地利用类型		2018 年				2016 年总量	变化量
		大豆	玉米	水稻	其他作物		
2016 年	大豆	10.75	6.99	0.09	0.16	17.99	16.20
	玉米	21.48	34.04	0.32	0.53	56.36	-12.58
	水稻	0.09	0.20	4.14	0.01	4.45	0.35
	其他作物	1.87	2.56	0.26	0.58	5.26	-3.98
2018 年总量		34.19	43.79	4.81	1.28	84.06	0

3.2.3 粮食作物耕地利用的变化速率

粮食作物耕地利用动态度是反映区域耕地利用变化速率的重要指标，耕地利用动态模型源于土地利用动态度模型，一般可分为单一动态度和综合动态度。动态度表示该耕地利用类型的稳定情况，综合动态度反映区域内所有耕地利用类型在研究期间的总体变化情况，其计算公式为：

$$S = \frac{\sum_{ij}^{n} \Delta S_{i-j}}{\sum_{ij}^{n} S_i} \times \frac{1}{T}, \quad (3.2)$$

其中，S 为研究时段耕地利用综合动态度，ΔS_{i-j} 为研究初期第 i 类耕地利用类型转为研究末期其他耕地利用类型的总面积，单位为公顷，T 表示研究时段，单位为 a，n 表示耕地利用类型数量。

单一动态度表征某一耕地利用类型在某时间序列内的数量变化情况。其计算公式为：

$$K = \frac{U_b - U_a}{U_a} \times \frac{1}{T}, \quad (3.3)$$

其中，K 为研究时段某一耕地利用类型的动态度，U_b、U_a 分别为研究初期和研究末期的单一耕地利用类型的面积，单位为公顷，T 表示研究时段，单位为 a。

综合动态度能够反映区域内社会经济活动对粮食作物耕地利用变化的综合影响，通过对4个时间段综合动态度的测算，得到研究区1988—1996年、1996—2006年、2006—2016年和2016—2018年耕地利用综合动态度值分别为0.58、0.45、0.69和0.41。结果显示，研究区在2006—2016年的耕地利用综合动态度值最高，说明在该时段研究区粮食作物的耕地利用变化最频繁，且变化幅度最大。

根据式（3.3）计算研究区1988—1996年、1996—2006年、2006—2016年和2016—2018年4个时段的单一耕地利用类型的动态度，如表3.7所示。种植大豆作物的耕地利用类型在1988—1996年和1996—2006年两个时间段内的动态度值均为正值，分别为0.28和0.09，说明在1988年到2006年期间大豆作物种植面积处于持续增长阶段。种植大豆作物的耕地利用类型在2006—2016年的动态度值为-0.66，表明此期间内，受农产品自由贸易政策影响，大豆种植面积急剧减少。种植大豆作物的耕地利用类型在2016—2018年的动态度值为0.90，说明种植结构调整和轮作政策实施效果显著，大豆种植面积得到一定程度的提升。总体来看，这30年间大豆种植面积随着政策调整呈现先增加后下降再逐渐恢复的动态变化过程，其中大豆种植面积在2006年处于峰值期，在2016年处于低谷期。

种植玉米作物的耕地利用类型1988—1996年的动态度值为0.32，玉米种植面积增加较多。种植玉米作物的耕地利用类型1996—2006年的动态度值为

0.03，这期间玉米种植面积基本保持稳定，仅有小幅增加。2006—2016年，随着大豆种植面积的急剧减少，玉米的种植面积也随之迅速扩张，动态度值为4.09。在此期间，玉米逐渐成为研究区主导作物。2016—2018年，种植玉米作物的耕地利用类型动态度为负值，玉米种植面积减少。总体来看，这40年间玉米种植面积前期与大豆保持同步增加，2006年以后变化趋势与大豆恰好相反。

种植水稻作物的耕地面积一直处于增加的态势，动态度值始终为正，但由于水稻种植面积基数较小，动态度值变化幅度较大，1988—1996年种植水稻的耕地利用类型的动态度值为3.03，1996—2006年种植水稻的耕地利用类型动态度值为0.38，2006—2016年种植水稻的耕地利用类型动态度值为4.09，2016—2018年种植水稻的耕地利用类型动态度值为0.08。总体来看，随着水稻种植技术的发展与抗寒品种的推出，水稻在1988—1996年和2006—2016年两个时间段内扩张较为明显。

种植其他作物的耕地面积一直处于减少态势，动态度值始终为负值。其中，1988—1996年种植其他作物的耕地利用类型动态度值为-0.58，1996—2006年种植其他作物的耕地利用类型动态度值为-0.44，2006—2016年种植其他作物的耕地利用类型动态度值为-0.23，2016—2018年种植其他作物的耕地利用类型动态度值为-0.76。总体来看，以小麦为主的其他作物在研究期的40年间，种植面积持续萎缩，在研究前期其他作物种植基数大，相应减少面积也比较多，到研究后期逐渐转为以大豆和玉米为主要作物的耕地种植结构。

表3.7 研究区不同时段单一耕地利用类型动态度

耕地利用类型	1988—1996年	1996—2006年	2006—2016年	2016—2018年
大豆	0.28	0.09	-0.66	0.90
玉米	0.32	0.03	1.46	-0.22
水稻	3.03	0.38	4.09	0.08
其他作物	-0.58	-0.44	-0.23	-0.76

3.3 粮食作物耕地利用空间分化特征

1978年研究区主要粮食作物的耕地利用空间分布主要受制于自然要素。大豆、小麦作物主要分布在地势起伏较大、海拔相对较高的丘陵漫岗和高平原耕作区，玉米、杂粮等作物主要分布在低平原耕作区，河流沿岸的漫滩耕作区多为草甸土，适宜发展水田，同时也有小麦、大豆等作物分布。

同时，本研究测算了1988年、1996年、2006年、2016年和2018年研究区主要粮食作物耕地利用的重心迁移轨迹和标准差椭圆分布等空间变化参数，明确了不同时期研究区大豆、玉米、水稻和其他作物耕地利用的空间迁移路径、方向、分布范围等空间分化特征。

3.3.1 粮食作物耕地利用重心的迁移特征

"重心"理论最初来源于物理学的重心概念，物理学中的"重心"指物体各部分所受重力产生合力的作用点，逐渐演绎发展应用于社会学、经济领域和地理研究。在地理学研究中，重心表示区域地理对象在空间上的平衡点，在平衡点上各方向的地理要素作用维持均衡，其可用来判断区域发展的均衡性及评估空间发展的效果。本研究分析研究区主要粮食作物耕地利用的重心变化，能够清晰客观地反映区域内分析要素在时间、空间上的变化轨迹，呈现种植结构局部或整体转移、集聚和分散的特征。

重心迁移模型是研究地理对象空间变化的重要方法之一，地理要素分布重心的迁移情况反映总体格局位移的特征。运用重心迁移模型，可以从空间角度很好地描述耕地利用类型的时空演变特征，主要粮食作物耕地利用重心迁移距离反映区域间耕地利用方式的差异变化，公式如下。

$$M(\bar{X}, \bar{Y}) = \left[\frac{\sum_{k=1}^{n} w_k x_k}{\sum_{k=1}^{n} w_k}, \frac{\sum_{k=1}^{n} w_k y_k}{\sum_{k=1}^{n} w_k} \right], \quad (3.4)$$

其中，X、Y分别表示研究区主要粮食作物耕地利用重心的经度值和纬度值；x_k和y_k分别表示第k个次级单元中心的经度值和纬度值；w_k表示第k个次级单元的属性值。

计算不同年份之间重心的迁移距离，可采用下列公式：

$$d_{\alpha-\beta} = c \cdot \sqrt{(X_\alpha - X_\beta)^2 + (Y_\alpha - Y_\beta)^2}, \quad (3.5)$$

其中，d表示某种属性重心移动的距离，α、β表示两个不同年份，(X_α, Y_α)和(X_β, Y_β)分别为第α年和第β年属性重心所在空间位置的坐标值，c为常数。

（1）大豆作物耕地利用重心的迁移特征

通过计算1988—2018年大豆作物耕地利用重心的经度和纬度坐标，可以得到研究区大豆作物耕地利用重心的时间与空间迁移路径，如图3.3所示。根据大豆作物耕地利用重心的经纬度值可以发现，研究期间大豆作物种植重心一直位于拜泉县境内。从大豆作物耕地利用重心的迁移路径来看，大豆作物耕地利用重心总体向东北方向移动。

由图3.3可知，1988年大豆作物耕地利用重心的坐标为125.77°E、

47.80°N；1996 年大豆作物的耕地利用重心的坐标为 125.81°E、47.81°N；2006 年大豆作物耕地利用重心的坐标为 125.82°E、47.74°N；2016 年大豆作物耕地利用重心的坐标为 125.81°E、47.82°N；2018 年大豆作物耕地利用重心的坐标为 125.89°E、47.83°N。

1988—1996 年，大豆作物耕地利用重心向北偏东方向移动 3.85 km，随着大豆种植技术推广，以拜泉县为主的研究区西部地区开始增加大豆种植面积。1996—2006 年，大豆作物耕地利用重心向南迁移 8.09 km，大豆种植面积持续向南扩张。2006—2016 年，大豆作物耕地利用重心向北移动 8.72 km，随着贸易政策调整，玉米作物逐渐取代大豆成为主导。2016—2018 年，大豆作物耕地利用重心向东迁移 6.05 km，轮作政策率先在拜泉县和克山县取得成效，大豆种植面积逐渐恢复。

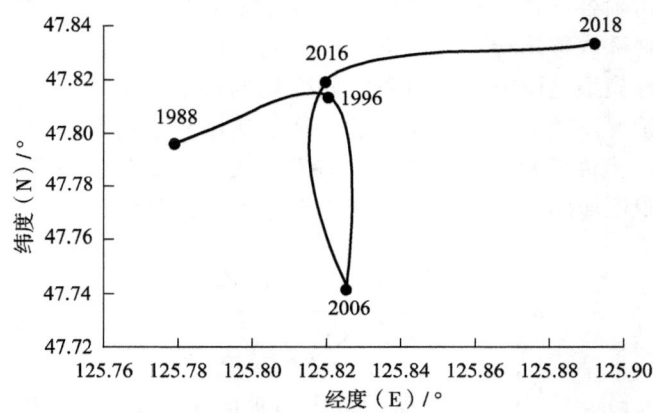

图 3.3　1988—2018 年大豆作物耕地利用重心的迁移路径

（2）玉米作物耕地利用重心的迁移特征

通过计算 1988—2018 年研究区玉米作物重心的坐标，可以得到研究区玉米作物耕地利用重心的时间与空间迁移路径，如图 3.4 所示。根据玉米作物耕地利用重心的经纬度值，可以判断出玉米作物耕地利用重心基本处于三县交界的位置，2006 年玉米作物耕地利用重心位于依安县境内，其他年份玉米作物耕地利用重心均位于拜泉县境内。从玉米作物耕地利用重心的迁移路径来看，总体上是前期先向北移动，再逐渐向西南沿顺时针方向迁移。

由图 3.4 可知，1988 年玉米作物耕地利用重心的坐标为 125.65°E、47.66°N；1996 年玉米作物耕地利用重心的坐标为 125.61°E、47.77°N；2006 年玉米作物耕地利用重心的坐标变化为 125.61°E、47.89°N；2016 年玉米作物耕地利用重心的坐标迁移至 125.73°E、47.77°N；2018 年玉米作物耕地利用重心坐标迁移至 125.59°E、47.75°N。

1988—1996年，玉米作物耕地利用重心向北偏西方向迁移13.00 km，玉米种植从南部开始向研究区全域扩展；1996—2006年，玉米作物耕地利用重心向北移动13.09 km，迁移距离与1988—1996年基本相同；2006—2016年，玉米作物耕地利用重心向南偏东方向迁移15.90 km，大豆种植面积的减少带来全域玉米种植面积的增加；2016—2018年，玉米作物耕地利用重心向西迁移10.37 km，研究区玉米种植重心向西部轮作政策响应较晚的依安县迁移。

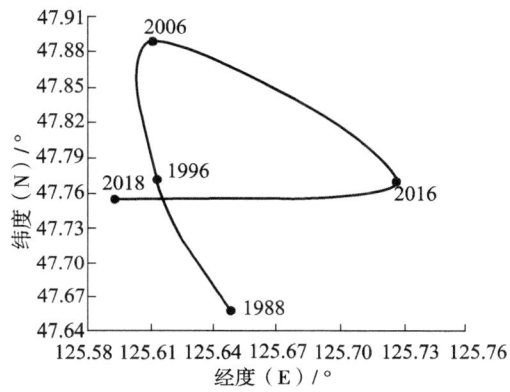

图3.4 1988—2018年玉米作物耕地利用重心的迁移路径

（3）水稻作物耕地利用重心的迁移特征

通过计算1988—2018年研究区水稻作物重心的坐标，可以得到研究区水稻作物耕地利用重心的时间与空间迁移路径，如图3.5所示。根据水稻作物耕地利用重心的经纬度值，1988年、1996年、2006年和2016年水稻作物耕地利用重心的坐标位于依安县境内，2018年水稻作物耕地利用重心移动到拜泉境内，但仍位于两县交界处。从水稻作物耕地利用重心的迁移路径来看，整体上呈先向北再向东的趋势。

由图3.5可见，1988年水稻作物耕地利用重心的坐标为125.56°E、47.68°N；1996年水稻作物耕地利用重心的坐标为125.33°E、47.80°N；2006年水稻作物耕地利用重心的坐标为125.35°E、47.79°N；2016年水稻作物耕地利用重心的坐标为125.49°E、47.82°N；2018年水稻作物耕地利用重心的坐标为125.51°E、47.81°N。

1988—1996年，水稻作物耕地利用重心向北偏西方向移动22.19 km，前期水稻种植主要集中在拜泉县的三道镇水库以南，导致水稻种植重心偏南，随着依安县乌裕尔河沿岸与克山县讷谟尔河沿岸开始推广水稻种植，水稻利用重心逐渐向北移动；1996—2006年，水稻作物耕地利用重心朝东南方向移动2.1 km，重心迁移距离较短；2006—2016年，水稻作物耕地利用重心向北偏东方向移动11.2 km，水稻种植技术的提升使得乌裕尔河上游水稻种植的面积扩张。2016—2018 年，水稻作物耕地利用重心朝东南方向移动 1.98 km，研究区水稻种植格局基本保持稳定。

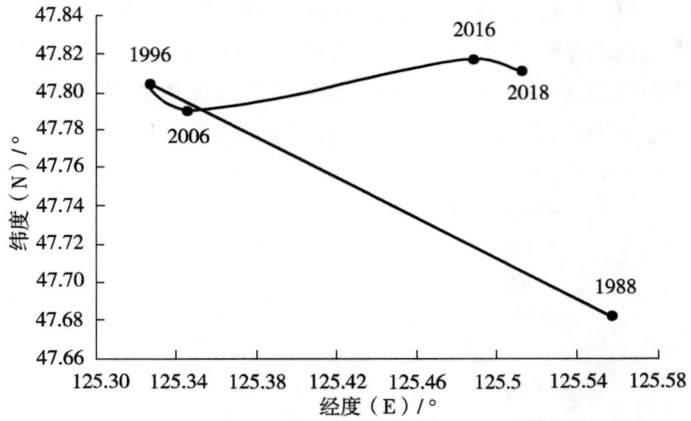

图 3.5　1988—2018 年水稻作物耕地利用重心的迁移路径

（4）其他作物耕地利用重心的迁移特征

通过计算 1988—2018 年研究区其他作物重心的坐标，可以得到研究区其他作物耕地利用重心时间与空间的迁移路径，如图 3.6 所示。根据 1988—2018 年其他作物耕地利用重心的坐标可知，1988 年其他作物耕地利用重心位于克山县境内，1996 年、2006 年和 2016 年其他作物耕地利用重心坐标位于拜泉县境内，2018 年其他作物耕地利用重心移动到依安县境内。从其他作物耕地利用重心的迁移路径来看，整体上呈现波动南移的状态。

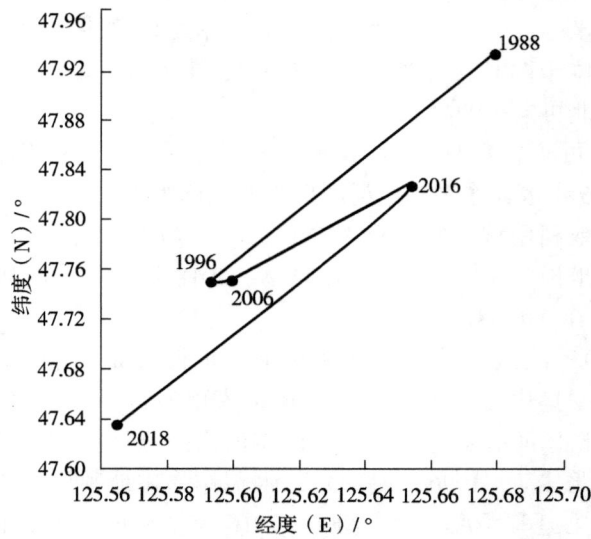

图 3.6　1988—2018 年其他作物耕地利用重心的迁移路径

从图 3.6 可见，1988 年其他作物耕地利用重心的坐标为 125.68°E、47.93°N；1996 年其他作物耕地利用重心的坐标为 125.59°E、47.75°N；2006 年其他作物耕地利用重心的坐标为 125.60°E、47.75°N；2016 年其他作物耕地利用重心的坐标为 125.65°E、47.83°N；2018 年其他作物耕地利用重心的坐标为 125.57°E、47.63°N。

1988—1996 年，其他作物耕地利用重心向西南方向移动 21.44 km，克山县的众多其他作物转为大豆、玉米等主要作物，导致重心南移；1996—2006 年，其他作物耕地利用重心仅移动 0.5 km，种植布局基本维持分散平衡状态；2006—2016 年，其他作物耕地利用重心向东北方向移动 9.72 km，以小麦为主的其他作物持续减少；2016—2018 年，其他作物耕地利用重心像西南方向移动 22.47 km，重心移至依安县境内。

3.3.2 粮食作物耕地利用的空间方向特征

标准差椭圆（standard deviational ellipse，SDE）是空间统计方法中能够精确揭示要素空间方向分布特征的经典方法之一，可以反映节点空间组织的总体轮廓和主导分布方向。在本研究中，标准差椭圆的大小表示主要粮食作物耕地利用的空间分布集中程度，旋转角以 x 轴为准，正北方为 0°，顺时针旋转确定椭圆方向，扁率则代表目标要素在空间上的分布形态。主要粮食作物耕地利用的空间分布范围、方向和形态随时间变化具有不同的动态特征。标准差椭圆扁率为椭圆两轴差值与椭圆长轴之比，可以用来衡量研究区主要粮食作物的空间分布和综合极化特征，标准差椭圆扁率越大，表示数据的方向性越强；反之两轴差值越接近，表示数据方向性越不明显，若两轴完全相等则为圆，表示数据没有任何方向特征。此外，本研究在标准差椭圆分析中，将椭圆大小选择为 1 级标准差，即椭圆内包含 68% 的数据分布。

标准差椭圆可表示为：

$$SDE_x = \sqrt{\frac{\sum_{i=1}^{n}(x_i - \bar{X})^2}{n}}, \quad (3.6)$$

$$SDE_y = \sqrt{\frac{\sum_{i=1}^{n}(y_i - \bar{Y})^2}{n}}, \quad (3.7)$$

其中，x_i 和 y_i 是要素 i（主要粮食作物类型）的坐标，$\{\bar{X}, \bar{Y}\}$ 表示要素的平均中心，n 等于要素总数。

旋转角 θ 的计算方法为：

$$\tan\theta = \frac{A+B}{C}, \tag{3.8}$$

$$A = \left(\sum_{i=1}^{n}\tilde{x}_i^2 - \sum_{i=1}^{n}\tilde{y}_i^2\right), \tag{3.9}$$

$$B = \sqrt{\left(\sum_{i=1}^{n}\tilde{x}_i^2 - \sum_{i=1}^{n}\tilde{y}_i^2\right)^2 + 4\left(\sum_{i=1}^{n}\tilde{x}_i\tilde{y}_i\right)^2}, \tag{3.10}$$

$$C = 2\sum_{i=1}^{n}\tilde{x}_i\tilde{y}_i, \tag{3.11}$$

其中，$\tilde{x}_i$ 和 $\tilde{y}_i$ 是平均中心和 xy 坐标的差。

x 轴和 y 轴的标准差为：

$$\sigma_x = \sqrt{2}\sqrt{\frac{\sum_{i=1}^{n}(\tilde{x}_i\cos\theta - \tilde{y}_i\sin\theta)^2}{n}}, \tag{3.12}$$

$$\sigma_y = \sqrt{2}\sqrt{\frac{\sum_{i=1}^{n}(\tilde{x}_i\sin\theta - \tilde{y}_i\cos\theta)^2}{n}}. \tag{3.13}$$

（1）大豆作物耕地利用方向分布特征

采用标准差椭圆分析法，可以进一步揭示研究区大豆作物的空间分布情况，利用 ArcGIS 10.2 软件的空间统计功能进行标准差椭圆分析，得到 1988—2018 年，研究区大豆作物的空间方向、展布范围等一系列参数的变化特征（表 3.8）及标准差椭圆空间分布图（图 3.7）。

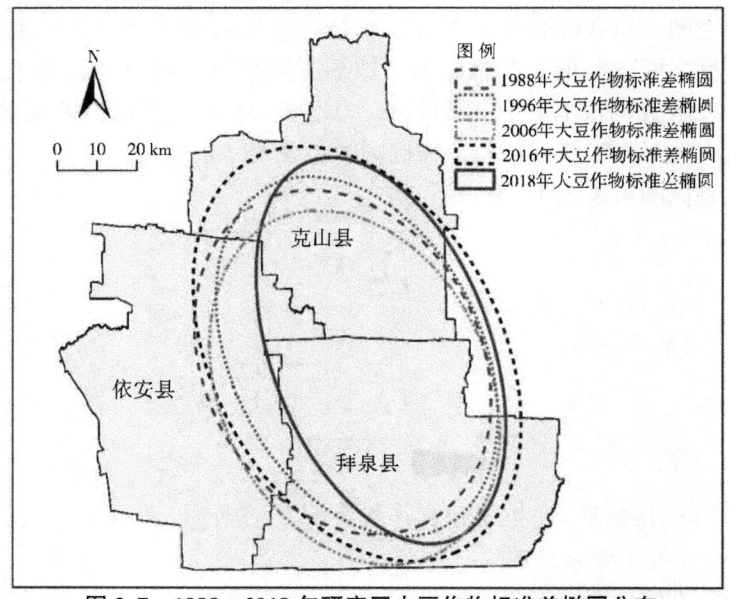

图 3.7 1988—2018 年研究区大豆作物标准差椭圆分布

从图 3.7 可以看出，1988—2018 年，研究区大豆作物的耕地利用标准差椭圆均呈"西北—东南"方向，表明研究区大豆作物在"西北—东南"方向较"东北—西南"方向分布更为密集。1988—2018 年，大豆作物的耕地利用标准差椭圆均位于研究区中部偏东的位置，前期空间分布较为分散，后期逐渐趋于集中。

本研究规定正北方向的方向角 θ 为 $0°$，对大豆作物的耕地利用标准差椭圆参数统计可得，1988—2006 年，研究区大豆作物方向角 θ 由 $147.50°$ 增加到 $149.73°$，表明该时期大豆作物空间分布逐步由"西北—东南"向正北和正南方向转移；2016 年由于大豆种植面积减少，转角 θ 减小到 $147.28°$，大豆作物整体呈"西北—东南"走向；2018 年方向角 θ 增加到 $153.44°$，说明该时期大豆作物空间分布逐渐向正南和正北方向转变。

从各时期大豆作物耕地利用的标准差椭圆面积来看，1988 年大豆作物标准差椭圆面积为 $5015.14~km^2$，1996 年缩小至 $4812~km^2$，2006 年再次扩大至 $5015.90~km^2$，这期间大豆作物耕地利用的空间分布基本保持稳定；经历自由贸易政策导致的大豆作物种植面积缩减之后，2016 年研究区大豆作物的标准差椭圆面积达到最大值，为 $6448.59~km^2$，说明此时大豆种植较为分散，空间分布的方向性特征不明显；2018 年，大豆作物标准差椭圆面积减小至 $4455.42~km^2$，达到历史最低值，表明经历种植结构调整政策引导后，大豆作物耕地利用的方向集聚性增强。

标准差椭圆的扁率为椭圆长短轴差值与椭圆长轴之比，反映耕地主要作物空间布局的方向性，通过对比标准差椭圆的扁率可以掌握耕地主要作物空间布局范围的变化，扁率越大，表明标准差椭圆的方向性越明显。从 1988—2018 年研究区大豆作物标准差椭圆的扁率变化情况来看，整体上呈现波动增加的趋势，说明大豆作物耕地利用在主要方向上出现极化现象。其中，2018 年大豆作物标准差椭圆的扁率达到最大值 0.47，大豆作物空间分布呈现较强的向心力。

表 3.8　1988—2018 年研究区大豆作物标准差椭圆参数

年份	x 轴长度	y 轴长度	方向角 $\theta/°$	面积/km^2	扁率
1988	46.08	34.64	147.50	5015.14	0.25
1996	48.82	31.38	147.99	4812.00	0.36
2006	47.37	33.71	149.73	5015.90	0.29
2016	56.47	36.35	147.28	6448.59	0.36
2018	51.68	27.44	153.44	4455.42	0.47

（2）玉米作物耕地利用方向分布特征

为进一步揭示研究区玉米作物耕地利用空间方向分布特征，利用 ArcGIS

10.2软件的空间统计功能进行标准差椭圆分析,得到1988—2018年研究区玉米作物的空间方向、展布范围等一系列参数的变化特征(表3.9)及标准差椭圆空间分布图(图3.8)。

从图3.8可以看出,1988—2018年,玉米作物的耕地利用标准差椭圆形状近乎正圆形,方向分布特征较弱,表明研究区玉米种植范围较为广泛,种植区域相对分散。整体来看,1988—2018年,玉米作物耕地利用的标准差椭圆基本位于研究区中部,但其位置与大小仍在不断变化中。

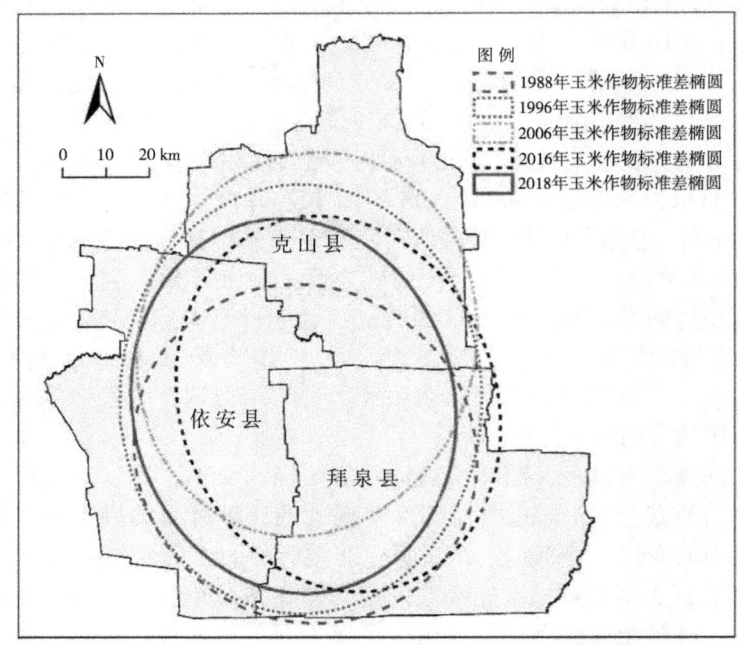

图3.8　1988—2018年研究区玉米作物标准差椭圆分布

从1988—2018年研究区玉米作物标准差椭圆的参数来看,方位角θ整体上呈现逆时针旋转增大再顺时针减小的过程。1996年,方位角θ从1988年的140.10°增加到173.10°,玉米作物标准差椭圆继续由"西北—东南"向"东北—西南"方向旋转;2006年,方位角θ变为6.09°,然后继续逆时针旋转;2016年,研究区玉米作物标准差椭圆方向角θ为155.87°;2018年,研究区玉米作物标准差椭圆方向角θ为162.25°。

从1988—2018年玉米作物标准差椭圆的面积来看,1988年玉米作物的标准差椭圆面积最小,为4978.34 km²,此后随着玉米种植面积的扩张,研究区玉米作物标准差椭圆面积也出现增长趋势;1996年玉米作物标准差椭圆面积为6653.74 km²,达到研究期间最大值,说明此期间玉米作物的耕地利用集中度较低;2006年玉米作物标准差椭圆面积为5582.62 km²;2016年玉米作物标准差椭圆面积为 5181.90 km²；2018 年玉米作物标准差椭圆面积为 5209.38 km²。通过玉米作物标准差椭圆面积的一系列变化，说明近 30 年来研究区玉米作物的空间分布呈现出先集中再分散的分布特性，但这种分布特征整体上呈弱化态势。

玉米作物标准差椭圆的扁率反映玉米作物空间布局的方向性，通过对比标准差椭圆的扁率可以掌握玉米作物空间布局范围的变化。从 1988—2018 年研究区玉米作物标准差椭圆的扁率变化情况来看，整体上标准差椭圆扁率值较小，1988 年、1996 年、2006 年、2016 年和 2018 年玉米作物耕地利用的标准差椭圆扁率分别为 0.06、0.19、0.27、0.20 和 0.17，表明玉米作物在空间分布上方向性特征较弱，玉米作物在研究区各地均有种植，且在空间分布上较为分散。

表 3.9 1988—2018 年研究区玉米作物标准差椭圆参数

年份	x 轴长度	y 轴长度	方向角 $\theta/°$	面积/km²	扁率
1988	41.03	38.62	140.10	4978.34	0.06
1996	51.02	41.52	173.10	6653.74	0.19
2006	53.06	38.69	6.09	5582.62	0.27
2016	45.42	36.32	155.87	5181.90	0.20
2018	44.83	36.99	162.25	5209.38	0.17

（3）水稻作物耕地利用方向分布特征

为进一步揭示研究区水稻作物耕地利用空间方向分布特征，利用 ArcGIS 10.2 软件的空间统计功能进行标准差椭圆分析，得到 1988—2018 年研究区水稻作物的空间方向、展布范围等一系列参数的变化特征（表 3.10）及标准差椭圆空间分布图（图 3.9）。

从水稻作物标准差椭圆分布特征图可知，研究时期内水稻作物的标准差椭圆覆盖范围呈现逐步缩小再增大的趋势表明，1988—2018 年，研究区水稻作物前期开始集中种植，后期逐渐扩大种植范围并趋于稳定。整体上看，1988 年、2016 年和 2018 年水稻作物耕地利用的标准差椭圆呈"西北—东南"走向，1996 年和 2006 年水稻作物耕地利用的标准差椭圆呈"东北—西南"走向。1988 年，研究区水稻种植主要集中在拜泉县三道镇南侧，位于研究区东南端，导致水稻作物标准差椭圆范围较大；1996 年以后，研究区水稻作物种植在依安县境内乌裕尔河沿岸，因此水稻作物的标准差椭圆位于研究区西侧依安县，且南北方向特征不明显；随着水稻种植技术的推广，拜泉县和依安县开始增加水稻种植面积，水稻作物标准差椭圆再一次扩大范围，但基本沿中部的乌裕尔河分布。

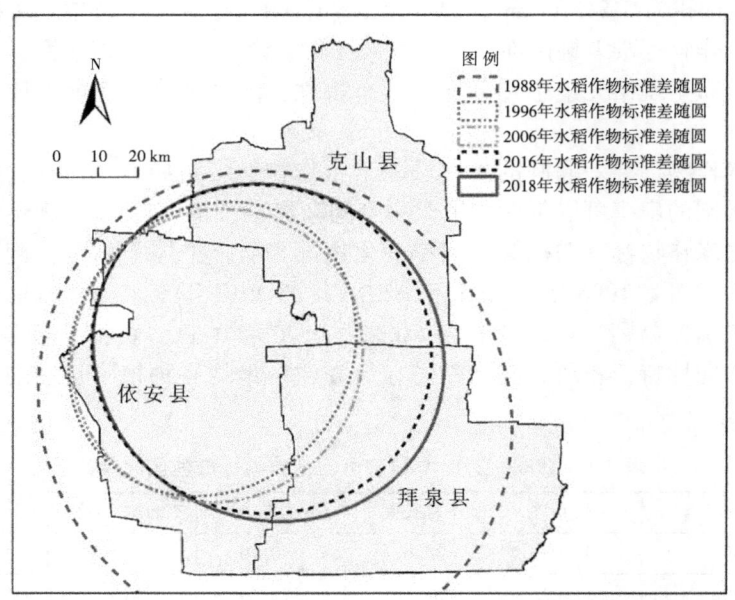

图 3.9　1988—2018 年研究区水稻作物标准差椭圆分布

对各个时期研究区水稻作物标准差椭圆参数进行统计分析，结果表明，研究区水稻作物标准差椭圆呈现出两种空间分布趋势：1988 年方向角 θ 为 142.39°，2016 年方向角 θ 为 130.21°，2018 年方向角 θ 为 126.65°，这期间水稻作物基本呈现"西北—东南"方向的空间分布特征；1996 年和 2006 年水稻作物标准差椭圆的方向角 θ 分别为 24.51° 和 13.12°，这期间水稻作物基本呈现"东北—西南"方向的空间分布特征。

通过计算各时期水稻作物耕地利用的标准差椭圆面积，可得 1988 年水稻作物耕地利用的标准差椭圆面积最大，为 11 303.03 km²，水稻零星分布在研究区东南部及西部地区；1996 年水稻作物标准差椭圆面积为 4222.19 km²，2006 年水稻作物标准差椭圆面积变化至 4279.91 km²，水稻空间分布特征逐渐形成，集中分布在研究区中西部的河流沿岸；2016 年水稻作物标准差椭圆面积增加到 5615.32 km²，2018 年水稻作物标准差椭圆面积继续增加至 5942.87 km²，水稻种植范围沿河流向上游小幅度扩张。

分析 1988—2018 年研究区水稻作物标准差椭圆的扁率，可知研究区水稻作物的空间分布方向性特征并不明显，水稻作物的标准差椭圆基本接近正圆，其中 1996 年和 2006 年，标准差椭圆的 y 轴长度大于 x 轴长度，表明水稻东西方向的空间分布特征较南北方向更为明显。

表 3.10　1988—2018 年研究区水稻作物标准差椭圆参数

年份	x 轴长度	y 轴长度	方向角 $\theta/°$	面积/km²	扁率
1988	62.66	57.42	142.39	11303.03	0.08
1996	34.43	39.04	24.51	4222.19	-0.13
2006	35.86	37.99	13.12	4279.91	-0.06
2016	43.01	41.56	130.21	5615.32	0.03
2018	45.04	42.00	126.65	5942.87	0.07

（4）其他作物耕地利用方向分布特征

为进一步分析 1988—2018 年其他作物耕地利用的空间分布特征，利用 ArcGIS 10.2 软件的空间统计功能进行标准差椭圆分析，得到 1988—2018 年研究区其他作物的空间方向、展布范围等一系列参数的变化特征（表 3.11）及标准差椭圆空间分布图（图 3.10）。

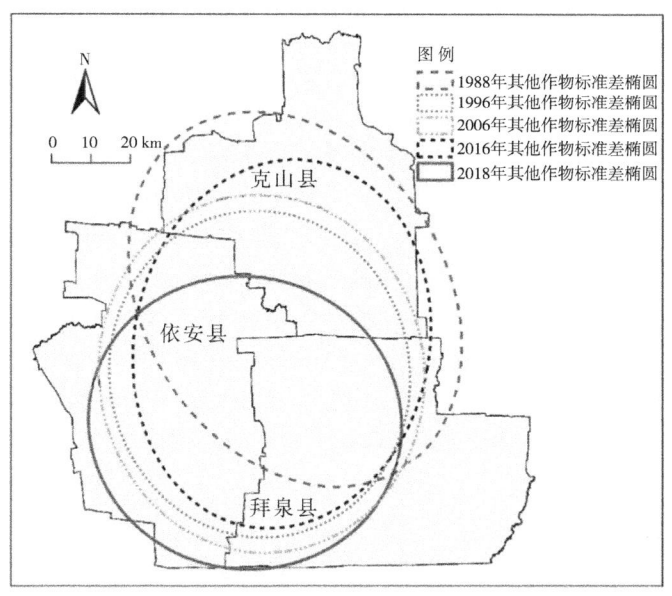

图 3.10　1988—2018 年研究区其他作物标准差椭圆分布

从研究区其他作物标准差椭圆的分布图可以看出，1988—2018 年，研究区其他作物标准差椭圆处于不断变化的过程中，1988 年其他作物耕地利用的标准差椭圆主要位于研究区东北部的克山县境内，呈现"西北—东南"方向的空间分布特征；1996—2016 年，其他作物耕地利用的标准差椭圆逐渐向研究区南部转移，呈现"东北—西北"方向的空间分布特征；2018 年，其他作物耕地利用的标准差椭圆主要位于研究区西南部的依安县境内，但其他作物耕地利用的方向特征较弱，标准差椭圆近乎正圆形，无明显极化特征。

表 3.11 1988—2018 年研究区其他作物标准差椭圆参数

年份	x 轴长度	y 轴长度	方向角 θ/°	面积/km²	扁率
1988	51.33	38.31	143.17	6177.66	0.25
1996	41.95	37.78	167.00	4979.39	0.10
2006	46.03	40.93	167.27	5917.84	0.11
2016	37.14	47.71	3.28	5567.75	−0.28
2018	39.50	37.57	97.76	4661.50	0.05

从 1988—2018 年研究区其他作物标准差椭圆的参数可以看出，1988 年其他作物标准差椭圆的方向角 θ 为 143.17°；1996 年其他作物标准差椭圆顺时针旋转 24°，增加到 167°；2006 年其他作物标准差椭圆方向角 θ 为 167.27°，变化幅度较小；2006—2016 年，研究区其他作物种植面积大幅度较少，其他作物标准差椭圆空间位置发生变化，方向角 θ 为 3.28°；2018 年，其他作物标准差椭圆接近正圆，方向角 θ 为 97.76°，此时，研究区其他作物空间分布的方向特征不显著。

根据 1988—2018 年研究区其他作物标准差椭圆的参数，进一步分析其他作物标准差椭圆的面积变化特征。结果表明，1988 年研究区其他作物标准差椭圆的面积最大，为 6177.66 km²，且其他作物标准差椭圆基本位于研究区内部，说明此时期研究区其他作物种植面积较大，且广泛分布在研究区各个区域；1996 年研究区其他作物标准差椭圆面积缩小至 4979.39 km²，表明此期间研究区其他作物种植面积逐渐减少；2006 年和 2016 年研究区其他作物标准差椭圆面积为 5917.84 km² 和 5567.75 km²，其他作物种植空间分布趋于分散；2018 年其他作物标准差椭圆面积为 4661.50 km²，其他作物在研究区种植面积已处于较低水平。

研究区其他作物标准差椭圆在 1988 年和 2016 年扁率较大，1996 年和 2006 年次之，2018 年最小，表明在 30 年间研究区其他作物的种植范围逐渐缩小，其他作物空间分布的方向特征逐渐削弱。

3.3.3 粮食作物耕地利用的空间关联特征

空间计量学中，一定区域内的某种属性或经济地理现象，通常会与邻近地区的这一属性或经济地理现象存在空间关联。随着自然条件、人类活动与科学技术的发展，耕地利用方式不断发生改变，带来该地区种植结构的区域分化，同时也会对周边地区产生不同影响。

1978 年研究区内耕地和各种生产资料公有化，耕地利用采取集中劳动、统一分配的模式，主要粮食作物耕地利用的空间联系特征较弱。为了从空间上进一步探讨研究区粮食作物耕地利用的空间关联特征，本研究采用探索性空间数据分析（ESDA）方法对 1988 年、1996 年、2006 年、2016 年和 2018 年研究区 48 个乡镇的主要粮食作物（大豆、玉米、水稻和其他作物）进行空间关联性测度，从时间和空间角度对研究区 48 个乡镇的空间关联特征进行剖析，进一步阐明研究区粮食作物耕地利用的空间特征和变化规律。

（1）粮食作物耕地利用的全局空间自相关

空间自相关分析是一种空间统计方法，全局空间自相关能够通过 Moran's I 指数探测空间要素或其属性值在区域整体的空间自相关性大小。计算公式为：

$$I = \frac{n \sum_{i=1}^{n} \sum_{j=1}^{n} w_{ij}(x_i - \bar{x})(x_j - \bar{x})}{\left(\sum_{i=1}^{n} \sum_{j=1}^{n} w_{ij}\right) \sum_{i=1}^{n}(x_i - \bar{x})^2}, \quad (3.14)$$

其中，n 为研究区乡镇总数；x_i 和 x_j 分别为空间单元 i 和 j 的观测值，n 个乡镇的观测值的均值为 $\bar{x}$；w_{ij} 是要素 i 和要素 j 的权重，邻接取值为 1，反之为 0。

同一般统计学中相关系数，Moran's I 取值为 $-1 \sim 1$，I 大于 0 表示存在正相关，即空间集聚；I 小于 0 表示存在负相关，即空间离散；经检验不显著的则表明不存在空间相关性；即要素空间随机分布。本研究运用 Z 检验的方法，对研究区主要粮食作物耕地利用全局 Moran's I 测算结果进行检验分析。当 Z 值显著为正，表明存在空间正相关；反之，当 Z 值显著为负，表明存在空间负相关；当 Z 值等于 0，则观测值在空间上随机分布。

研究区乡镇之间耕地总量差异明显，直接采用大豆与玉米的种植面积进行统计会导致结果偏差，为消除乡镇之间耕地总量差异的影响，本研究采用大豆、玉米、水稻和其他作物分别占乡镇耕地总面积的比值进行空间自相关分析。利用 GeoDa 软件，通过测算全局 Moran's I，识别不同地区主要粮食作物耕地利用结构的相似程度，有助于从整体上分析不同区域主要粮食作物耕地利用的空间关联性。

表 3.12　1988 年研究区主要粮食作物耕地利用全局 Moran's I

作物类型	Moran's I	sd 标准差	Z 值	P 值
大豆	0.4314	0.0877	5.1308	0.001
玉米	0.5986	0.0805	7.6816	0.001
水稻	-0.017	0.0665	0.102	0.272
其他作物	0.6505	0.0885	7.5472	0.001

①1988年主要粮食作物耕地利用全局空间自相关分析。以1988年研究区各乡镇主要粮食作物占比为变量，进行空间全局自相关分析，揭示主要粮食作物耕地利用的空间关联特征。1988年研究区主要粮食作物耕地利用全局自相关结果如表3.12所示，大豆、玉米和其他作物的Moran's I 为正，水稻的Moran's I 为负，表明这期间研究区大豆、玉米和其他作物表现出明显的空间集聚特征，水稻作物则为空间负相关，表现为空间离散分布。其中，其他作物的Moran's I 最高，为0.6505，此期间其他作物在研究区具有明显优势，且空间集聚性较强，表明在计划经济时期，以小麦、杂粮为主的其他作物在研究区种植较为广泛；玉米和大豆次之，Moran's I 分别为0.5986和0.4314，同样具有较强的空间集聚特征；水稻作物的Moran's I 为-0.017，表现为空间离散的分布特征。

1988年研究区大豆、玉米和其他作物耕地利用全局Moran's I 通过蒙特卡洛模拟999次检验，Z 值分别为5.1308、7.6816和7.5472，对比标准化Z值与显著水平临界值，均明显大于检验最高临界值2.58，说明大豆、玉米和其他作物耕地利用呈现出显著的空间自相关性。同时，大豆、玉米和其他作物的P值均为0.001，说明在99.9%的置信水平下，空间正相关显著。水稻作物的Z值为0.102，接近零值，表明这期间水稻作物随机分布，无明显的空间关联特征。

结果表明，1988年研究区大豆、玉米和其他作物在空间上呈现出较强的集聚特征，即以大豆、玉米和其他作物种植为主的乡镇在空间上趋于相邻关联。此期间研究区水稻作物种植面积较少且零星分布，全局空间自相关指数表现为空间负相关，不具有空间关联特征。

②1996年主要粮食作物耕地利用全局空间自相关分析。以1996年研究区各乡镇主要粮食作物占比为变量，进行空间全局自相关分析，揭示主要粮食作物耕地利用的空间关联特征。1996年研究区主要粮食作物耕地利用全局自相关结果如表3.13所示。研究期内全局Moran's I 均为正值，说明这期间研究区大豆、玉米、水稻和其他作物空间分布具有较为显著的空间正相关性。

表3.13 1996年研究区主要粮食作物耕地利用全局Moran's I

作物类型	Moran's I	sd 标准差	Z 值	P 值
大豆	0.5982	0.0871	7.1143	0.001
玉米	0.4923	0.0861	5.9994	0.001
水稻	0.2825	0.0849	3.5696	0.007
其他作物	0.2222	0.083	2.9455	0.005

从全局Moran's I 来看，大豆作物的全局Moran's I 为0.5982，空间集聚性

最强，其次为玉米作物，全局 Moran's I 为 0.4923，水稻和其他作物的全局 Moran's I 相对较低，分别为 0.2825 和 0.2222，空间集聚性弱于大豆和玉米两种作物。

1996 年研究区大豆、玉米、水稻和其他作物耕地利用全局 Moran's I 通过蒙特卡洛模拟 999 次检验，Z 值分别为 7.1143、5.9994、3.5696 和 2.9455，对比标准化 Z 值与显著水平临界值，均明显大于检验最高临界值 2.58，表明研究区主要粮食作物均存在空间正相关特征。通过检验结果可知，1996 年大豆和玉米作物的 P 值均为 0.001，说明在 99.9% 置信水平下，空间正相关显著；水稻和其他作物的 P 值分别为 0.007 和 0.005，空间集聚特征低于大豆和玉米作物。

结果表明，1996 年研究区大豆和玉米作物在空间上呈现出一定的集聚特征，即种植大豆和种植玉米的乡镇在空间上趋于相邻关联，水稻和其他作物在空间上集聚特征较弱，但也存在相邻关联的趋势。

③2006 年主要粮食作物耕地利用全局空间自相关分析。以 2006 年研究区各乡镇主要粮食作物占比为变量，进行空间全局自相关分析，揭示主要粮食作物耕地利用的空间关联特征。2006 年研究区主要粮食作物耕地利用全局自相关结果如表 3.14 所示，研究期内全局 Moran's I 均为正值，说明这期间研究区大豆、玉米、水稻和其他作物空间分布具有较为显著的空间正相关性。通过表 3.14，玉米作物的 Moran's I 最高，为 0.6450，大豆作物 Moran's I 次之，为 0.6400，表明该期间大豆和玉米两种作物的空间集聚性显著，且在研究区占据主导优势；水稻和其他作物的 Moran's I 较低，分别为 0.2563 和 0.1411，表明该期间水稻和其他作物的控件关联特征较弱。

表 3.14　2006 年研究区主要粮食作物耕地利用全局 Moran's I

作物类型	Moran's I	sd 标准差	Z 值	P 值
大豆	0.6400	0.0905	7.2878	0.001
玉米	0.6450	0.0905	7.3313	0.001
水稻	0.2563	0.0746	3.7231	0.001
其他作物	0.1411	0.0793	2.0149	0.045

2006 年研究区大豆、玉米、水稻和其他作物耕地利用全局 Moran's I 通过蒙特卡洛模拟 999 次检验，Z 值分别为 7.2878、7.3313、3.7231 和 2.0149，对比标准化 Z 值与显著水平临界值，大豆、玉米和水稻作物的 Z 值均明显大于检验最高临界值 2.58，表明大豆、玉米和水稻作物同时存在空间正相关特征；其他作物的 Z 值大于临界值 1.96，存在一定空间相关性，但相关性较弱。大豆、玉米和水稻作物的 P 值均为 0.001，说明在 99.9% 置信水平下，空间正相

关显著；其他作物的 P 值为 0.045，说明在 95%置信水平下表现为空间正相关。

结果表明，2006 年研究区大豆和玉米作物在空间上呈现出一定的集聚特征，即种植大豆和种植玉米的乡镇在空间上趋于相邻关联，水稻作物在空间上集聚特征较弱，其他作物在空间上集聚特征最弱。

④2016 年主要粮食作物耕地利用全局空间自相关分析。以 2016 年研究区各乡镇主要粮食作物占比为变量，进行空间全局自相关分析，揭示主要粮食作物耕地利用的空间关联特征。2016 年研究区主要粮食作物耕地利用全局自相关结果如表 3.15 所示，研究期内全局 Moran's I 均为正值，说明这期间研究区大豆、玉米、水稻和其他作物空间分布具有较为显著的空间正相关性。通过表 3.15 可见，2016 年大豆的 Moran's I 是 0.4177，玉米的 Moran's I 是 0.2369，水稻的 Moran's I 是 0.2432，其他作物的 Moran's I 是 0.1724。结果表明，这期间大豆在研究区内的空间集聚性最为显著，且占据主导优势，水稻和玉米的空间集聚性特征次之，其他作物的空间集聚性最弱。

2016 年研究区大豆、玉米、水稻和其他作物耕地利用全局 Moran's I 通过蒙特卡洛模拟 999 次检验，Z 值分别为 4.7841、3.0285、3.8589 和 2.4556，对比标准化 Z 值与显著水平临界值，大豆、玉米和水稻作物的 Z 值均明显大于检验最高临界值 2.58，其他作物大于次临界值 1.96，表明研究区主要粮食作物耕地利用均具有空间正相关特征，但该期间其他作物的相关性较弱。2016 年研究区大豆、玉米和水稻作物的 P 值均为 0.001，说明在 99.9%置信水平下，空间正相关显著；其他作物的 P 值为 0.014，空间正相关水平低于大豆、玉米和水稻作物。

结果表明，2016 年研究区大豆作物在空间上呈现出较强的集聚特征，即种植大豆为主的乡镇在空间上趋于相邻连接，种植玉米和水稻作物为主的乡镇在空间上的集聚特征也存在相邻关联的特征，种植其他作物的乡镇空间关联性较弱，研究区其他作物的耕地利用数量紧缩。

表 3.15 2016 年研究区主要粮食作物耕地利用全局 Moran's I

作物类型	Moran's I	sd 标准差	Z 值	P 值
大豆	0.4177	0.9130	4.7841	0.001
玉米	0.2369	0.0857	3.0285	0.001
水稻	0.2432	0.0686	3.8589	0.001
其他作物	0.1724	0.0787	2.4556	0.014

⑤2018 年主要粮食作物耕地利用全局空间自相关分析。以 2018 年研究区各乡镇主要粮食作物占比为变量，进行空间全局自相关分析，揭示主要粮食作物耕地利用的空间关联特征。2018 年研究区主要粮食作物耕地利用全局自

相关结果如表 3.16 所示，研究期内全局 Moran's I 均为正值，说明这期间研究区大豆、玉米、水稻和其他作物空间分布具有较为显著的空间正相关性。通过表 3.16 可见，2018 年大豆作物的 Moran's I 最高，为 0.7962；玉米作物的 Moran's I 次之，为 0.5472；水稻和其他作物的 Moran's I 相对较低，分别为 0.1986 和 0.1780。

2018 年研究区大豆、玉米、水稻和其他作物耕地利用全局 Moran's I 通过蒙特卡洛模拟 999 次检验，Z 值分别为 9.0233、6.4681、3.1546 和 3.8844，对比标准化 Z 值与显著水平临界值，均明显大于检验最高临界值 2.58，说明大豆、玉米、水稻和其他作物耕地利用呈现出显著的空间自相关性。大豆和玉米的 P 值均为 0.001，说明在 99.9% 置信水平下，空间正相关显著；水稻和其他作物的 P 值为 0.007，表明此期间水稻和其他作物也具有正相关性，但弱于大豆和玉米作物。

结果表明，2018 年研究区大豆、玉米、水稻和其他作物在空间上呈现出较强的集聚特征，即以大豆、玉米、水稻和其他作物种植为主的乡镇在空间上趋于相邻关联。对比参数不难看出，此期间种植大豆作物为主的乡镇在空间上表现出较强的相邻关联特征，说明农业政策影响下的种植结构调整，在行政单元之间具有趋同特征。

表 3.16 2018 年研究区主要粮食作物耕地利用全局 Moran's I

作物类型	Moran's I	sd 标准差	Z 值	P 值
大豆	0.7962	0.09606	9.0233	0.001
玉米	0.5472	0.0883	6.4681	0.001
水稻	0.1986	0.0699	3.1546	0.007
其他作物	0.1780	0.0513	3.8844	0.007

（2）粮食作物耕地利用的局部空间自相关

全局自相关可以度量研究区主要粮食作物在整体上的关联程度，但用单一的 Moran's I 不能指出聚集或异常发生的具体空间位置，忽略了局部空间中可能存在的不稳定因素。局部空间自相关则可通过 Moran 散点图及局部空间自相关指数（local indicators of spatial association，LISA）揭示空间要素或其属性值在区域局部的空间相关性大小。Moran 散点图是分析空间位置属性局部自相关性的统计图，可以直观反映区域内存在的聚集和异常特征。散点图分为 4 个象限，识别一个乡镇与其相邻乡镇的局域关系，第一、三象限（HH 聚集和 LL 聚集）表示观测值的相似性，第二、四象限（HL 异常和 LH 异常）表示观测值的异常性。局部空间自相关指数可以用 Local Moran's I 统计量进行度量，公式为：

$$I = x'_i \sum_{j=1}^{n} w_{ij} x'_j, \qquad (3.15)$$

其中，x'_i 和 x'_j 分别为标准化空间单元 i 或 j 上的观测值，w_{ij} 是要素 i 和要素 j 的权重。

①1988 年主要粮食作物耕地利用局部空间自相关分析。

运用 GeoDa 空间数据分析软件，计算 1988 年研究区大豆、玉米、水稻和其他作物在各乡镇占比的空间自相关 Moran 散点图，得到结果如图 3.11 所示，据此分析研究区各乡镇主要粮食作物耕地利用情况的空间关联模式。

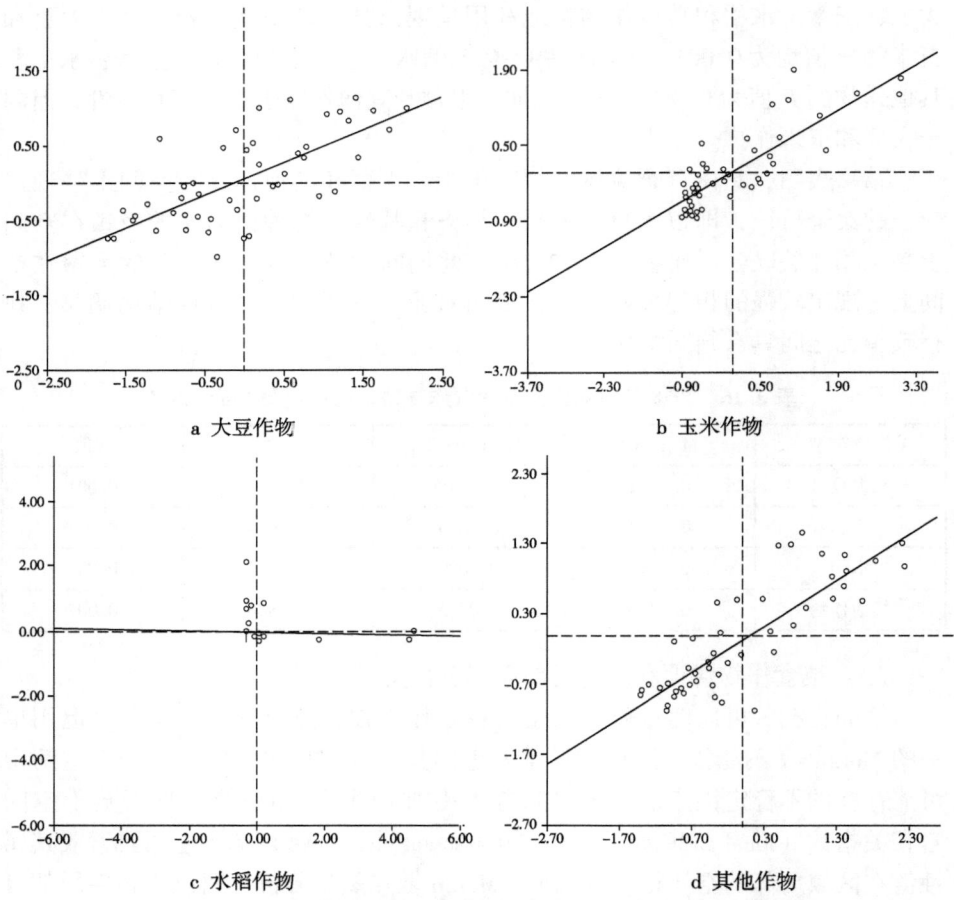

图 3.11　1988 年研究区主要粮食作物耕地利用 Moran 散点图

图中将主要粮食作物耕地利用的空间关系划分为 HH（高值—高值）、LH（低值—高值）、LL（低值—低值）和 HL（高值—低值）4 种类型，分别对应局部空间自相关散点图的 4 个象限内。HH 和 LL 类型表征相邻乡镇之间存在正的空间相关性，即该种作物耕地利用的高值（低值）聚集地区；LH 和

HL 类型表征相邻乡镇间存在负的空间相关性，即该种作物耕地利用的低值（高值）与高值（低值）地区为邻接。散点图中第一象限（HH）和第三象限（LL）反映了主要粮食作物耕地利用的空间集聚性，第二象限（LH）和第四象限（HL）则反映了该地区主要粮食作物耕地利用的空间异质性。

从 1988 年的 Moran 散点图可以看出，大豆、玉米和其他作物耕地利用占比落在第一、三象限的数量居多，表明该时期研究区大豆、玉米和其他作物在空间上呈现出明显的集聚特征，即同种作物耕地利用占比较高（较低）的乡镇在空间上趋向于和周边较高（较低）的乡镇相邻接。水稻作物无显著空间特征，有水稻种植的 9 个乡镇单元随机分布。

为进一步阐明研究区内部不同乡镇之间的主要粮食作物耕地利用的空间关联特征，本研究运用 GeoDa 软件对局部空间自相关指数进行测算，并绘制 LISA 集聚图（图 3.12），观察局部空间的集聚特征，检验局部地区与周边地区是否存在相似或相异集聚。

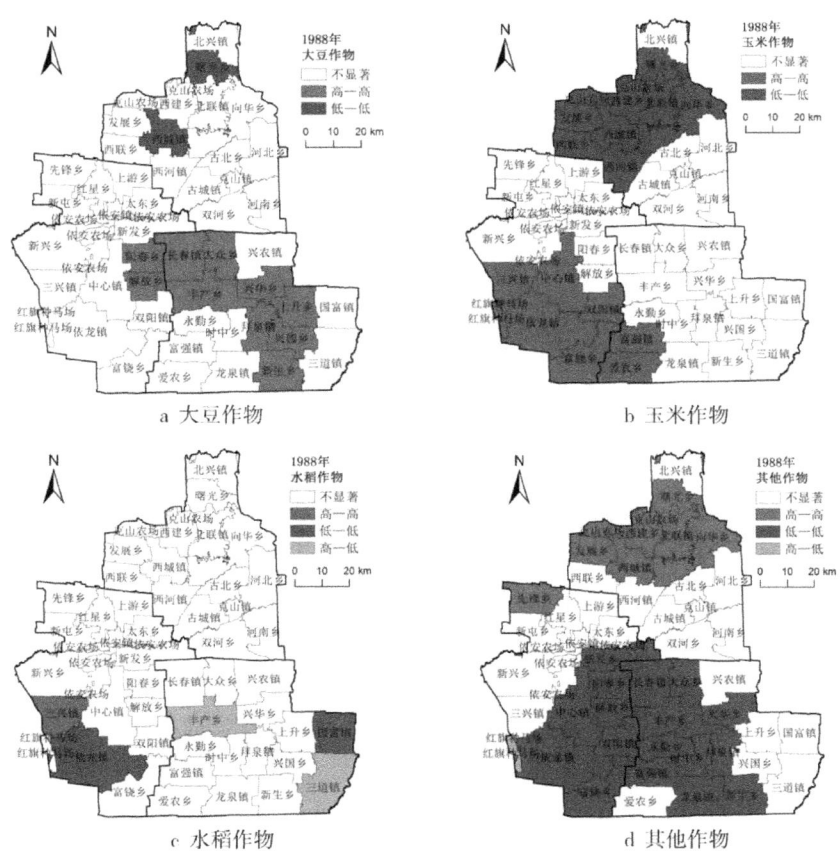

图 3.12　1988 年研究区主要粮食作物耕地利用局部自相关的 LISA 聚类图

分析1988年研究区主要粮食作物耕地利用的LISA聚类图（图3.12）可知，1988年大豆作物种植比例高值区主要分布在拜泉县中西部的8个乡镇及依安县的阳春乡和解放乡，该地区大豆种植比例较高且空间集聚性强；大豆作物种植比例低值区主要位于克山县的曙光乡和西城镇，说明该地区1988年大豆种植面积较低。

1988年玉米作物种植比例高值区分布在研究区的西南部，包括依安县的三兴镇、依龙镇等6个乡镇，以及拜泉县的富强镇和爱农乡；玉米作物种植占比低值集聚区主要位于克山县北部的9个乡镇，表明1988年该地区整体上玉米作物种植比例较低。

1988年水稻作物种植仅分布在克山县的北兴镇和曙光乡，依安县的新兴乡、三兴镇、依龙镇、依安农场、红旗种马场及拜泉县的丰产乡和三道镇。其中，三兴镇为"高—高"集聚，丰产乡和三道镇为"高—低"集聚，依龙镇和国富镇为"低—高"集聚。

1988年其他作物种植比例"高—高"集聚区主要分布在克山县，包括曙光乡、西建乡、北联镇、向华乡、发展乡、西城镇和克山农场，以及依安县的先锋乡；"低—低"集聚区分布在研究区南部的17个乡镇，基本与大豆和玉米的高值集聚区重叠；此外，红旗种马场与相邻乡镇形成"高—低"集聚区。

②1996年主要粮食作物耕地利用局部空间自相关分析。

运用GeoDa空间数据分析软件，计算1996年研究区大豆、玉米、水稻和其他作物在各乡镇占比的空间自相关Moran散点图，得到结果如图3.13所示，据此分析研究区各乡镇主要粮食作物耕地利用情况的空间关联模式。图中将主要粮食作物耕地利用的空间关系划分为HH（高值—高值）、LH（低值—高值）、LL（低值—低值）和HL（高值—低值）4种类型，分别对应局部空间自相关散点图的4个象限内。散点图中第一象限（HH）和第三象限（LL）反映主要粮食作物耕地利用的空间集聚性，第二象限（LH）和第四象限（HL）则反映了该地区主要粮食作物耕地利用的空间异质性。

从图3.13可以看出，1996年研究区大豆和玉米作物耕地利用Moran散点图中，分布在第一、第三象限的乡镇较多，说明大豆和玉米作物在该时期具有较强空间集聚特征，水稻和其他作物耕地利用Moran散点图中，乡镇分布较为分散，表明水稻和其他作物在该时期空间集聚特征较弱。同时，相比于1988年，大豆、玉米和水稻作物的空间集聚性有所增强，其他作物的空间集聚性减弱，说明研究区大豆、玉米、水稻逐渐成为主要粮食作物。

为进一步阐明1996年研究区内部不同乡镇之间的主要粮食作物耕地利用的空间关联特征，运用GeoDa软件对1996年主要粮食作物耕地利用比例的局部空间自相关指数进行测算,并绘制 LISA 集聚图(图 3.14),观察局部空间的集聚特征,检验局部地区与周边地区是否存在相似或相异集聚。

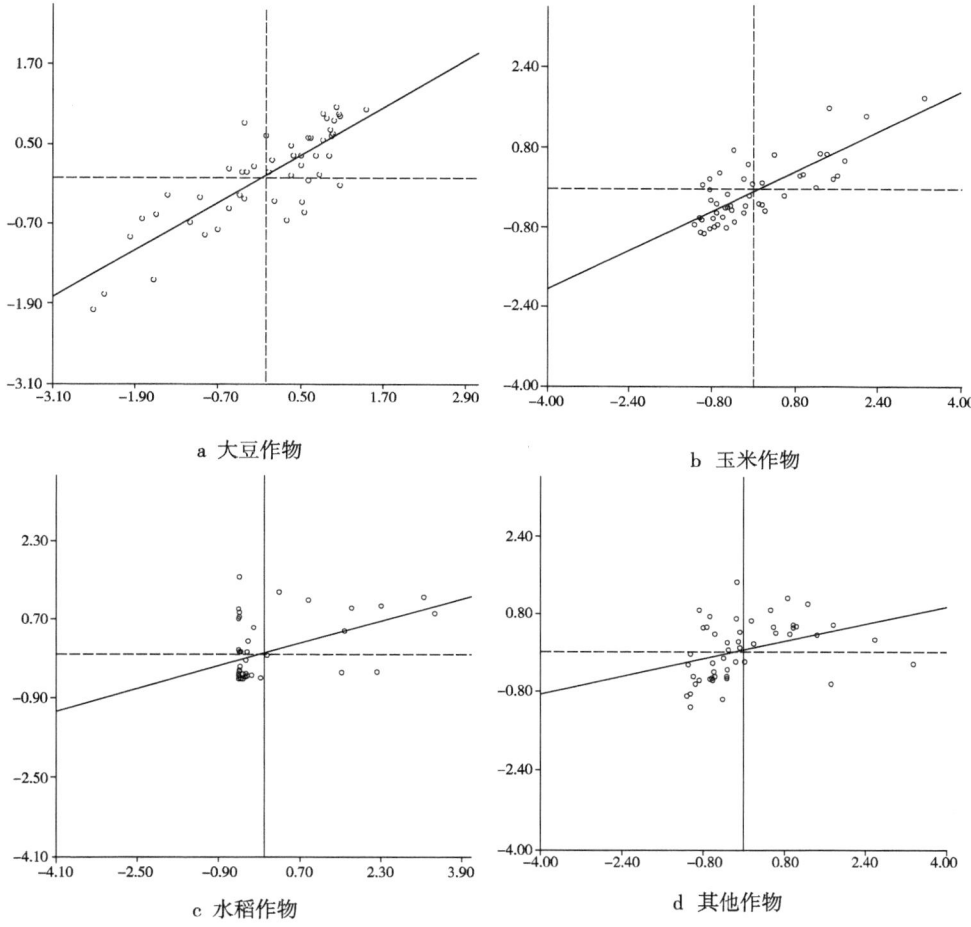

图 3.13 1996 年研究区主要粮食作物耕地利用 Moran 散点图

通过分析 1996 年研究区大豆作物耕地利用的 LISA 聚类图(图 3.14a),此期间大豆作物耕地利用的空间异质性较为明显,高值区主要位于研究区东部拜泉县的上升乡、国富镇等 10 个乡镇和克山县的双河乡;低值区主要位于研究区西部依安县的新兴乡、三兴镇、依龙镇等 6 个乡镇;此外,克山县的西联乡为"低—高"集聚区。

通过分析 1996 年研究区玉米作物耕地利用的 LISA 聚类图(图 3.14b),1996 年玉米作物耕地利用的空间关联特征与大豆作物大体上互补,研究期内"高—高"集聚区主要位于依安境内的新兴乡、三兴镇、依龙镇和红旗种马场;"低—低"集聚区主要分布在拜泉县内的长春镇、大众乡、兴农镇等 7 个乡镇，以及克山县的西联乡和双河乡；依安农场为玉米作物耕地利用"低—高"集聚区，说明该时期依安农场玉米作物耕地利用比例低，而周围乡镇种植玉米作物的耕地较多。

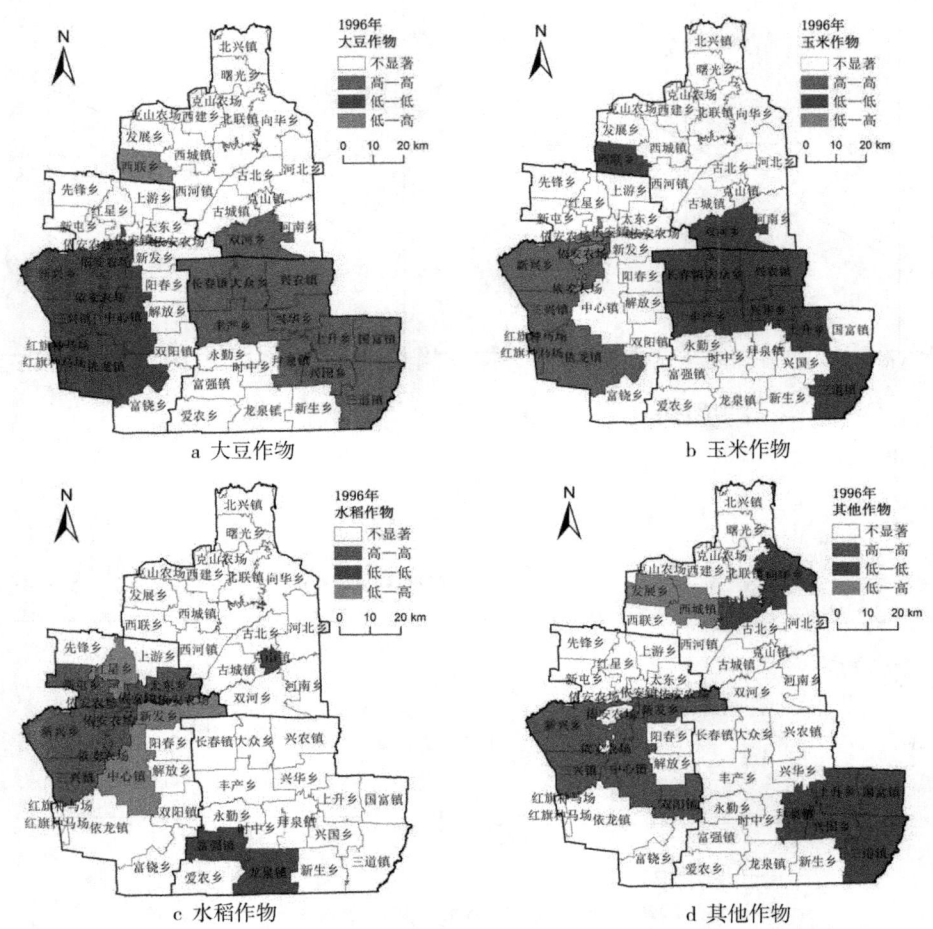

图 3.14 1996 年研究区主要粮食作物耕地利用局部自相关的 LISA 聚类图

通过分析 1996 年研究区水稻作物耕地利用的 LISA 聚类图（图 3.14c），"高—高"集聚区主要位于依安县的新屯乡、新兴乡、三兴镇、依安镇、太东乡和依安农场，这是由于水稻种植主要分布在河流沿岸，形成水稻作物耕地利用高值集聚区；高值区周边的红星乡、新发乡和中心镇为"低—高"集聚区，说明这些乡镇水稻种植比例低，但周围乡镇的水稻种植比例高；"低—低"集聚区为克山镇、富强镇和龙泉镇。

通过分析 1996 年研究区其他作物耕地利用的 LISA 聚类图（图 3.14d）发现，"高—高"集聚区分布在依安县的新兴乡、三兴镇、中心镇、双阳镇和阳春乡,此时期其他作物主要分布在这些区域;"低—低"集聚区分布在拜泉县的国富镇、三道镇、上升乡等5个乡镇和克山县的向华乡;"低—高"集聚区分布在克山县的发展乡和西城镇。

③2006年主要粮食作物耕地利用局部空间自相关分析。

运用 GeoDa 空间数据分析软件,计算1988年研究区大豆、玉米、水稻和其他作物在各乡镇占比的空间自相关 Moran 散点图,得到结果如图3.15所示,据此分析研究区各乡镇主要粮食作物耕地利用情况的空间关联模式。

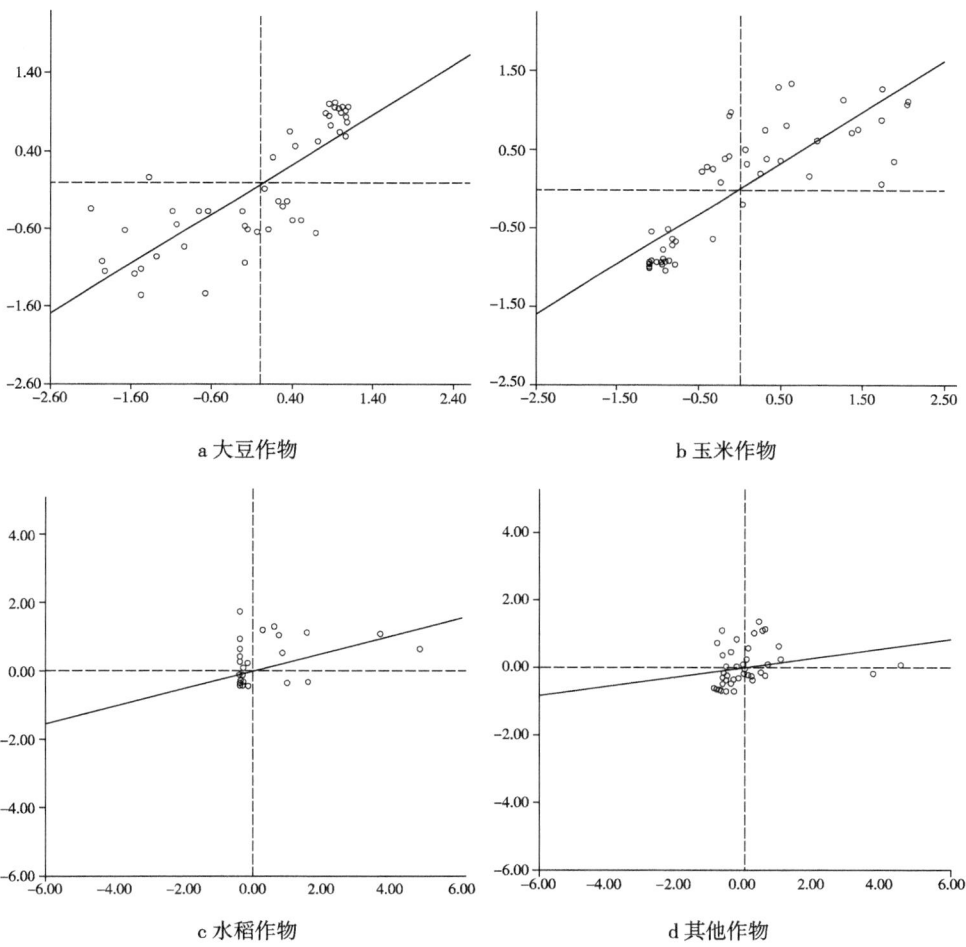

图 3.15 2006 年研究区主要粮食作物耕地利用 Moran 散点图

图 3.15 将主要粮食作物耕地利用的空间关系划分为 HH(高值—高值)、LH(低值—高值)、LL(低值—低值)和 HL(高值—低值)4 种类型,分别对应局部空间自相关散点图的 4 个象限内。HH 和 LL 类型表征相邻乡镇之间

存在正的空间相关性，即该种作物耕地利用高值（低值）聚集地区；LH和HL类型表征相邻乡镇间存在负的空间相关性，即该种作物耕地利用低值（高值）与高值（低值）地区为邻接。

从图3.15可以看出，2006年研究区大豆和玉米作物耕地利用Moran散点图中，研究区大部分乡镇落在第一、三象限，即以"高—高"和"低—低"集聚为主，说明研究区大豆和玉米作物耕地利用比例在空间上呈现出明显的集聚特征，大豆和玉米这两种作物占耕地总面积比重较高或较低的地区在空间上趋向于和周边相似的地区相邻接。水稻和其他作物耕地利用的Moran散点图中，乡镇之间的关联性较弱，4个象限分布的乡镇数量相当，说明此时期大豆和玉米基本为研究区主要粮食作物，水稻和其他作物仅在小范围内存在空间关联特征。

为进一步阐明2006年研究区内部不同乡镇之间的主要粮食作物耕地利用的空间关联特征，运用GeoDa软件对2006年主要粮食作物耕地利用比例的局部空间自相关指数进行测算，并绘制LISA集聚图（图3.16），观察局部空间的集聚特征，检验局部地区与周边地区是否存在相似或相异集聚。分析2006年研究区大豆作物耕地利用的LISA聚类图（图3.16a）可知，2006年大豆作物耕地利用"高—高"型乡镇主要集中分布在拜泉县除国富镇以外的全部乡镇和依安县的解放乡，形成了高值集聚区，2006年大豆作物耕地利用"低—低"型乡镇包含依安县西部3个乡镇和克山县中部的7个乡镇。

通过分析2006年研究区玉米作物耕地利用的LISA聚类图（图3.16b）可见，玉米作物耕地利用"高—高"型乡镇与大豆作物耕地利用"低—低"型乡镇基本为同一区域，主要位于克山县中部和依安县北部；玉米作物耕地利用"低—低"型乡镇与大豆作物耕地利用"高—高"型乡镇基本为同一区域，主要集中分布在拜泉县大部分地区，说明该时期大豆和玉米是研究区最主要的两种粮食作物，且种植玉米为主的乡镇趋于集中，呈片状集聚分布。

通过分析2006年研究区水稻作物耕地利用的LISA聚类图（图3.16c），"高—高"型乡镇主要有依安县的新兴乡和三兴镇，以及克山县的发展乡、西建乡和北联镇；"低—低"型乡镇主要包括拜泉的10个乡镇；"低—高"型乡镇主要有依安县的中心镇、克山县的西城镇和曙光乡，表明这些乡镇是水稻种植低值区，而相邻乡镇则是水稻种植相对高值区。

通过分析2006年研究区其他作物耕地利用的LISA聚类图（图3.16d），"高—高"型乡镇有依安县的新屯乡、太东乡等6个乡镇；"低—低"型乡镇有拜泉县的龙泉镇和克山县的克山镇；"低—高"型乡镇有红星镇、新发乡和中心镇，说明这些乡镇其他作物种植比例低，但相邻乡镇其他作物种植的占比较高。

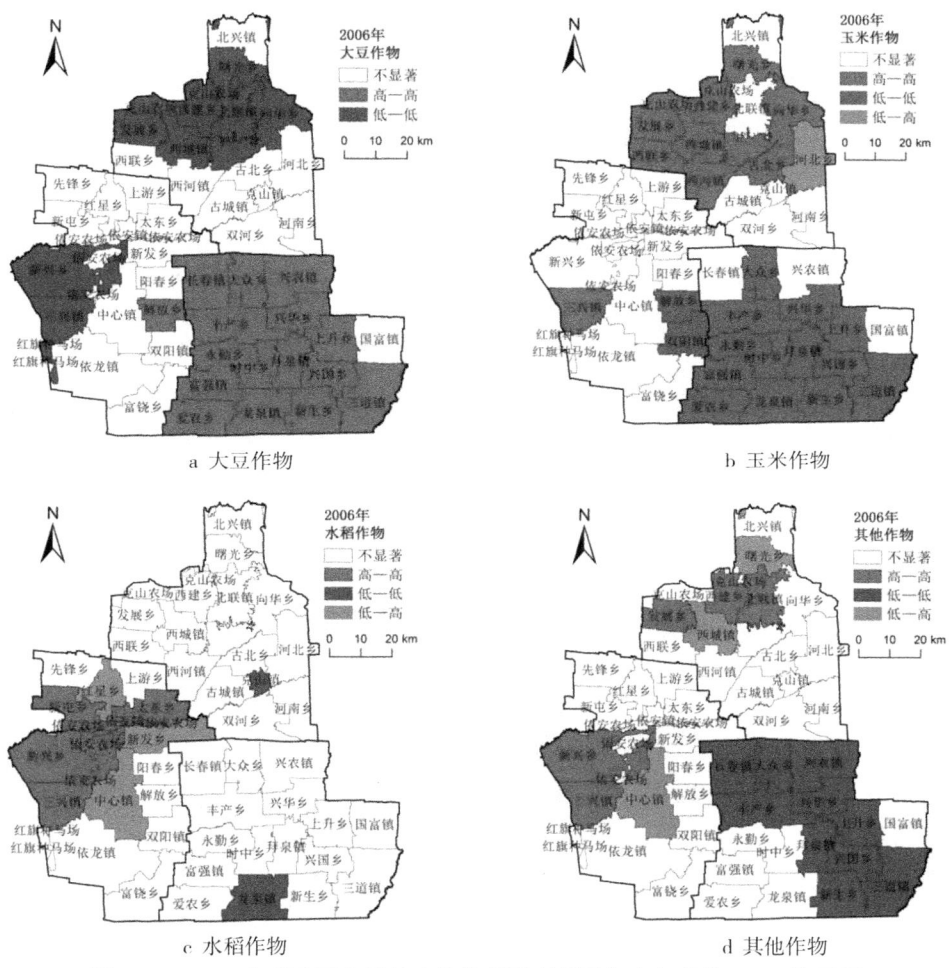

图 3.16 2006 年研究区主要粮食作物耕地利用局部自相关的 LISA 聚类图

④2016 年主要粮食作物耕地利用局部空间自相关分析。

运用 GeoDa 空间数据分析软件，计算 2016 年研究区大豆、玉米、水稻和其他作物在各乡镇占比的空间自相关 Moran 散点图，得到结果如图 3.17 所示，据此分析研究区各乡镇主要粮食作物耕地利用情况的空间关联模式。图中将主要粮食作物耕地利用的空间关系划分为 HH（高值—高值）、LH（低值—高值）、LL（低值—低值）和 HL（高值—低值）4 种类型，分别对应局部空间自相关散点图的 4 个象限内。散点图中第一象限（HH）和第三象限（LL）反映主要粮食作物耕地利用的空间集聚性，第二象限（LH）和第四象限（HL）则反映了该地区主要粮食作物耕地利用的空间异质性。

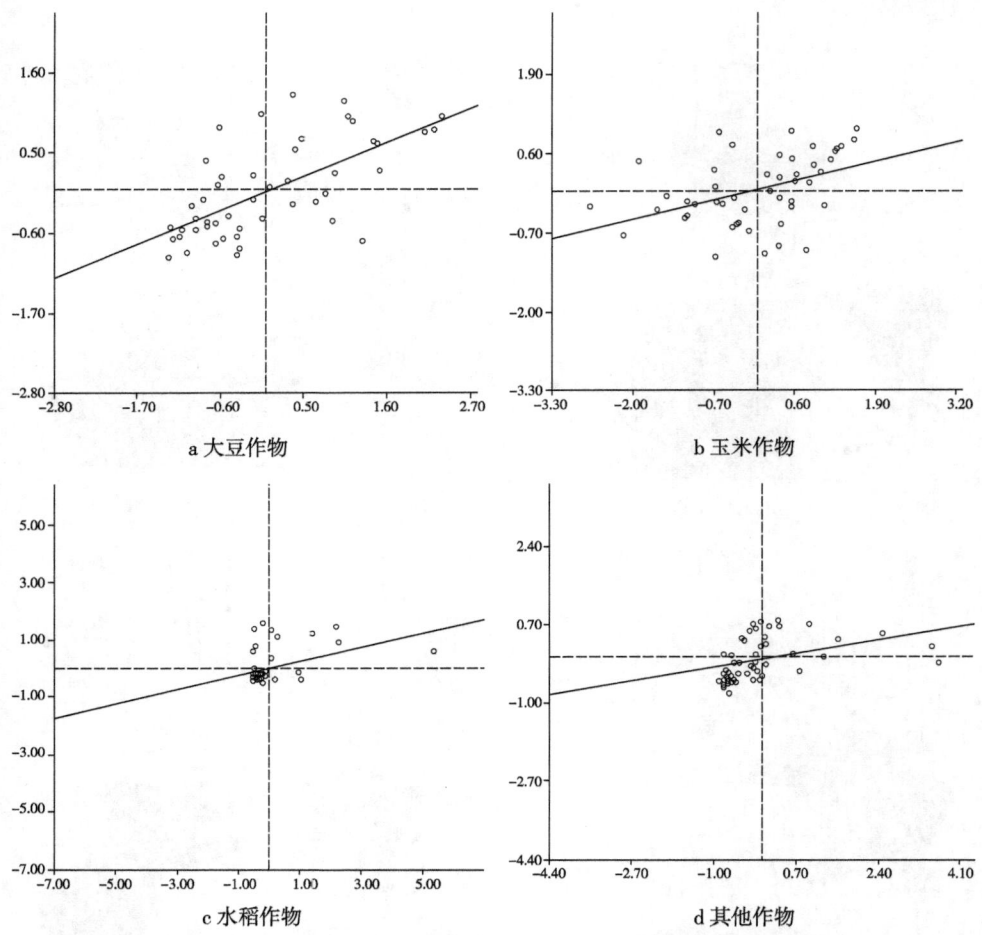

图 3.17 2016 年研究区主要粮食作物耕地利用 Moran 散点图

从图 3.17 可以看出，2016 年研究区大豆和玉米作物耕地利用 Moran 散点图中，分布在第一、第三象限的乡镇居多，分布在第二、四象限的乡镇较少，但多于 1996 年，说明该时期大豆和玉米具有一定空间相关性，即种植大豆或玉米作物为主的乡镇趋于邻接种植同种作物的乡镇，可以考虑有政策等因素的干扰，使得一定行政区域范围内倾向于种植同种作物。2016 年水稻和其他作物耕地利用 Moran 散点图中，分布在第一、第三象限的乡镇同样多于分布在第二、第四象限内的乡镇，反映该地区水稻和其他作物的耕地利用空间具有一定集聚特征。

为进一步阐明 2016 年研究区内部不同乡镇之间的主要粮食作物耕地利用的空间关联特征，运用 GeoDa 软件对 2016 年主要粮食作物耕地利用比例的局部空间自相关指数进行测算，并绘制 LISA 集聚图（图 3.18），观察局部空间的集聚特征，检验局部地区与周边地区是否存在相似或相异集聚。

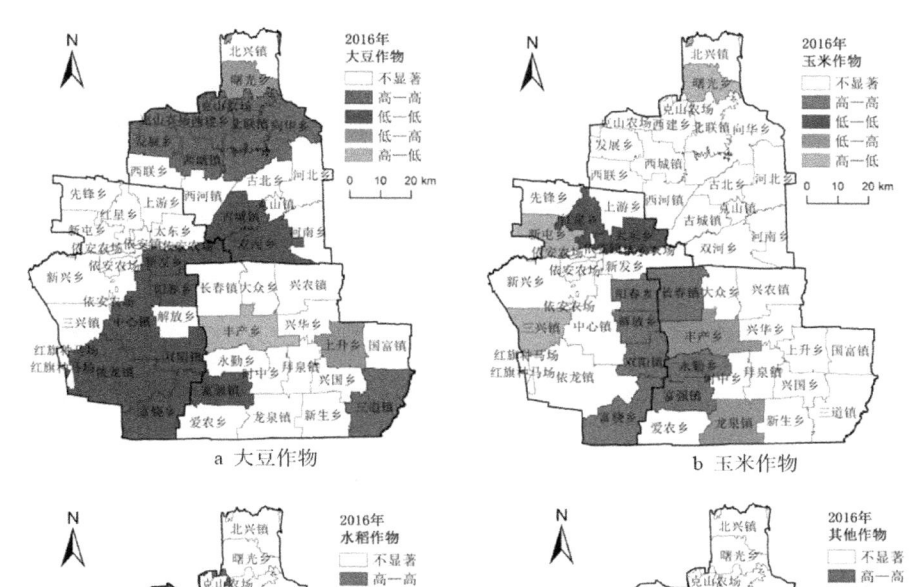

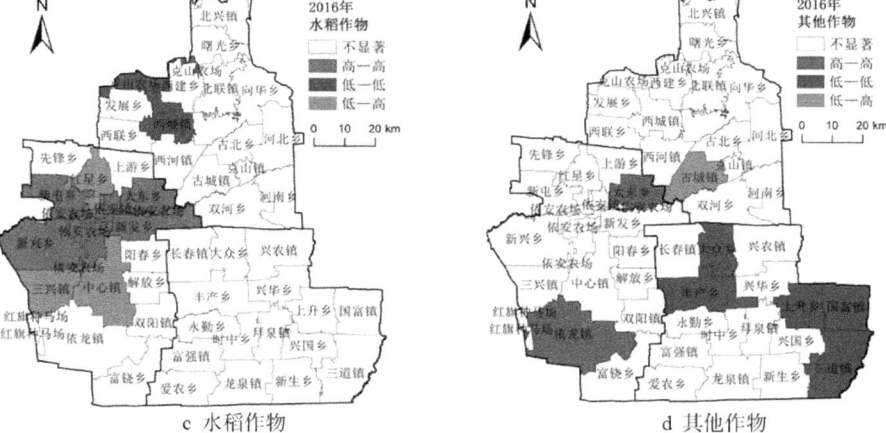

图 3.18　2016 年研究区主要粮食作物耕地利用局部自相关的 LISA 聚类图

从 2016 年大豆作物耕地利用局部自相关 LISA 图（图 3.18a）可以看出，"高—高"集聚区主要位于克山县发展乡、西联乡等 6 个乡镇和克山县三道镇，说明此时期克山县是大豆作物主产区；"低—低"集聚区主要在研究区中部呈条带状分布，包含克山县古城镇和双河乡、拜泉县富强镇以及依安县阳春乡、新发乡等 6 个乡镇；拜泉县丰产乡为"高—低"型集聚，拜泉县上升乡和克山县曙光乡为"低—高"型集聚。

从 2016 年玉米作物耕地利用局部自相关 LISA 图（图 3.18b）可以看出，高值集聚区主要分布在研究区中部，包含长春镇、阳春乡、解放乡等 7 个乡镇；低值集聚区位于依安县的红星乡和太东乡；"高—低"集聚区位于克山县曙光乡及依安县新屯乡和三兴镇;"低—高"集聚区位于拜泉县丰产乡和龙泉镇,说明2016年玉米作物在研究区内以中部为主线广泛种植。

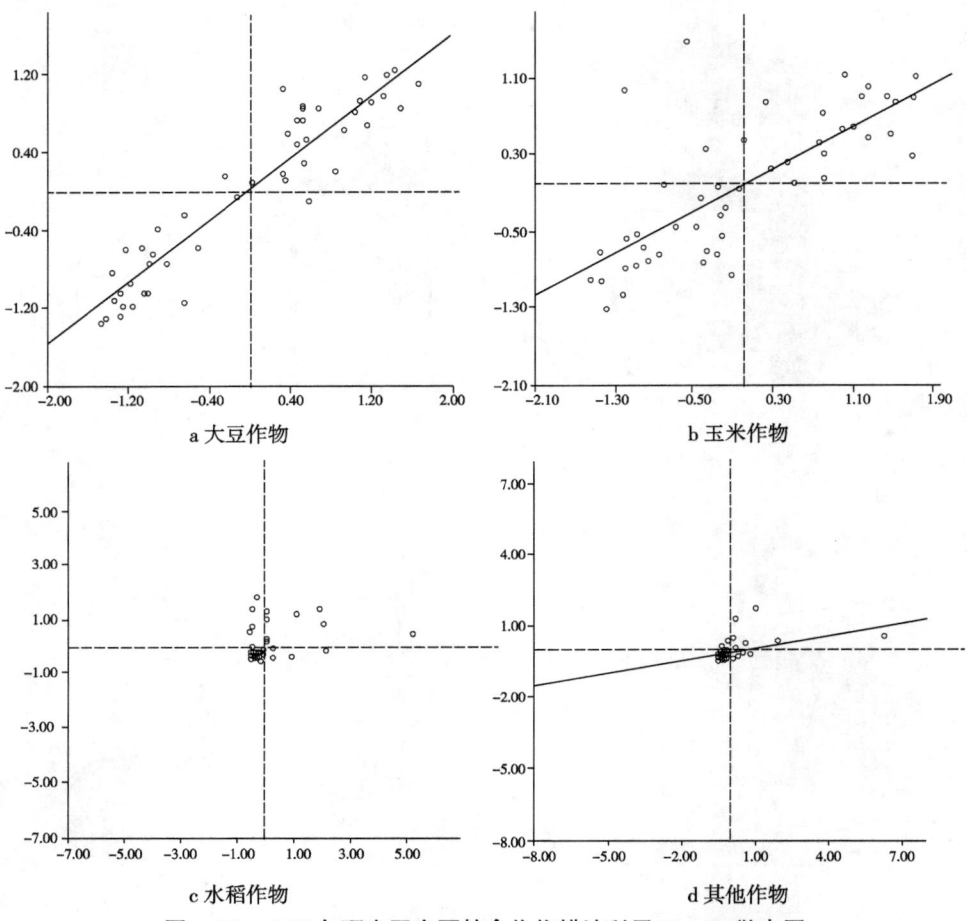

图 3.19　2018 年研究区主要粮食作物耕地利用 Moran 散点图

从 2016 年水稻作物耕地利用局部自相关 LISA 图（图 3.18c）可以看出,高值集聚区主要位于依安县乌裕尔河沿岸的新屯乡、新兴乡、太东乡、新发乡、依安镇和依安农场,说明水稻种植趋向自然条件有利区域集聚;这些乡镇周边的红星乡、三兴镇和中心镇为"低—高"型空间集聚;低值集聚区分布在克山县的西城镇和克山农场。

从 2016 年其他作物耕地利用局部自相关 LISA 图（图 3.18d）可以看出,高值集聚区有依安县的依龙镇和太东乡;低值集聚区有拜泉县的大众乡、丰产乡等 5 个乡镇;克山县双河乡表现出"低—高"型集聚特征。

⑤2018 年主要粮食作物耕地利用局部空间自相关分析。

运用 GeoDa 空间数据分析软件，计算 2018 年研究区大豆、玉米、水稻和其他作物在各乡镇占比的空间自相关 Moran 散点图，得到结果如图 3.19 所示，据此分析研究区各乡镇主要粮食作物耕地利用情况的空间关联模式。

从图 3.19 可以看出，2016 年研究区大豆和玉米作物耕地利用 Moran 散点图中，绝大多数乡镇分布在第一、第三象限内，极少数乡镇落入在第二、四象限，说明该时期大豆和玉米具有较强的空间相关性，耕地利用结构出现异常的情况较少，很少出现周边行政单元比自身异常高或低的现象，具体表现为种植大豆或玉米作物为主的乡镇趋于邻接种植同种作物的乡镇，这种集聚特征在该时期尤为明显。2018 年水稻和其他作物耕地利用 Moran 散点图中，分布在第一、第三象限的乡镇同样多于分布在第二、第四象限内的乡镇，反映该地区水稻和其他作物的耕地利用空间具有一定集聚特征，但弱于大豆和玉米作物。

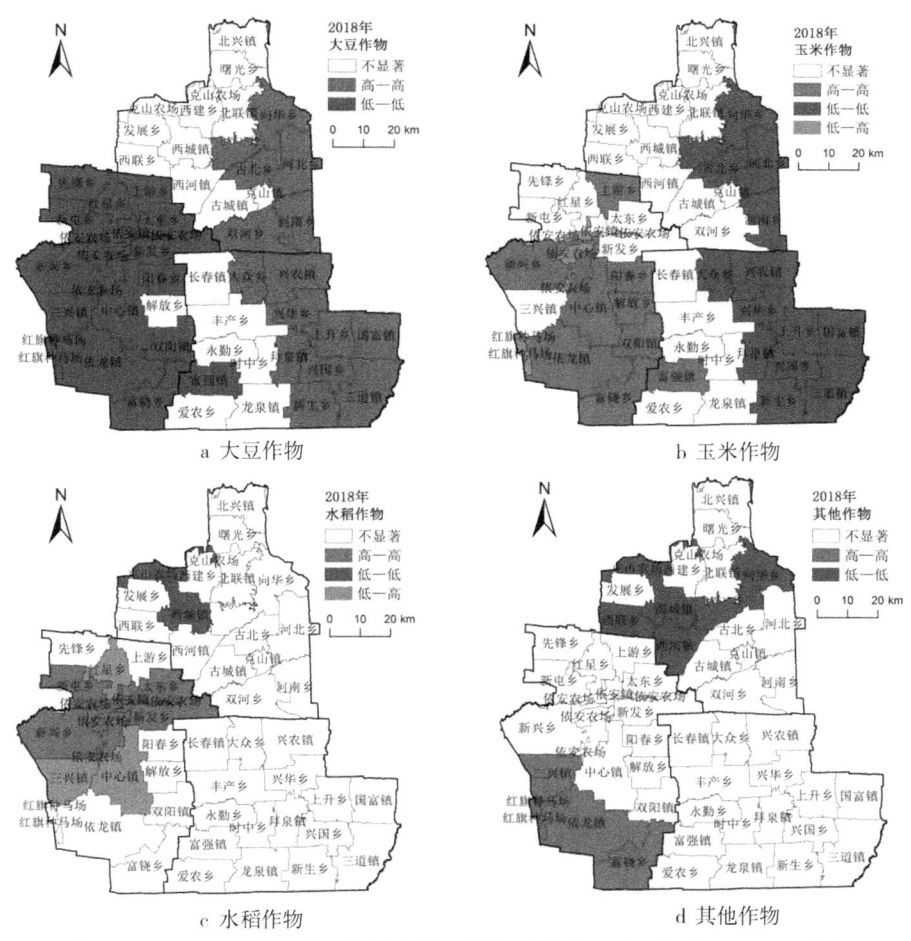

图 3.20 2018 年研究区主要粮食作物耕地利用局部自相关的 LISA 聚类图

为进一步阐明 2018 年研究区内部不同乡镇之间的主要粮食作物耕地利用的空间关联特征，运用 GeoDa 软件对 2018 年主要粮食作物耕地利用比例的局部空间自相关指数进行测算，并绘制 LISA 集聚图（图 3.20），观察局部空间的集聚特征，检验局部地区与周边地区是否存在相似或相异集聚。

由图 3.20a 和图 3.20b 可知，2018 年研究区内大豆和玉米作物空间异质性非常显著，大豆作物耕地利用高值区集中连片分布在研究区东部以拜泉县和克山县为主的 14 个乡镇，低值区集中连片分布在研究区西部以依安县为主的 17 个乡镇；与此同时，玉米作物耕地利用高值区集中分布在研究区西部依安县的 8 个乡镇及拜泉县的富强镇，低值区集中分布在研究区东部拜泉县和克山县的 13 个乡镇。结果表明，2018 年研究区全面落实种植结构调整政策，克山县和拜泉县率先开展耕地种植结构调整，且实施效果明显。

由图 3.20c 和图 3.20d 可知，水稻作物耕地利用的空间关联特性与 2016 年基本一致，无明显变化特征，说明该时期水稻作物种植基本保持稳定。相比于 2016 年，其他作物的高值集聚区新增了三兴镇、富强乡和红旗种马场，减少了太东乡，低值集聚区位于克山县中部的西联乡、西河镇等 5 个乡镇，低值区范围扩大，说明其他作物的种植比例较低。

3.4　粮食作物耕地利用的区域分化总体特征

人类活动变化和社会经济的发展在一定程度上影响着粮食作物耕地利用方式的选择，同时也影响着区域物质流、能量流的循环。地学信息图谱是进行土地利用"格局与过程"一体化数据合成和提取的时空复合体。粮食作物耕地利用变化过程在时空上具有一般地学信息图谱"时间—空间—属性—过程"的基本特征。因此，通过构建地学信息图谱，从空间位置和时间变化角度探究研究区典型年份粮食作物耕地利用时间和空间分异的总体特征，可以综合反映 30 年来研究区粮食作物耕地利用的空间格局和动态变化过程，为耕地利用区域分化驱动机理和管控研究奠定基础。

3.4.1　地学信息图谱模型构建

依据"时间—空间—属性—过程"耦合的思想，构建粮食作物耕地利用区域分化的地学信息图谱，包括准备和处理粮食作物耕地利用数据、确定地理空间和时序单元、合成和重构耕地利用区域分化图谱单元等过程。

（1）耕地利用数据的准备和处理

粮食作物耕地利用区域分化图谱分析的基础数据，是具有特定空间和时间属性的数据，符合相对均质的时间、空间和属性特征，满足地学信息图谱构建的基本要求。

在 ArcGIS 10.2 软件的支持下，将多源遥感影像随机森林分类结果统计到耕地矢量图斑中，得到 1988 年、1996 年、2006 年、2016 年和 2018 年以地块为统计单元的主要粮食作物空间分布数据，基于最大面积像元分配原则进行矢量面图层转换栅格图层。为了便于空间数据间的地图代数运算和信息重组，对各期数据的耕地利用类型进行重编码，大豆作物、玉米作物、水稻作物和其他作物分别设置为 1、2、3、4，并将这 5 期数据进行 30 m 格网单元重采样，在此基础上进行地学信息图谱构建（图 3.21）。

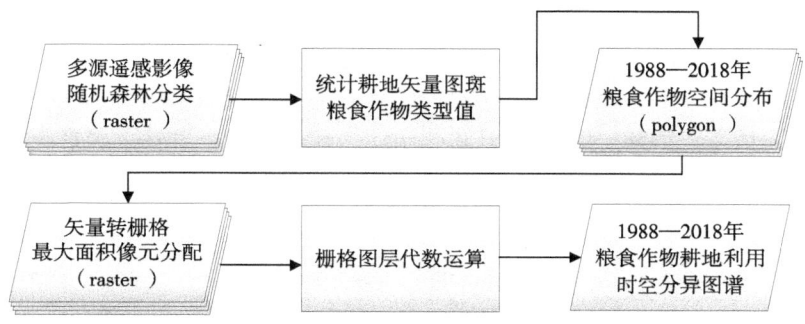

图 3.21 耕地利用区域分化图谱构建流程图

（2）地理空间及时序单元的确定

图谱单元是由相对均质的空间单元和相对单一的时序单元集合而成，依据特定的研究目的和原则，建立地学信息图谱的分类体系，在空间尺度上体现地理现象的"图"，在时间尺度上反映地理现象的变化规律，即为"谱"。本研究采用耕地利用地块单元尺度，通过对 1988 年、1996 年、2006 年、2016 年和 2018 年典型年份的数据合成和重构，生成"时间—空间—属性—过程"整合后的数据，作为粮食作物耕地利用区域分化信息图谱的地理空间单元。考虑到研究区粮食作物耕地利用区域分化特征变化频繁，且较大程度地受到人为干扰，但年度时序数据获取受限，故依据重要农业政策或重要事件发生节点选取典型年份进行研究，时间尺度分别为 9 年（1988—1996 年）、11 年（1996—2006 年）、11 年（2006—2016 年）和 3 年（2016—2018 年）。

（3）耕地利用区域分化信息图谱的合成

将 30 年间耕地利用作物单元类型进行重组，运用栅格图层代数运算功能，获取研究区 1988—2018 年的耕地利用区域分化信息图谱数据集，定量分析耕地利用区域分化的过程特征。计算公式如下：

$$T = G_1 \times 10^{n-1} + G_2 \times 10^{n-2} + \cdots + G_n \times 10^{n-n}, \tag{3.16}$$

其中，T 为研究期内耕地轮作单元栅格图，运用栅格图层代数运算计算合成的 5 位编码的时空复合体数据；n 为参与计算的耕地利用时期数目；G_1、G_2、G_n 为不同时期的耕地利用作物分类单元栅格属性值。

通过 5 期粮食作物空间变化数据基础，以 1988—2018 年这 30 年的时间变化为时间轴，得到每个空间地块单元的地学信息图谱，整体反映粮食作物耕地利用时间和空间上的复合信息。

3.4.2 粮食作物耕地利用区域分化的图谱表达

根据研究区耕地利用图谱单元的变化特征，将耕地利用区域分化划分为 5 种类型（表 3.17）。①稳定不变型：1988—2018 年耕地利用作物种植类型始终未发生改变；②前期稳定型：1988—2006 年耕地利用作物种植类型未发生改变；③后期稳定型：2006—2018 年耕地利用作物种植类型未发生改变；④间歇变化型：研究期内耕地利用作物种植类型有连续 2 个时期是未发生改变；⑤持续变化型：1988—2018 年更肥利用作物种植类型一直处于调整中。

表 3.17 研究区粮食作物耕地利用区域分化类型划分

类型	定义	图谱单元变化过程
稳定不变型	1988—2018 年一直未发生变化	如 11111、22222 等
前期稳定型	1988—2006 年未发生变化	如 11121、44413 等
后期稳定型	2006—2018 年未发生变化	如 42111、41333 等
间歇变化型	有连续 2 个时期未发生变化	如 41122、42113 等
持续变化型	1988—2018 年一直发生变化	如 42131、12143 等

本研究粮食作物耕地利用区域分化的图谱单元耦合了 1988 年、1996 年、2006 年、2016 年和 2018 年 5 个时期的耕地利用现状，是对 1988—1996 年、1996—2006 年、2006—2016 年和 2016—2018 年 4 个阶段变化图谱的合成表达，每一阶段的变化模式组合体现耕地利用区域分化的整体变化特征（图 3.22）。

3.4.3 粮食作物耕地利用区域分化的图谱分析

（1）稳定不变型图谱特征

稳定不变型是研究区耕地利用类型在 1988 年、1996 年、2006 年、2016 年和 2018 年 5 个时期均未发生改变的图谱类型。从图 3.22 可以看出耕地利用稳定不变型的图谱单元在研究区内分布较少，主要发生在拜泉县中部、西南部地区和依安县西部，表现出"小聚集""跳跃式"的分布特征。

稳定不变型图谱类型总面积 4.22 万公顷，占总耕地面积的 5.02%。稳定不变型的所有组成图谱单元中，面积最大的耕地利用类型变化编码为

"11111",即为大豆作物稳定型,面积是 2.94 万公顷,主要分布在拜泉县境内;面积次之的耕地利用类型编码为"22222",即玉米作物稳定型,面积是 1.21 万公顷,主要分布在依安县境内;水稻作物稳定型的图谱单元较少,零星分布在克山县北部及依安县中部的河流附近;而其他作物稳定型图谱单元则更为少量,可忽略不计。

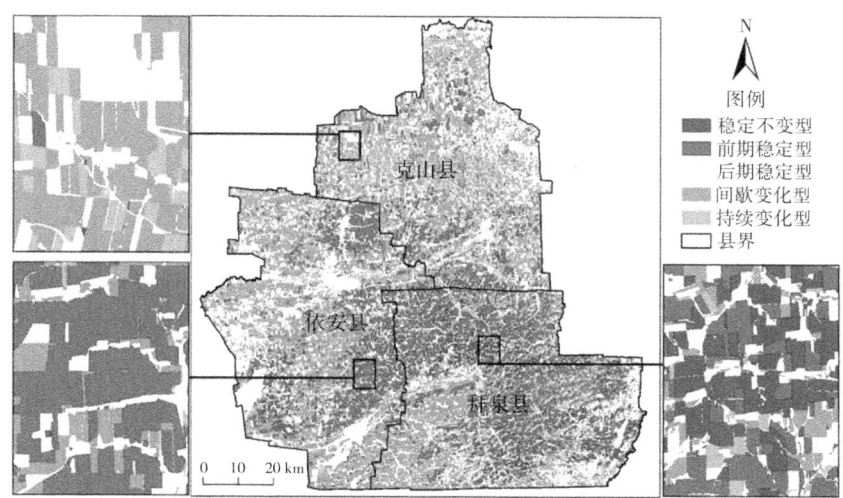

图 3.22 粮食作物耕地利用区域分化的地学信息图谱(见书末彩图)

(2)前期稳定型图谱特征

前期稳定型是研究区耕地利用类型在 1988 年、1996 年和 2006 年连续 3 个时期耕地利用类型未发生改变的图谱类型。从图 3.22 可以看出耕地利用前期稳定型的图谱单元集中分布在研究区中南部,主要分布在依安县东部及拜泉县大部分地区,表现出集中连片的分布特征。

前期稳定型图谱类型总面积 19.17 万公顷,占总耕地面积的 22.81%,仅次于间歇变化型图谱类型。其中,前期稳定型的所有组成图谱单元中,面积最大的耕地利用类型变化编码为"11122",即"大豆→大豆→大豆→玉米→玉米"类型,面积是 7.98 万公顷,是研究区分布最为广泛的图谱单元;面积次之的耕地利用类型编码为"11121",即"大豆→大豆→大豆→玉米→大豆"类型,面积是 7.50 万公顷。前期稳定型图谱单元中面积排名前两位的共占该类型的 80.75%,说明前期大豆作物连作,后期与玉米作物轮作,是研究区最为普遍的耕地利用模式。

(3)后期稳定型图谱特征

后期稳定型是研究区耕地利用类型在 2006 年、2016 年和 2018 年连续 3 个时期耕地利用类型未发生改变的图谱类型。从图 3.22 可以看出耕地利用后期稳定型较多分布在克山县境内，以及依安县西部与拜泉县东部地区，该类型图谱单元在研究区内分布较为分散。

后期稳定型图谱类型总面积12.44万公顷，占总耕地面积的14.80%。其中，后期稳定型的所有组成图谱单元中，面积最大的耕地利用类型编码变化为"41111"，即"其他作物→大豆→大豆→大豆→大豆"类型，面积为2.16万公顷；面积次之的耕地利用类型编码为"41222"，即"其他作物→大豆→玉米→玉米→玉米"类型，面积为1.74万公顷。这表明，在后期稳定型图谱类型中，前期以种植其他作物为主，随着研究区种植结构的调整，后期改为稳定种植大豆或玉米作物。

（4）间歇变化型图谱特征

稳定不变型是研究区耕地利用类型在1988年、1996年、2006年、2016年和2018年5个时期内，有过连续两个时期的耕地利用类型未发生改变，同时不满足前期稳定型与后期稳定型认定规则的图谱单元。从图3.22可以看出耕地利用间歇变化型是研究区最为普遍的变化类型，广泛分布在克山县与依安县的大部分地区及拜泉县的南部地区。

间歇变化型图谱类型总面积41.42万公顷，占总耕地面积的49.29%，这表明间歇变化型是研究区最为主要的耕地利用变化类型。其中，间歇变化型的所有组成图谱单元中，面积排在首位的耕地利用类型变化编码为"41122"，即"其他作物→大豆→大豆→玉米→玉米"类型，面积为3.85万公顷；面积排在第2位的耕地利用类型变化编码为"41121"，即"其他作物→大豆→大豆→玉米→大豆"类型，面积为3.76万公顷；面积排在第3位的耕地利用类型变化编码为"12122"，即"大豆→玉米→大豆→玉米→玉米"类型，面积为2.41万公顷。

（5）持续变化型图谱特征

持续变化型是研究区耕地利用类型在1988—1996年、1996—2006年、2006—2016年和2016—2018年4个阶段内均发生变化的图谱单元类型。从图3.22可以看出耕地利用持续变化型图谱单元在研究区内数量较少且较为分散，表明研究区耕地利用具有相对稳定型。持续变化型图谱类型总面积6.79万公顷，占总耕地面积的8.08%。其中，持续变化型的所有组成图谱单元中，面积排在前两位的分别是"12121"和"42121"，即"大豆→玉米→大豆→玉米→大豆"类型和"其他作物→玉米→大豆→玉米→大豆"类型。

3.5 本章小结

本章测算不同时段（1988—1996年、1996—2006年、2006—2016年和

2016—2018年）主要粮食作物耕地利用类型的转移和动态度特征；测算不同时点（1988年、1996年、2006年、2016年和2018年）主要粮食作物耕地利用面积及结构特征、重心迁移特征、标准差椭圆分布特征、空间自相关等特征，并通过地学信息图谱揭示1988—2018年研究区主要粮食作物耕地利用区域分化总体。

（1）分析了研究区主要粮食作物耕地利用数量变化特征

①主要粮食作物耕地利用面积及结构特征。

根据研究区1988年、1996年、2006年、2016年和2018年主要粮食作物耕地利用分类结果，统计研究区30年间大豆、玉米、水稻和其他作物的耕地利用面积变化情况，分析不同时期不同作物的所占比重，确定1988—2018年研究区耕地利用的面积变化特征。研究表明：研究区大豆作物耕地利用面积占比在2006年以前一直居于首位，2006年达到峰值，此后大豆作物种植面积开始萎缩，于2016年降至最低值，2018年再次出现回升；研究区玉米作物在1988—2016年种植面积一直处于上升趋势，于2016年达到峰值，占总耕地面积近七成，2018年玉米作物种植面积出现小幅回落；水稻作物在研究区主要粮食作物耕地利用数量占比中始终处于低位，2006年起水稻作物种植面积有所提升，但整体占比较低；其他作物的耕地利用数量在整个研究期30年间一直呈减少趋势，到研究期末其他作物占比处于最低水平。

②主要粮食作物耕地利用类型的转移特征。

运用ArcGIS 10.2平台的地理处理功能，对不同研究期作物类型进行融合处理，借助分析工具中的叠加分析获取叠加结果属性表，计算转移面积后导出属性表dbf文件，选择有效数据创建数据透视表，生成耕地利用转移矩阵。结果表明：1988—1996年、1996—2006年、2006—2016年和2016—2018年4个时段，研究区耕地利用类型频繁发生转换，大豆、玉米和其他作物之间的转换强度较大，前期其他作物向大豆和玉米作物转移的耕地面积较多，后期大豆和玉米作物两者间转换较为频繁，水稻作物的转出数量较少。

③主要粮食作物耕地利用动态度分析。

主要粮食作物耕地利用动态度是反映区域耕地利用变化剧烈程度的重要指标，耕地利用动态模型分为综合动态度和单一动态度。本研究测算不同时段（1988—1996年、1996—2006年、2006—2016年和2016—2018年）综合动态度和单一动态度值，进而分析研究区粮食作物耕地利用变化频繁程度。结果表明，研究区在2006—2016年的耕地利用综合动态度值最高，说明在该时段研究区粮食作物的耕地利用变化最频繁，且变化幅度最大；1988—1996年和1996—2006年两个时段中，研究区大豆、玉米和水稻作物单一动态度均为正值，其他作物单一动态度为负值，但整体上动态度绝对值在减小，说明这期间主要粮食作物的耕地利用数量均在增加，其他作物耕地利用数量在减小，但耕地利用类型的转换速率在下降；2006—2016年和2016—2018年两个时段中，大豆和玉米的单一动态度呈现互补的趋势，一种作物的增加伴随着另一种作物的减少，此期间水稻作物单一动态度值均为正，其他作物动态度值均为负。

（2）明确了研究区主要粮食作物耕地利用空间分化特征

①主要粮食作物耕地利用的重心迁移特征。

计算1988年、1996年、2006年、2016年和2018年研究区主要粮食作物耕地利用重心的经纬度坐标，绘制1988—2018年主要作物耕地利用重心的迁移路径。大豆作物耕地利用重心一直位于拜泉县境内，从大豆作物耕地利用重心的迁移路径来看，其总体向东北方向移动；玉米作物耕地利用重心基本处于三县交界的位置，其中2006年其位于依安县境内，其他年份则均位于拜泉县境内。从玉米作物耕地利用重心迁移路径来看，整体上其是前期先向北移动，再逐渐向西南沿顺时针方向迁移；1988年、1996年、2006年和2016年水稻作物耕地利用重心坐标位于依安县境内，2018年则移动到拜泉境内，重心迁移路径整体上呈现先向北再向东迁移的趋势；1988年其他作物耕地利用重心位于克山县境内，1996年、2006年和2016年其他作物耕地利用重心坐标位于拜泉县境内，2018年其他作物耕地利用重心移动到依安县境内，重心迁移路径整体上呈现波动南移的状态。

②主要粮食作物耕地利用的方向分布特征。

采用标准差椭圆分析法，进一步揭示研究区主要粮食作物耕地利用的空间分布情况，利用ArcGIS 10.2软件的空间统计功能进行标准差椭圆分析，得到1988—2018年研究区大豆、玉米、水稻和其他作物的空间方向、展布范围等一系列参数的变化特征及标准差椭圆空间分布图。1988—2018年，大豆作物的耕地利用标准差椭圆均位于研究区中部偏东的位置，前期空间分布较为分散，后期逐渐趋于集中，研究期大豆作物的耕地利用标准差椭圆均呈"西北—东南"方向，表明研究区大豆作物在"西北—东南"方向较"东北—西南"方向分布更为密集。玉米作物的耕地利用标准差椭圆形状近乎正圆形，方向分布特征较弱，表明研究区玉米种植范围较为广泛，种植区域相对分散，玉米作物耕地利用的标准差椭圆基本位于研究区中部，但玉米作物的标准差椭圆位置与大小仍在不断变化中。研究期内水稻作物的标准差椭圆覆盖范围呈现逐步缩小再增大的趋势，表明研究区水稻作物前期开始集中种植，后期逐渐扩大种植范围并趋于稳定。研究区其他作物标准差椭圆变化幅度较大：1988年，其他作物耕地利用的标准差椭圆主要位于研究区东北部的克山县境内，呈现"西北—东南"方向的空间分布特征；1996—2016年，其他作物耕地利用的标准差椭圆逐渐向南部转移，呈现"东北—西北"方向的空间分布特征；2018年，其他作物耕地利用的标准差椭圆主要位于研究区西南部的依安县境内，但其他作物耕地利用的方向特征较弱，无明显极化特征。

③研究区主要粮食作物耕地利用空间关联特征。

本研究采用探索性空间数据分析（ESDA）的方法对1988—2018年研究区48个乡镇的不同作物进行空间关联性测度，从时间和空间角度对研究区48个乡镇的空间关联特征进行剖析，阐明研究区粮食作物耕地利用的空间特征和变化规律。①粮食作物耕地利用的全局空间自相关：采用大豆、玉米、水稻和其他作物分别占乡镇耕地总面积的比值进行空间自相关分析，利用GeoDa软件，通过测算全局的Moran's I，识别不同地区主要粮食作物耕地利用结构的相似程度。1988年研究区大豆、玉米和其他作物耕地利用全局自相关的Moran's I 为正，水稻的Moran's I 为负，研究区大豆、玉米和其他作物表现出明显的空间集聚特征，水稻作物则为空间负相关，表现为空间离散分布的特征；1996年、2006年、2016年和2018年研究区主要粮食作物耕地利用全局的Moran's I 均为正，这期间研究区大豆、玉米、水稻和其他作物空间分布具有较为显著的空间正相关性，不同作物之间的空间关联特征存在差异，整体上大豆和玉米作物的空间集聚特征更为显著。②粮食作物耕地利用的局部空间自相关：1988年、1996年、2006年、2016年和2018年，研究区大豆、玉米、水稻和其他作物在各乡镇占比均具有一定的空间集聚特征，不同年份不同作物之间差异显著。1988年，大豆和玉米作物耕地利用高值集聚区分别位于研究区东南部的拜泉县和西南部的依安县，其他作物耕地利用高值集聚区位于研究区北部克山县，水稻作物无明显的空间集聚特征；1996年，大豆和玉米作物耕地利用的高值集聚区与低值集聚区互补，水稻高值集聚区主要位于乌裕尔河流域，其他作物高值集聚区范围缩小；2006年，大豆作物耕地利用高值集聚区涵盖拜泉县大部分地区，玉米作物高值集聚区主要分布在克山县境内，水稻与其他作物耕地利用高值集聚区零星分布；2016年，克山县成为大豆作物主产区，玉米作物高值集聚区主要分布在依安县境内，水稻高值集聚区沿河流分布，其他作物高值集聚区则继续萎缩；2018年，大豆和玉米作物空间集聚特征明显，大豆作物集聚在研究区东部克山县和拜泉县，玉米作物集聚在研究区西部依安县，水稻和其他作物空间集聚特征较以往基本保持稳定。

（3）阐明了研究区主要粮食作物耕地利用区域分化整体特征

粮食作物耕地利用区域分化在时间和空间上具有一般地学信息图谱的基本特征。本研究通过构建地学信息图谱，从空间位置和时间变化角度探究研究区典型年份粮食作物耕地利用区域分化的整体特征，综合反映了30年来研究区粮食作物耕地利用区域分化的空间格局和动态变化过程。

①构建粮食作物耕地利用区域分化信息图谱。

粮食作物耕地利用区域分化信息图谱构建，包括耕地利用数据准备和处理、空间地理单元及变化时序确定和耕地利用区域分化信息图谱合成3个步骤。a. 耕地利用数据的处理和准备，将研究区1988年、1996年、2006年、2016年和2018年5期粮食作物耕地利用类型的数据转化为30 m分辨率栅格文件；b. 地理空间及时序单元的确定，本研究采用耕地利用地块单元尺度，通过对1988年、1996年、2006年、2016年和2018年典型年份的数据合成和重构，生成"时间—空间—属性—过程"整合后的数据，作为粮食作物耕地利用区域分化信息图谱的地理空间单元，依据重要农业政策或重要事件发生的节点选取典型年份进行研究，时间尺度分别为9年（1988—1996年）、11年（1996—2006年）、11年（2006—2016年）和3年（2016—2018年）；c. 运用栅格图层代数运算功能，获取研究区1988—2018年的耕地利用区域分化的地学信息图谱数据集。

②粮食作物耕地利用区域分化的图谱表达。

耕地利用区域分化信息图谱合成中，根据研究区耕地利用图谱单元的变化特征，将耕地利用区域分化过程划分为5种类型：稳定不变型、前期变化型、后期变化型、间歇变化型和持续变化型。本研究耦合了1988年、1996年、2006年、2016年和2018年5个时期的耕地利用现状，重构粮食作物耕地利用区域分化的地学信息图谱，对1988—1996年、1996—2006年、2006—2016年和2016—2018年4个阶段变化图谱合成并进行空间化表达。

③粮食作物耕地利用区域分化的图谱分析。

本研究粮食作物耕地利用区域分化图谱是对1988—1996年、1996—2006年、2006—2016年和2016—2018年四个阶段变化过程的合成表达，每一阶段的变化模式组合体现耕地利用区域分化的整体特征。其中，稳定不变型图谱类型总面积4.22万公顷，占总耕地面积的5.02%；前期稳定型图谱类型总面积19.17万公顷，占总耕地面积的22.81%；后期稳定型图谱类型总面积12.44万公顷，占总耕地面积的14.80%；间歇变化型图谱类型总面积41.42万公顷，占耕地总面积的49.29%；持续变化型图谱类型总面积6.79万公顷，占总耕地面积的8.08%。

4 粮食作物耕地利用区域分化的驱动机理

耕地利用区域分化的驱动机理是在特定的时间和空间范围内，耕地利用受到区域自然地理条件和社会经济发展等因素复杂影响而发生改变的过程中，耕地利用自身的运行方式及要素之间相互作用的规则和原理。本章研究的重点和目标是在耕地利用区域分化特征的基础上，深入剖析粮食作物耕地利用区域分化过程中耕地利用要素间的固有联系，揭示耕地利用产生区域分化的本质，探寻不同影响因子间的联系与作用关系，阐明社会经济和自然要素对粮食作物耕地利用区域分化的驱动机理。

本研究从土壤要素、气候要素、区位要素、地形要素和人文要素等方面筛选和甄别影响 1988—2018 年研究区粮食作物耕地利用区域分化的关键性影响因子。借助 Rstudio 平台构建基于 R 语言包的地理探测器模型，测算各影响因子及因子交互作用对研究区粮食作物耕地利用区域分化的影响强度，阐明在不同因子对粮食作物耕地利用区域分化的作用大小和方向。运用 SPSS 软件进行相关性分析，探究粮食价格等社会经济要素对主要粮食作物数量变化的驱动机理。运用地理加权回归模型，从空间上揭示土壤、气候地形、区位等自然要素对不同粮食作物区域分化的驱动机理。

4.1 粮食作物耕地利用区域分化的影响因子选取

4.1.1 影响因子的选取依据

关键性影响因子的选取是进行粮食作物耕地利用区域分化驱动机理分析的重要基础，影响因子选取的合理性对驱动机理的分析结果具有至关重要的作用。影响因子的确定是在特性原则的约束下，选取可以科学、系统、有效地且具有可操作性的因子，进而反映研究目标的因子筛选过程。本研究从粮食作物种植视角探索耕地利用区域分化的驱动机理，在进行影响因子选取的过程中，应充分考虑对作物种植产生直接影响的自然与人文因子。因此，粮食作物耕地利用区域分化的影响因子选取遵循以下原则。

(1) 科学性

粮食作物耕地利用区域分化的影响因子选取首要遵循的是科学性原则，应该从科学合理的角度出发，选取能够真实反映研究区 30 年间大豆、玉米、水稻和其他作物耕地利用所处的状态及其区域分化现象产生缘由的关键性影响因子。

(2) 系统性

粮食作物耕地利用区域分化的影响因子众多，涉及自然环境和社会经济等方方面面。因此，影响因子的选取须遵循系统性原则，将影响因子分解成不同结构层次，确保所选取的指标涵盖粮食作物耕地利用区域分化的响应范畴，防止影响因子的漏选与交叉重复，保障影响因子选取的完整和清晰。

(3) 有效性

粮食作物耕地利用区域分化的影响因子选取必须可以准确反映不同作物在时间和空间上的变化规律，且要灵敏反映耕地利用区域分化过程中可能出现的异常现象，注重体现空间的差异性和范围的整体性。因此，有效选取关键性影响因子可以使得驱动机理分析结果更具有现实意义。

(4) 可操作性

粮食作物耕地利用区域分化的影响因素庞大且相对复杂，在关键性因子的选取过程中，难以量化的因子会提高驱动机理分析的难度，同时也要考虑影响因子的实际数据获取的可能性，避免影响因子的不可操作性影响整个驱动机理的研究结果。因此，在影响因子选取时要遵循因子的量化难易程度和数据可获取性，尽可能地选取可全面表征粮食作物耕地利用区域分化影响机理，同时又具有可操作性的影响因子。

4.1.2 影响因子的选取结果

粮食作物耕地利用区域分化特征最直接的体现是不同类型作物的种植在空间选择上呈现出差异性特征，而作物种植的空间选择差异不但要考虑自然因素对作物种植环境的适宜性要求，同时还要考虑农户生产活动的便利性和经济效益。本研究结合前期研究基础及松嫩平原典型区的实际情况，初步筛选粮食作物耕地利用区域分化的影响因子为：土壤类型、土壤有机质、土壤全氮量、土壤全磷量、土壤全钾量、耕作期 5—9 月平均气温、耕作期 5—9 月降水量、海拔高度、到城镇中心距离、到河流距离、到公路距离，以及粮食价格、农业政策、科技发展水平等因素。

(1) 土壤要素

土壤是农作物生长的基础，土壤中含有丰富的营养物质供作物生长发育，不同土壤类型的理化性质差异显著，直接影响作物生长的优劣程度和耕地种植的建设成本。本研究土壤要素选取 5 个影响因子，分别为：土壤类型、土壤有机质含量、土壤全氮量、土壤全磷量和土壤全钾量。研究区有黑土、黑钙土、草甸土、暗棕壤和沼泽土等5种土壤类型（不包括河流湖泊），不同土壤的质地、肥力等差异明显，导致耕地粮食作物生产成本、产量存在差异。土壤有机质中含有大量植物生长所必需的元素，对土壤肥力和植物营养具有重要的作用，土壤全氮、全磷、全钾量即土壤中氮元素、磷元素和钾元素的总贮量，这3种元素是农作物生长需要量和收货时带走量较多的营养元素，与土壤有机质含量正相关。根据国家地球系统科学数据中心的土壤分中心数据库提取，度量单位按照中国1 km栅格土壤数据标准，除以100后单位为g/kg，研究区土壤有机质含量在3%~9.7%，平均含量41.05 g/kg，研究区土壤全氮量、全磷量、全钾量平均值分别为2.05 g/kg、0.78 g/kg和20.19 g/kg。

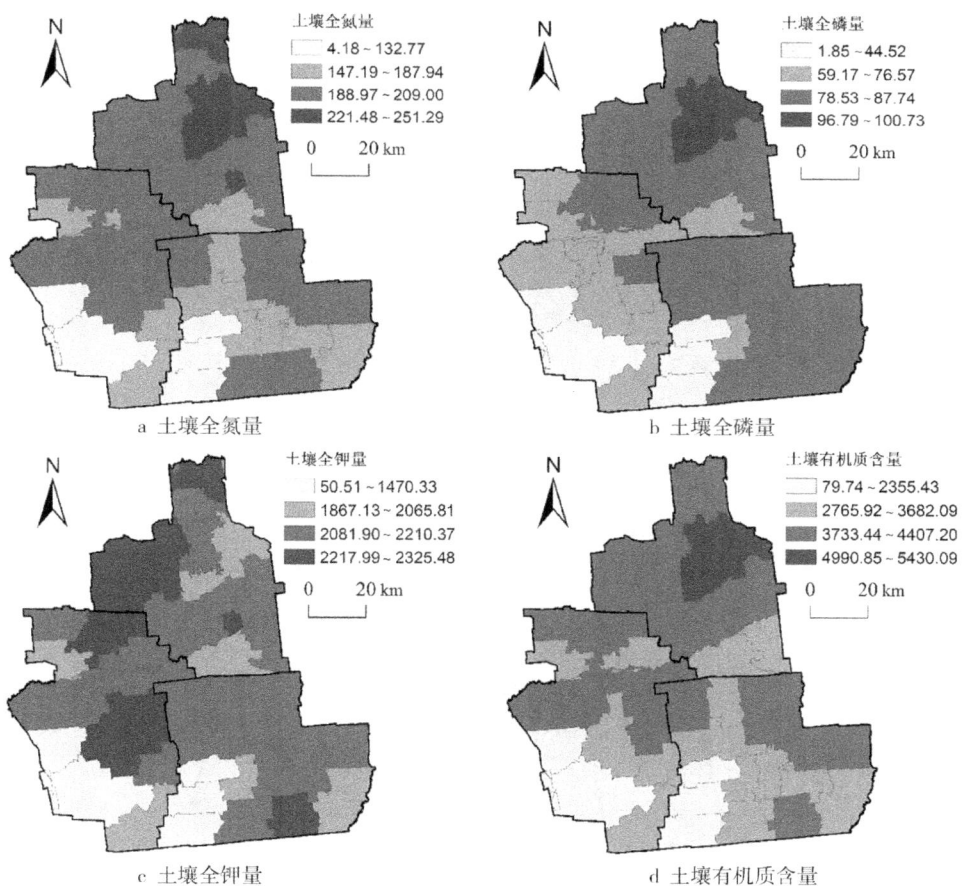

图4.1 土壤因子空间分布

综合以上分析，选取土壤类型、土壤有机质含量、土壤全氮量、土壤全磷量和土壤全钾量作为耕地利用区域分化的影响因子，其中土壤类型数据在研究区概况中已实现空间化表达,土壤全氮量、土壤全磷量、土壤全钾量和土壤有机质含量在研究区范围内空间差异显著,统计到分析单元如图 4.1 所示。

(2)气候要素

研究区所在的松嫩平原北部位于全球环境变化速率最大的东亚季风区,是典型的气候变化敏感区与强增温区,平均气温的升高会使水分亏缺加剧,直接影响影响区域内的耕地利用方式。松嫩平原北部地区的作物熟制为一年一熟,每年 5—9 月为主要粮食作物集中生长期,这期间的温度和降水对农作物的生长起着至关重要的作用,本研究统计并分析 1988—2018 年研究区耕作期(5—9 月)的平均气温与降水量,可以看出 30 年间耕作期气温呈现明显升高的趋势(图 4.2),耕作期降水量的波动较大(图 4.3)。综合考虑气候对耕地利用的有效影响,选取耕作期平均气温和耕作期降水量作为耕地利用区域分化的影响因子。

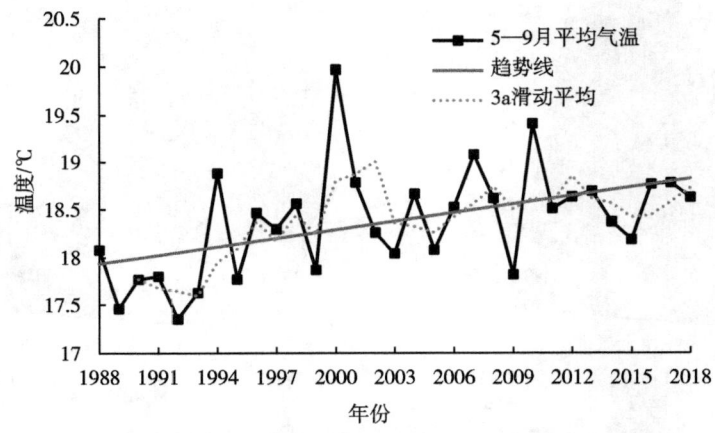

图 4.2　1988—2018 年研究区 5—9 月平均气温年际变化

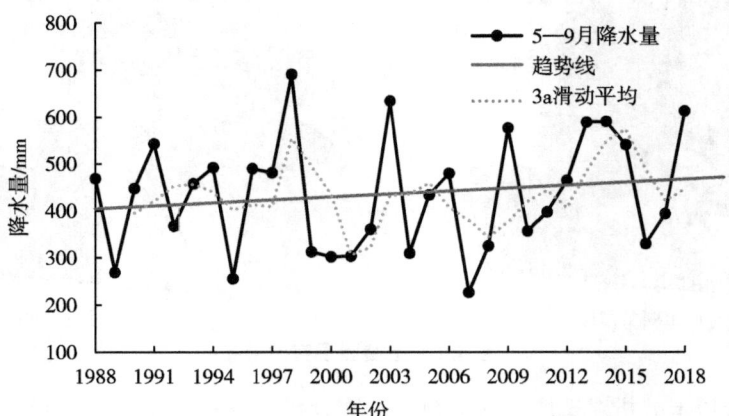

图 4.3　1988—2018 年研究区 5—9 月降水量年际变化

(3) 区位要素

本研究选取到河流距离、到主要公里距离和到城镇中心距离作为耕地利用区域分化的影响因子（图4.4）。距离差异导致交通、管理与行为活动的选择不同，直接影响人类对耕地的开发利用程度。人类垦殖过程中体现出较强的亲水性，河流分布是影响作物空间差异的重要因素，距离河流较近的地区由于方便灌溉，更易发展水田，距离河流较远的地区则倾向于选择需水量较小的旱地。交通线的分布会对区域耕地利用产生影响，距离主要公路的远近对农户耕作及农产品运输的影响较大，合适的距离对于农业生产起着促进作用。城镇中心人口的增加及经济的发展，影响区域内耕地利用方式和方向的选择，综合考虑耕作适宜性、农田建设经济性和生活便利性，选择到城镇中心的距离作为影响耕地利用区域分化的另一影响因子。

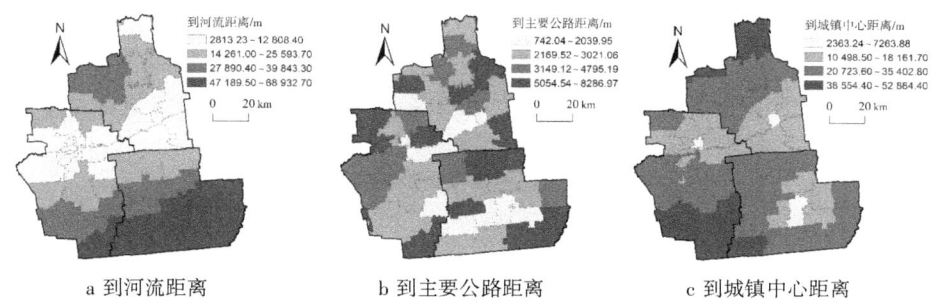

图4.4 区位因子空间分布

(4) 人文要素

自然因子对耕地利用时空分化的影响作用体现在长期的发展变化中，而农户决策耕地利用的方式往往取决于经济收益，因此农业政策、粮食市场价格、作物种植技术与品种改良等要素对于耕地利用区域分化的直接推动至关重要。县级政府作为我国一级的地方政府，上接省市政府，下接乡镇政府与农村村民自治组织，在地方政府中具有特殊的重要地位[①]。不同行政单元关于土地管理和农业政策的执行存在差异，要厘清研究区粮食作物耕地利用区域分化的驱动机理，就要充分考虑农业政策、粮食市场价格、作物种植技术等人文因素对其的影响作用。

粮食价格是驱动作物种植数量变化的主要原因之一，农民一般根据粮食价格、作物产量及政府补贴来综合权衡作物种植的类型，通过联合国粮食及农业组织统计司对我国历年粮食价格年度数据的分析（图4.5），本研究涉及的主要粮食作物价格在近30年间呈现波动上升的趋势，在个别年份主要作物

---

① 周正鹤. 中国地方行政制度史 [M]. 上海：上海人民出版社, 2005.

粮食价格出现此消彼长的趋势。因此，本研究选取粮食价格作为耕地利用区域分化的影响因子之一，以探究社会经济要素对粮食作物耕地利用数量变化的驱动机理。

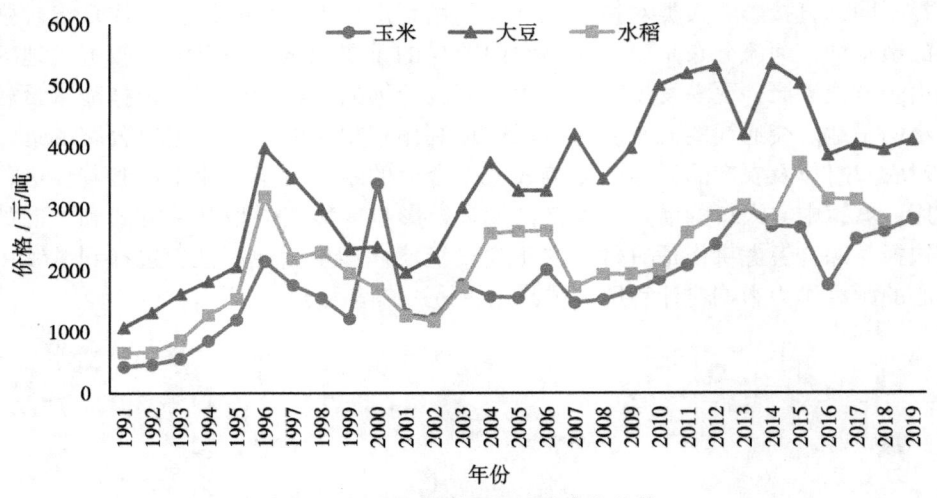

图 4.5 主要粮食作物价格变化趋势

4.2 粮食作物耕地利用区域分化的因子探测分析

4.2.1 基于 R 语言包的地理探测模型构建

地理探测器模型是揭示地理要素空间分异性及其影响的一组空间统计学方法，此方法的核心思想是如果某个自变量对某个因变量有重要影响，那么自变量和因变量的空间分布也应该具有相似性。地理探测器共 4 个探测模块，包括因子探测、交互作用探测、风险区探测和生态探测。本研究运用地理探测器的因子探测器和交互探测器模型，定量分析研究区耕地利用区域分化的驱动机理。

(1) 因子探测器

因子探测器的作用是探测作物种植变化 Y 的空间分异性，以及探测驱动因子 X 多大程度上解释了作物种植变化属性 Y 的空间分异，解释变量的空间相关程度可用 Q 值度量，表达式为：

$$Q = 1 - \frac{\sum_{h=1}^{L} N_h \sigma_h^2}{N \sigma^2} = 1 - \frac{SSW}{SST}, \tag{4.1}$$

$$SSW = \sum_{h=1}^{L} N_h \sigma_h^2, \tag{4.2}$$

$$SST = N\sigma^2, \tag{4.3}$$

其中，$h=1$，…；L 为变量 Y 或因子 X 的分层（strara），即分类或分区；N_h 和 N 分别为层 h 和全区内观测值的数量；σ_h^2 和 σ^2 分别是层 h 和全区的 Y 值的方差。SSW 和 SST 分别为层内方差之和（within sum of squares）和全区总方差（total sum of squares）。Q 的值域为 $[0, 1]$，Q 值越大说明作物种植类型变化的空间分异性越明显；如果分层是由自变量 X 生成的，则 Q 值越大，表示自变量 X 对作物种植类型变化属性 Y 的解释力就越强，反之则越弱。

本研究基于参数优化的地理探测器模型，借助 RStudio 平台运用地理探测器 R 语言包进行编程处理，以提高空间分析的准确性和有效性。与传统地理探测器模型相比，优化后模型确定了地理探测器模型的最佳参数组合，可以提供灵活、全面的解决方案，并提供一系列可视化效果，便于有效探索空间因素和空间格局的异质性。采用 Jenks 自然最佳断点分级法对选取的影响因子进行分层处理，将其由数值变量转化为类型变量，编写程序代码导入 RStudio，借助地理探测器 R 语言包进行地理探测分析。

（2）交互探测器

地理探测器中交互作用模块的独特优势是探测两因子交互作用于因变量，通过分别计算和比较各单因子 Q 值及两因子叠加后 Q 值，可以判断两因子是否存在交互作用，以及交互作用的强弱、方向、线性还是非线性。研究区耕地利用区域分化是由多种影响因子共同作用的结果，本研究中应用地理探测器模型分析耕地利用区域分化与所选影响因子的相关性及多种影响因子之间的交互作用。为探究耕地利用区域分化影响因子的交互作用，借助地理探测器 R 语言包的交互作用探测器模块获得 1988—1996 年、1996—2006 年、2006—2016 年和 2016—2018 年各影响因子对耕地利用区域分化的交互作用，通过软件运行结果分析影响因子对粮食作物耕地利用区域分化影响的交互作用。

交互探测器目的是定量表征两个不同的影响因子对耕地作物种植变化的相互作用，对于影响作物种植类型变化的两种因子 X_1 和 X_2，计算其交互时的 Q 值，对 $Q(X_1)$、$Q(X_2)$ 与 $Q(X_1 \cap X_2)$ 进行比较，评估两因子共同作用时对因变量的解释力及两者之间的作用关系（表 4.1）。

按照影响因子交互作用的判断依据，两个影响因子之间的关系可分为以下 5 类：①若 $Q(X_1 \cap X_2) < \text{Min}(Q(X_1), Q(X_2))$，说明因子 X_1 和 X_2 交互后非线性减弱；②若 $\text{Min}(Q(X_1), Q(X_2)) < Q(X_1 \cap X_2) < \text{Max}(Q(X_1), Q(X_2))$，说明因子 X_1 和 X_2 交互后单因子非线性减弱；③若 Q

$(X_1 \cap X_2)$ >Max $(Q(X_1), Q(X_2))$，说明因子 X_1 和 X_2 交互后双因子增强；④若 $Q(X_1 \cap X_2)$ >$Q(X_1)$ +$Q(X_2)$，说明因子 X_1 和 X_2 交互后非线性增强；⑤若 $Q(X_1 \cap X_2)$ = $Q(X_1)$ +$Q(X_2)$，说明因子 X_1 和 X_2 交互后相互独立。

表 4.1　影响因子交互作用探测

序号	判断依据	作用类型
1	$Q(X_1 \cap X_2)$ <Min $(Q(X_1), Q(X_2))$	非线性减弱
2	Min $(Q(X_1), Q(X_2))$ <$Q(X1 \cap X_2)$ <Max $(Q(X_1), Q(X_2))$	单因子非线性减弱
3	$Q(X_1 \cap X_2)$ >Max $(Q(X_1), Q(X_2))$	双因子增强
4	$Q(X_1 \cap X_2)$ >$Q(X_1)$ +$Q(X_2)$	非线性增强
5	$Q(X_1 \cap X_2)$ = $Q(X_1)$ +$Q(X_2)$	相互独立

4.2.2　单一因子对耕地利用区域分化的影响

（1）1988—1996 年粮食作物耕地利用区域分化的因子探测分析

选取 1988—1996 年研究区耕作期平均气温、耕作期降水量、土壤类型、土壤有机质含量、土壤全氮量、土壤全磷量、土壤全钾量、到城镇中心距离、到主要河流距离、到主要公路距离、海拔高度和行政区要素共 12 个具有较强解释能力的影响因子作为自变量，计算大豆、玉米、水稻和其他作物的变化量与分析单元耕地总面积的比值作为因变量，通过因子探测模块获得 1988—1996 年耕地利用区域分化各影响因子的作用强度值，对应地理探测器模型的 Q 值，Q 值越大表示该影响因子对耕地利用区域分化的作用强度越大。通过地理探测器对各影响因子探测结果进行分析（表 4.2），发现各影响因子对主要粮食作物耕地利用区域分化的解释能力存在一定差异。

表 4.2　1988—1996 年研究区耕地利用区域分化影响因子探测结果

影响因子	大豆作物	玉米作物	水稻作物	其他作物
土壤类型	0.1017*	0.0626	0.0174	0.1676**
土壤有机质含量	0.0618	0.2462*	0.0563	0.3455**
土壤全氮量	0.0351	0.2060	0.0659	0.2257
土壤全磷量	0.1398	0.1279	0.0561	0.3556**
土壤全钾量	0.0231	0.1764	0.0617	0.1579
耕作期平均气温	0.2947**	0.1664	0.1227	0.4231***
耕作期降水量	0.1534	0.1499	0.1033	0.0111
到城镇中心距离	0.0772	0.0141	0.2334*	0.0217

续表

影响因子	大豆作物	玉米作物	水稻作物	其他作物
到河流距离	0.0163	0.1741	0.0871	0.1081
到主要公路距离	0.1336	0.0436	0.1163	0.1227
海拔高度	0.2759**	0.1124	0.0641	0.2748**
行政区要素	0.2815***	0.1667**	0.0206	0.3403***

注：***、**和*分别表示在1%、5%和10%的水平下通过显著性检验。

①大豆作物。1988—1996年大豆作物变化的驱动因子作用强度值从大到小排列依次为：1988—1996年耕作期平均气温（0.2947）、行政区要素（0.2815）、海拔高度（0.2759）、1988—1996年耕作期降水量（0.1534）、土壤全磷量（0.1398）、到主要公路距离（0.1336）、土壤类型（0.1018）、到城镇中心距离（0.0772）、土壤有机质含量（0.0618）、土壤全氮量（0.0351）、土壤全钾量（0.0231）和到河流距离（0.0163）。结果显示，行政区要素通过了1%水平的显著性检验，1988—1996年耕作期平均气温和海拔高度通过了5%水平的显著性检验，土壤类型通过了10%水平的显著性检验，而其他要素没有通过显著性检验。这表明该时段大豆作物区域分化是多因子共同作用的结果，其中耕作期平均温度起到主导作用，行政区政策因素和海拔高度也具有较强的解释力，而土壤因素与距离因素对该时期大豆作物耕地利用区域分化的作用强度较小。

②玉米作物。1988—1996年玉米作物变化的驱动因子作用强度值从大到小排列依次为：土壤有机质含量（0.2462）、土壤全氮量（0.2060）、土壤全钾量（0.1763）、到河流距离（0.1741）、行政区要素（0.1667）、1988—1996年耕作期平均气温（0.1664）、1988—1996年耕作期降水量（0.1499）、土壤全磷量（0.1279）、海拔高度（0.1125）、土壤类型（0.0626）、到主要公路距离（0.0436）和到城镇中心距离（0.0141）。结果显示，行政区要素通过了5%水平的显著性检验，土壤有机质含量通过10%水平的显著性检验，其他影响因子未通过显著性检验。表明该时期研究区玉米作物区域分化是多因子共同作用的结果，其中行政区要素起主导作用，土壤有机质含量、土壤全氮量、土壤全钾量、到河流距离和耕作期气候因素也具有较强的解释力，但土壤类型、到主要公路距离和到城镇中心距离对玉米作物区域分化的作用强度较小。

③水稻作物。1988—1996年水稻作物变化的驱动因子作用强度值从大到小排列依次为：1988—1996年耕作期平均气温（0.1227）、到主要公路距离（0.1163）、1988—1996年耕作期降水量（0.1033）、到河流距离（0.0871）、土壤全氮量（0.0659）、海拔高度（0.0641）、土壤全钾量（0.0617）、土壤有机质含量（0.0563）、土壤全磷量（0.0561）、到城镇中心距离（0.2334）、

行政区要素（0.0206）和土壤类型（0.0174）。结果显示，仅有到城镇中心距离通过了10%水平的显著性检验，其余各影响因子在1988—1996年水稻作物耕地利用区域分化中均未通过显著性检验，且作用强度值较低，表明该时期水稻作物变化很小，所选因子不能很好地解释水稻作物耕地利用区域分化特征。

④其他作物。1988—1996年其他作物变化的驱动因子作用强度值从大到小排列依次为：1988—1996年耕作期平均气温（0.4231）、土壤全磷量（0.3556）、土壤有机质含量（0.3455）、行政区要素（0.3403）、海拔高度（0.2748）、土壤全氮量（0.2257）、土壤类型（0.1676）、土壤全钾量（0.1579）、到主要公路距离（0.1227）、到河流距离（0.1081）、到城镇中心距离（0.0217）和1988—1996年耕作期降水量（0.0111）。结果显示，耕作期平均气温和行政区要素通过了1%水平的显著性检验，土壤类型、土壤有机质含量、土壤全磷量和海拔高度通过了5%水平的显著性检验，表明该时期其他作物耕地利用区域分化是由多种因子共同作用的结果，其中耕作期平均气温和行政区要素起到主导作用，土壤因素和地形因素也具有一定解释能力。

(2) 1996—2006年粮食作物耕地利用区域分化的因子探测分析

选取1996—2006年研究区耕作期平均气温、耕作期降水量、土壤类型、土壤有机质含量、土壤全氮量、土壤全磷量、土壤全钾量、到城镇中心距离、到主要河流距离、到主要公路距离、海拔高度和行政区要素共12个具有较强解释能力的影响因子作为自变量，计算大豆、玉米、水稻和其他作物的变化量与分析单元耕地总面积的比值作为因变量，通过因子探测模块获得1996—2006年耕地利用区域分化各影响因子的作用强度值，对应地理探测器模型的Q值，Q值越大表示该影响因子对耕地利用区域分化的作用强度越大。通过地理探测器对各影响因子探测分析结果（表4.3），各影响因子对主要粮食作物耕地利用区域分化的解释能力存在一定差异。

表4.3　1996—2006年研究区耕地利用区域分化影响因子探测结果

影响因子	大豆作物	玉米作物	水稻作物	其他作物
土壤类型	0.1598**	0.1262*	0.1173	0.0848
土壤有机质含量	0.2694*	0.2626*	0.0480	0.0483
土壤全氮量	0.1974	0.1972	0.0409	0.0380
土壤全磷量	0.2705*	0.2332*	0.1008	0.1091
土壤全钾量	0.1256	0.1231	0.0695	0.0319
耕作期平均气温	0.3258***	0.3094**	0.0595	0.1571
耕作期降水量	0.0388	0.0542	0.0951	0.0345
到城镇中心距离	0.0922	0.1209	0.0361	0.1199

续表

影响因子	大豆作物	玉米作物	水稻作物	其他作物
到河流距离	0.1672	0.1649	0.2353*	0.0805
到主要公路距离	0.02639	0.0263	0.1814	0.0795
海拔高度	0.3083**	0.2728**	0.2421*	0.1853*
行政区要素	0.3596***	0.3487***	0.1294*	0.0730

注：***、**和*分别表示在1%、5%和10%的水平下通过显著性检验。

①大豆作物。1996—2006年大豆作物变化的驱动因子作用强度值从大到小排列依次为：行政区要素（0.3596）、1996—2006年耕作期平均气温（0.3258）、海拔高度（0.3083）、土壤全磷量（0.2705）、土壤有机质含量（0.2695）、土壤全氮量（0.1974）、到河流距离（0.1673）、土壤类型（0.1599）、土壤全钾量（0.1256）、到城镇中心距离（0.0922）、1996—2006年耕作期降水量（0.0388）和到主要公路距离（0.0264）。结果显示，耕作期平均气温和行政区要素通过了1%水平的显著性检验，土壤类型和海拔高度通过了5%水平的显著性检验，土壤有机质含量和土壤全磷量通过了10%水平的显著性检验，而其他要素没有通过显著性检验。这表明该时段大豆作物区域分化是多因子共同作用的结果，其中耕作期平均气温和行政区政策因素起到主导作用，土壤因素和海拔高度也具有较强的解释力，而距离因素对该时期大豆作物耕地利用区域分化的作用强度较小。

②玉米作物。1996—2006年玉米作物变化的驱动因子作用强度值从大到小排列依次为：行政区要素（0.3488）、1996—2006年耕作期平均气温（0.3094）、海拔高度（0.2728）、土壤有机质含量（0.2626）、土壤全磷量（0.2332）、土壤全氮量（0.1972）、到河流距离（0.1649）、到城镇中心距离（0.1409）、土壤类型（0.1262）、土壤全钾量（0.1231）、1996—2006年耕作期降水量（0.0542）和到主要公路距离（0.0263）。结果显示，行政区要素通过了1%水平的显著性检验，耕作期平均气温和海拔高度通过了5%水平的显著性检验，土壤类型和土壤有机质含量通过了10%水平的显著性检验，而其他要素没有通过显著性检验，表明行政区政策因素对玉米作物耕地利用区域分化影响最为密切，耕作期平均气温和海拔高度对玉米作物耕地区域分化存在一定影响，距离因子、土壤因子对该时期玉米作物耕地利用区域分化影响相对较弱。

③水稻作物。1996—2006年水稻作物变化的驱动因子作用强度值从大到小排列依次为：到河流距离（0.2353）、海拔高度（0.2421）、到主要公路距离（0.1814）、行政区要素（0.1294）、土壤类型（0.1173）、土壤全磷量（0.1008）、1996—2006年耕作期降水量（0.0951）、土壤全钾量（0.0695）、1996—2006年耕作期平均气温（0.0595）、土壤有机质含量（0.0480）、土壤

全氮量（0.0409）和到城镇中心距离（0.0361）。结果显示，到河流距离、海拔高度和行政区要素通过了10%水平的显著性检验，而其他要素没有通过显著性检验，表明到河流距离对水稻作物耕地利用区域分化的解释力最强，同时海拔高度和行政区的政策调控也对水稻作物的耕地利用区划起到一定作用。

④其他作物。1996—2006年其他作物变化的驱动因子作用强度值从大到小排列依次为：海拔高度（0.1853）、1996—2006年耕作期平均气温（0.1571）、到城镇中心距离（0.1199）、土壤全磷量（0.1090）、到河流距离（0.0805）、土壤类型（0.0848）、到主要公路距离（0.0795）、行政区要素（0.0730）、土壤有机质含量（0.0483）、土壤全氮量（0.0380）、1996—2006年耕作期降水量（0.0345）和土壤全钾量（0.0319）。结果显示，仅有海拔高度通过了10%水平的显著性检验，其他影响因子均未通过显著性检验，表明这些影响因子对此期间其他作物耕地利用区域分化的解释能力有限。

(3) 2006—2016年粮食作物耕地利用区域分化的因子探测分析

选取2006—2016年研究区耕作期平均气温、耕作期降水量、土壤类型、土壤有机质含量、土壤全氮量、土壤全磷量、土壤全钾量、到城镇中心距离、到主要河流距离、到主要公路距离、海拔高度和行政区要素共12个具有较强解释能力的影响因子作为自变量，计算大豆、玉米、水稻和其他作物的变化量与分析单元耕地总面积的比值作为因变量，通过因子探测模块获得2006—2016年耕地利用区域分化各影响因子的作用强度值，对应地理探测器模型的Q值，Q值越大表示该影响因子对耕地利用区域分化的作用强度越大。通过地理探测器对各影响因子探测分析结果（表4.4），各影响因子对主要粮食作物耕地利用区域分化的解释能力存在一定差异。

表4.4　2006—2016年研究区耕地利用区域分化影响因子探测结果

影响因子	大豆作物	玉米作物	水稻作物	其他作物
土壤类型	0.0239	0.0081	0.1804**	0.0260
土壤有机质含量	0.2210*	0.1390	0.0597	0.0229
土壤全氮量	0.2039*	0.2165*	0.0323	0.1267
土壤全磷量	0.1833	0.1097	0.1488	0.0551
土壤全钾量	0.0868	0.0449	0.0885	0.0587
耕作期平均气温	0.1708	0.1658	0.0953	0.0405
耕作期降水量	0.2945**	0.3064**	0.1212	0.0278
到城镇中心距离	0.0588	0.0610	0.0750	0.1637
到河流距离	0.1952*	0.2273*	0.3712***	0.0952
到主要公路距离	0.0558	0.0772	0.1156	0.1060
海拔高度	0.4816***	0.3135*	0.3176*	0.2570**
行政区要素	0.3945**	0.3619*	0.1543*	0.0146

注：***、**和*分别表示在1%、5%和10%的水平下通过显著性检验。

①大豆作物。2006—2016 年大豆作物变化的驱动因子作用强度值从大到小排列依次为：海拔高度（0.4816）、行政区要素（0.3945）、2006—2016 年耕作期降水量（0.2945）、土壤有机质含量（0.2210）、土壤全氮量（0.2039）、到河流距离（0.1952）、土壤全磷量（0.1833）、2006—2016 年耕作期平均气温（0.1708）、土壤全钾量（0.0868）、到城镇中心距离（0.0588）、到主要公路距离（0.0558）和土壤类型（0.0239）。结果显示，行政区要素和海拔高度通过 1% 水平的显著性检验，耕作期降水量通过 5% 水平的显著性检验，土壤有机质含量、土壤全氮量和到河流距离通过 10% 水平的显著性检验，表明该时期行政区要素和海拔高度对大豆作物区域分化的解释能力最强，大豆作物种植变化更多地受到政策要素和地形要素的驱动，其余影响因子共同作用影响大豆作物的耕地利用产生区域分化特征。

②玉米作物。2006—2016 年玉米作物变化的驱动因子作用强度值从大到小排列依次为：行政区要素（0.3619）、海拔高度（0.3135）、2006—2016 年耕作期降水量（0.3064）、到河流距离（0.2273）、土壤全氮量（0.2165）、2006—2016 年耕作期平均气温（0.1658）、土壤有机质含量（0.1390）、土壤全磷量（0.1097）、到主要公路距离（0.0772）、到城镇中心距离（0.0610）、土壤全钾量（0.0449）和土壤类型（0.0081）。结果显示，海拔高度和行政区要素通过 1% 水平的显著性检验，耕作期降水量通过 5% 水平的显著性检验，土壤全氮量和到河流距离通过 10% 水平的显著性检验，表明该时期行政区的政策引导和海拔高度对玉米作物的区域分化起到主导作用。同样，气候条件、土壤因素和水源分布也不同程度影响着玉米作物的耕地利用区域分化。

③水稻作物。2006—2016 年水稻作物变化的驱动因子作用强度值从大到小排列依次为：到河流距离（0.3712）、海拔高度（0.3176）、土壤类型（0.1804）、行政区要素（0.1543）、土壤全磷量（0.1488）、2006—2016 年耕作期降水量（0.1212）、到主要公路距离（0.1156）、2006—2016 年耕作期平均气温（0.0953）、土壤全钾量（0.0885）、到城镇中心距离（0.0750）、土壤有机质含量（0.0597）和土壤全氮量（0.0323）。结果显示，到河流距离通过 1% 水平的显著性检验，土壤类型、海拔高度和行政区要素通过 5% 水平的显著性检验，其他影响因子未通过显著性检验，表明到河流距离对 2006—2016 水稻作物的耕地利用区域分化起主导作用，而土壤类型、海拔高度和行政区要素也在一定程度上影响着水稻作物的耕地利用区域分化，而其他影响因子的解释能力较弱。

④其他作物。2006—2016年其他作物变化的驱动因子作用强度值从大到小排列依次为：海拔高度（0.2570）、到城镇中心距离（0.1637）、土壤全氮量（0.1267）、到主要公路距离（0.1060）、到河流距离（0.0952）、土壤全钾量（0.0587）、土壤全磷量（0.0551）、2006—2016年耕作期平均气温（0.0405）、2006—2016年耕作期降水量（0.0278）、土壤类型（0.0260）、土壤有机质含量（0.0229）和行政区要素（0.0146）。结果表明，仅有海拔高度通过5%水平的显著性检验，其他影响因子在2006—2016年其他作物耕地利用区域分化中均未通过显著性检验，且作用强度值较低，表明该时期其他作物耕地利用区域分化特征不明显，所选因子不能很好地解释其他作物的耕地利用区域分化特征。

（4）2016—2018年粮食作物耕地利用区域分化的因子探测分析

选取2016—2018年研究区耕作期平均气温、耕作期降水量、土壤类型、土壤有机质含量、土壤全氮量、土壤全磷量、土壤全钾量、到城镇中心距离、到主要河流距离、到主要公路距离、海拔高度和行政区要素共12个具有较强解释能力的影响因子作为自变量，计算大豆、玉米、水稻和其他作物的变化量与分析单元耕地总面积的比值作为因变量，通过因子探测模块获得2016—2018年耕地利用区域分化各影响因子的作用强度值，对应地理探测器模型的Q值，Q值越大表示该影响因子对耕地利用区域分化的作用强度越大。通过地理探测器对各影响因子探测分析结果（表4.5），各影响因子对主要粮食作物耕地利用区域分化的解释能力存在一定差异。

表4.5 2016—2018年研究区耕地利用区域分化影响因子探测结果

影响因子	大豆作物	玉米作物	水稻作物	其他作物
土壤类型	0.3478***	0.2780***	0.0811	0.1177
土壤有机质含量	0.1353	0.1143	0.1091	0.0548
土壤全氮量	0.3571***	0.3048**	0.1250	0.2800*
土壤全磷量	0.2500**	0.1655	0.1343	0.0331
土壤全钾量	0.2110*	0.1705	0.1152	0.0173
耕作期平均气温	0.6840***	0.6108***	0.2437*	0.0247
耕作期降水量	0.4805***	0.5478***	0.1261	0.1419
到城镇中心距离	0.0956	0.0419	0.1223	0.4684***
到河流距离	0.3930	0.0731	0.0950	0.2860**
到主要公路距离	0.0699	0.0514	0.1405	0.1016
海拔高度	0.4346***	0.3833***	0.3242**	0.1088
行政区要素	0.5489***	0.6005***	0.0938	0.1517*

注：***、**和*分别表示在1%、5%和10%的水平下通过显著性检验。

①大豆作物。2016—2018 年大豆作物变化的驱动因子作用强度值从大到小排列依次为：2016—2018 年耕作期平均气温（0.6840）、行政区要素（0.5489）、2016—2018 年耕作期降水量（0.4805）、海拔高度（0.4346）、土壤全氮量（0.3571）、土壤类型（0.3478）、土壤全磷量（0.2500）、土壤全钾量（0.2110）、土壤有机质含量（0.1353）、到城镇中心距离（0.0956）、到主要公路距离（0.0699）和到河流距离（0.0393）。结果显示，耕作期平均气温、行政区要素、耕作期降水量、海拔高度、土壤全氮量和土壤类型通过 1% 水平的显著性检验，土壤全磷量通过 5% 水平的显著性检验，土壤全钾量通过 10% 水平的显著性检验，表明该时期大豆作物耕地利用区域分化是由多因子共同作用的结果，且气候要素、土壤要素和行政区政策要素都起到较强的影响作用，大豆作物在这个时期的空间分布更多受到自然因素的驱动。

②玉米作物。2016—2018 年玉米作物变化的驱动因子作用强度值从大到小排列依次为：2016—2018 年耕作期平均气温（0.6108）、行政区要素（0.6005）、2016—2018 年耕作期降水量（0.5478）、海拔高度（0.3833）、土壤全氮量（0.3047）、土壤类型（0.2780）、土壤全钾量（0.1705）、土壤全磷量（0.1655）、土壤有机质含量（0.1143）、到河流距离（0.0731）、到主要公路距离（0.0514）和到城镇中心距离（0.0419）。结果显示，耕作期平均气温、耕作期降水量、行政区要素、海拔高度和土壤类型均通过 1% 水平的显著性检验，土壤全氮量通过 5% 水平的显著性检验，表明该时期行政区政策调节和耕作期气候因素对玉米作物耕地利用区域分化起到主导作用，土壤要素和海拔高度也对玉米作物耕地利用区域分化起到一定作用，其余距离因子对玉米作物耕地利用区域分化的影响较弱。

③水稻作物。2016—2018 年水稻作物变化的驱动因子作用强度值从大到小排列依次为：海拔高度（0.3242）、2016—2018 年耕作期平均气温（0.2437）、到主要公路距离（0.1405）、土壤全磷量（0.1343）、2016—2018 年耕作期降水量（0.1261）、土壤全氮量（0.1250）、到城镇中心距离（0.1223）、土壤全钾量（0.1152）、土壤有机质含量（0.1091）、到河流距离（0.0950）、行政区要素（0.0938）和土壤类型（0.0811）。结果显示，海拔高度通过 5% 水平的显著性检验，耕作期平均气温通过 10% 水平的显著性检验，其他影响因子没有通过显著性检验，表明此时期水稻作物变化较小，各影响因素对水稻作物耕地利用区域分化的影响较弱。

④其他作物。2016—2018 年大豆作物变化的驱动因子作用强度值从大到小排列依次为：到城镇中心距离（0.4684）、到河流距离（0.2860）、土壤全氮量（0.2800）、行政区要素（0.1518）、2016—2018 年耕作期降水量（0.1419）、土壤类型（0.1177）、海拔高度（0.1088）、到主要公路距离

(0.1016)、土壤有机质含量（0.0548）、土壤全磷量（0.0331）、2016—2018年耕作期平均气温（0.0247）和土壤全钾量（0.0173）。结果显示，到城镇中心距离通过1%水平的显著性检验，到河流距离和行政区要素通过5%水平的显著性检验，土壤全氮量通过10%水平的显著性检验，表明该时期其他作物的种植数量较小，其他作物的耕地利用区域分化主要发生在城镇周边地区，到城镇中心距离是对其最具解释力的影响因子，同时其他影响因子也在一定程度上影响着其他作物耕地利用的区域分化。

4.2.3 双因子交互对耕地利用区域分化的影响

（1）1988—1996年粮食作物耕地利用区域分化的交互作用分析

1988—1996年地理探测器中因子交互作用强度（图4.6）可进一步分析各项影响要素的解释力，研究发现，除1988—1996年水稻作物耕地利用面积很少且影响因子未通过显著性检验以外，在多数情况下大豆作物、玉米作物和其他作物因子对区域分化程度呈现协同增强的作用，交互影响类型以非线性增强和双因子增强为主。

从数值角度分析，大豆作物耕地利用区域分化影响因子的交互作用结果中，因子交互作用结果都是非线性增强和双因子增强，其中1988—1996年耕作期平均气温与土壤全氮量的交互影响最大，交互作用Q值是0.6106，交互作用类型为非线性增强（图4.6a）。玉米作物耕地利用区域分化影响因子的交互作用结果中，土壤有机质含量和土壤全磷量及土壤全氮量和土壤全钾量的交互作用结果是单因子非线性减弱，其他因子交互作用结果都是非线性增强和双因子增强，其中1988—1996年耕作期平均气温与1988—1996年耕作期降水量的交互影响最大，交互作用Q值是0.6503，交互类型为非线性增强（图4.6b）。其他作物耕地利用区域分化影响因子的交互作用结果中，土壤全氮量和土壤全钾量的交互作用结果是单因子非线性减弱，其他因子交互作用结果都是非线性增强和双因子增强，其中1988—1996年耕作期平均气温与1988—1996年耕作期降水量的交互影响最大，交互作用Q值是0.7078，交互类型为非线性增强（图4.6c）。

（2）1996—2006年粮食作物耕地利用区域分化的交互作用分析

1996—2006年地理探测器中因子交互作用强度（图4.7）可进一步分析各项影响要素的解释力，研究发现除1996—2006年其他作物耕地利用影响因子未通过显著性检验以外，在多数情况下大豆作物、玉米作物和水稻作物因子对区域分化呈现协同增强的作用，交互影响类型以非线性增强和双因子增强为主。

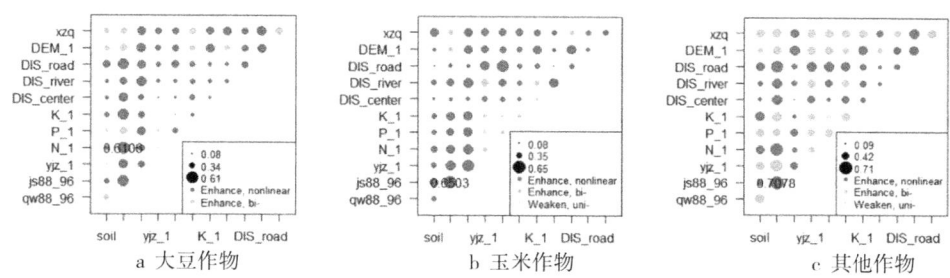

a 大豆作物　　　　　b 玉米作物　　　　　c 其他作物

xzq=行政区要素；DEM_1=海拔高度；DIS_road=到主要公路距离；DIS_river=到河流距离；DIS_center=到城镇中心距离；K_1=土壤全钾量；P_1=土壤全磷量；N_1=土壤全氮量；yjz_1=土壤有机质含量；js88_96=1988—1996年耕作期降水量；qw88_96=1988—1996年耕作期平均气温

图 4.6　1988—1996 年不同作物影响因子交互探测结果

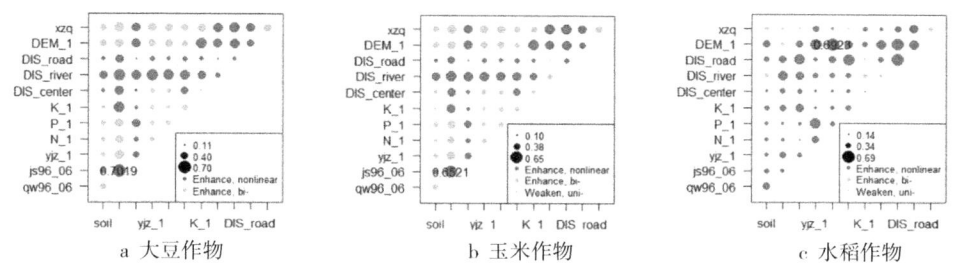

a 大豆作物　　　　　b 玉米作物　　　　　c 水稻作物

xzq=行政区要素；DEM_1=海拔高度；DIS_road=到主要公路距离；DIS_river=到河流距离；DIS_center=到城镇中心距离；K_1=土壤全钾量；P_1=土壤全磷量；N_1=土壤全氮量；yjz_1=土壤有机质含量；js96_06=1996—2006年耕作期降水量；qw96_06=1996—2006年耕作期平均气温

图 4.7　1996—2006 年不同作物影响因子交互探测结果

从数值角度分析，大豆作物耕地利用区域分化影响因子的交互作用结果中，因子交互作用结果都是非线性增强和双因子增强，其中 1996—2006 年耕作期平均气温与 1996—2006 年耕作期降水量的交互影响最大，交互作用 Q 值是 0.7019，交互作用类型为非线性增强（图 4.7a）。玉米作物耕地利用区域分化影响因子的交互作用结果中，到城镇中心距离和到河流距离的交互作用结果为单因子减弱，其余影响因子交互作用结果都是非线性增强和双因子增强，其中 1996—2006 年耕作期平均气温与 1996—2006 年耕作期降水量的交互影响最大，交互作用 Q 值是 0.6521，交互类型为非线性增强（图 4.7b）。水稻作物耕地利用区域分化影响因子的交互作用结果中，土壤全钾量和到主要公路距离及到城镇中心距离和到河流距离的因子交互结果为单因子减弱，其他因子交互作用结果均为非线性增强和双因子增强，其中土壤全氮量和海拔高度的交互影响最大，交互作用 Q 值是 0.6923，交互类型为非线性增强（图 4.7c）。

(3) 2006—2016 年粮食作物耕地利用区域分化的交互作用分析

2006—2016 年地理探测器中因子交互作用强度（图 4.8）可进一步分析各项影响要素的解释力，研究发现 1996—2006 年研究区粮食作物耕地利用影响因子之间交互作用结果大多数呈现协同增强的作用，交互影响类型以非线性增强和双因子增强为主，仅有少量影响因子交互作用结果对耕地利用区域分化产生单因子减弱作用，包括土壤全氮量和土壤全钾量对 2006—2016 年玉米作物耕地利用区域分化的交互作用、到城镇中心距离和到河流距离对 2006—2016 年水稻作物耕地利用区域分化的交互作用、2006—2016 年耕作期降水量和到城镇中心距离及土壤有机质含量和到城镇中心距离对其他作物的交互结果呈现单因子减弱作用。

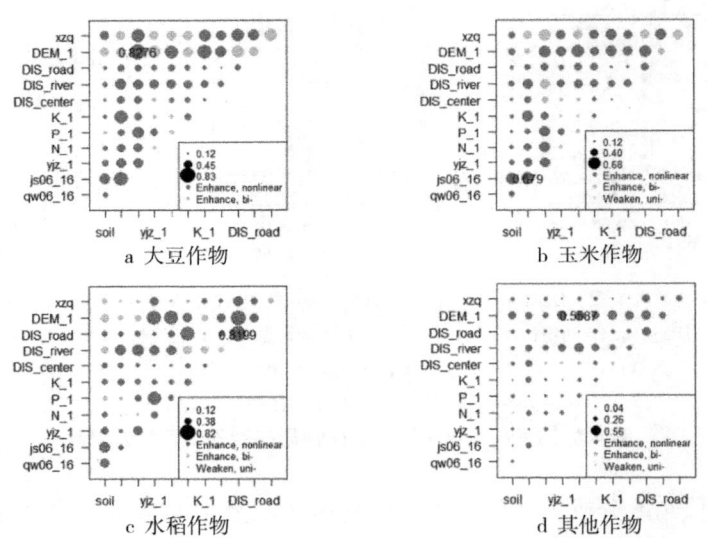

xzq=行政区要素；DEM_1=海拔高度；DIS_road=到主要公路距离；DIS_river=到河流距离；DIS_center=到城镇中心距离；K_1=土壤全钾量；P_1=土壤全磷量；N_1=土壤全氮量；yjz_1=土壤有机质含量；js06_16=2006—2016 年耕作期降水量；qw06_16=2006—2016 年耕作期平均气温

图 4.8　2006—2016 年不同作物影响因子交互探测结果

从数值角度分析，大豆作物耕地利用区域分化影响因子的交互作用结果中，2006—2016 年耕作期降水量和海拔高度的交互影响最大，交互作用 Q 值是 0.8276，交互类型为非线性增强（图 4.8a）。玉米作物耕地利用区域分化影响因子的交互作用结果中，2006—2016 年耕作期平均气温和 2006—2016 年耕作期降水量的交互影响最大，交互作用 Q 值是 0.679，交互类型为非线性增强（图4.8b）。水稻作物耕地利用区域分化影响因子的交互作用结果中，到河流距离和到主要公路距离的交互影响最大，交互作用 Q 值是 0.8199，交互类型为非线性增强（图4.8c）。其他作物耕地利用区域分化影响因子的交互作用结果中，土壤全氮量和海拔高度的交互影响最大，交互作用 Q 值是 0.5587，交互类型为非线性增强（图4.8d）。

（4）2016—2018年粮食作物耕地利用区域分化的交互作用分析

2016—2018年地理探测器中因子交互作用强度（图4.9）可进一步分析各项影响要素的解释力，研究发现2016—2018年研究区大豆作物耕地利用影响因子之间交互作用结果均呈现协同增强的作用，交互影响类型为非线性增强和双因子增强；玉米作物和水稻作物耕地利用影响因子之间交互作用结果大多数呈现协同增强的作用，交互影响类型为非线性增强和双因子增强，仅有少量影响因子交互作用结果对耕地利用区域分化产生单因子减弱作用；其他作物耕地利用影响因子之间交互作用结果以为非线性增强和双因子增强为主，但存在部分影响因子交互作用结果产生单因子减弱作用。

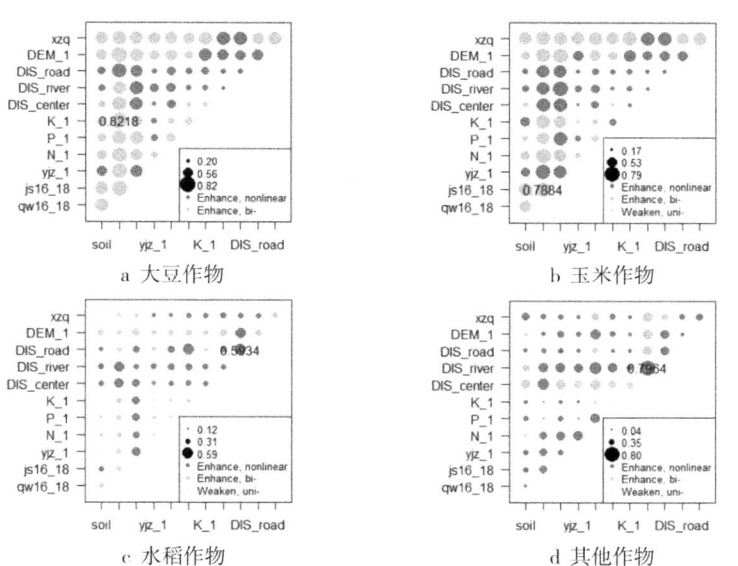

xzq=行政区要素；DEM_1=海拔高度；DIS_road=到主要公路距离；DIS_river=到河流距离；
DIS_center=到城镇中心距离；K_1=土壤全钾量；P_1=土壤全磷量；N_1=土壤全氮量；
yjz_1=土壤有机质含量；js16_18=2016—2018年耕作期降水量；
qw16_18=2016—2018年耕作期平均气温

图4.9 2016—2018年不同作物影响因子交互探测结果

从数值角度分析，大豆作物耕地利用区域分化影响因子的交互作用结果中，2016—2018年耕作期平均气温和土壤全钾量的交互影响最大，交互作用 Q 值是 0.8218，交互类型为双因子增强（图4.9a）。玉米作物耕地利用区域分化影响因子的交互作用结果中,2016—2018 年耕作期平均气温和 2016—2018 年耕作期降水量的交互影响最大,交互作用 Q 值是 0.7884,交互类型为双因子增强(图 4.9b)。水稻作物和其他作物耕地利用区域分化影响因子的交互作用强度与大豆和玉米作物相比较弱,其中,到河流距离和到主要公路距离的交互作用对水稻作物区域分化的影响最大,交互作用 Q 值是 0.5934,交互类型为非线性增强(图 4.9c),到城镇中心距离和到河流距离对其他作物区域分化的交互影响最大,交互作用 Q 值是 0.7964,交互类型为非线性增强(图 4.9d)。

4.3 社会经济要素对粮食作物耕地利用数量分化的驱动机理

4.3.1 计量分析模型构建

为探索农业经济对耕地利用区域分化的影响,本研究通过联合国粮食及农业组织统计司官网(http://www.fao.org/faostat)获取了我国历年粮食价格的年度数据,根据主要粮食作物(大豆、玉米和水稻)耕地利用面积的数据进行相关性动态分析。由于研究初期 1988 年缺少官方粮食价格统计数据,故分析 1996—2018 年的主要粮食作物收购价格与种植面积之间的相关性。考虑到粮食价格对农户种植选择的影响可能存在滞后性,因此将主要粮食作物前一年价格与当年价格均列入分析范畴。

本研究在 SPSS 21.0 统计分析软件的支持下,运用相关性分析的方法,识别粮食价格与主要粮食作物耕地数量分化的密切程度,揭示粮食价格与大豆、玉米和水稻作物种植数量分化之间的相关性规律,进而科学分析社会经济要素对粮食作物耕地利用数量分化的驱动机理。计算公式如下:

$$r = \frac{\sigma_{xy}^2}{\sigma_x \sigma_y} = \frac{\sum (x - \bar{x})(y - \bar{y})}{\sqrt{\sum (x - \bar{x})^2} \sqrt{\sum (y - \bar{y})^2}}, \quad (4.4)$$

其中,r 为相关系数;x 为自变量,即为典型年份或典型年份前一年的粮食价格;y 为因变量,即为典型年份各种粮食作物的耕地利用面积;σ_{xy}^2 为自变量数列和因变量数列的协方差;σ_x 为自变量数列的标准差;σ_y 为因变量数列的标准差。

4.3.2 大豆作物数量变化机理

大豆作物的种植面积与大豆价格之间没有显著相关性(图 4.10),大豆作物与当年价格和前一年价格均呈现负相关,但显著性较低,2006—2016 年大豆价格稳中有升，而大豆作物种植面积却持续下降，表明大豆作物种植面积变化对价格不敏感。出现这种现象，说明是政府农业政策对大豆市场强有力支持的结果，通过农业补贴调控大豆作物种植规模，导致农民在耕地利用决策时不完全依赖于市场价格。

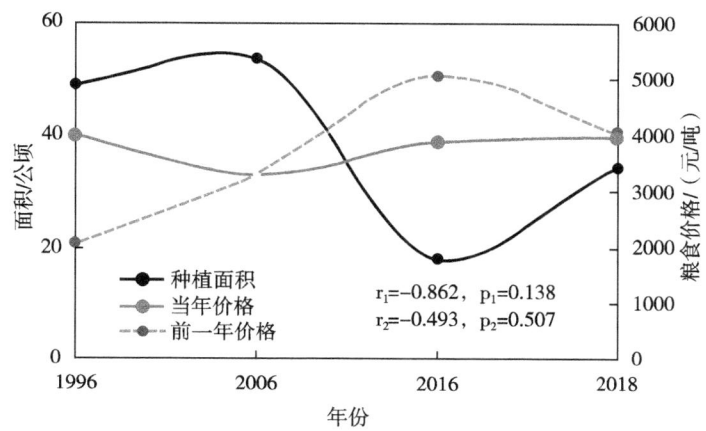

图 4.10 大豆作物种植面积与价格变化

4.3.3 玉米作物数量变化机理

相关性分析结果显示，研究区玉米作物种植面积与前一年玉米作物价格的相关性具有统计学意义（$p<0.05$），而当年玉米作物价格与玉米作物种植面积不具有明显相关性。如图 4.11 所示，前一年玉米价格可以较好地解释研究区玉米作物的耕地利用区域分化（$r=0.962$，$p=0.038$），这表明农民决定种植玉米的部分原因是前一年玉米作物的市场价格，2015 年玉米收购价格上涨后，2016 年的水稻种植面积大幅度增加，2017 年玉米收购价格回落也与 2018 年玉米种植面积减少的趋势一致（图 4.11）。

4.3.4 水稻作物数量变化机理

水稻作物作为研究区另一种主要粮食作物，种植面积与前一年水稻粮食价格具有一定的相关性（$r=0.840$，$p=0.160$），与当年价格相关性较弱（图 4.12），说明水稻作物的种植面积在一定程度上受到粮食价格的影响，但不完全取决于粮食价格，因为水稻作物种植需要对耕地实施旱改水工程，投入成本较大，耕地利用可逆性小，且水稻作物受水源、地势等自然环境影响较大。

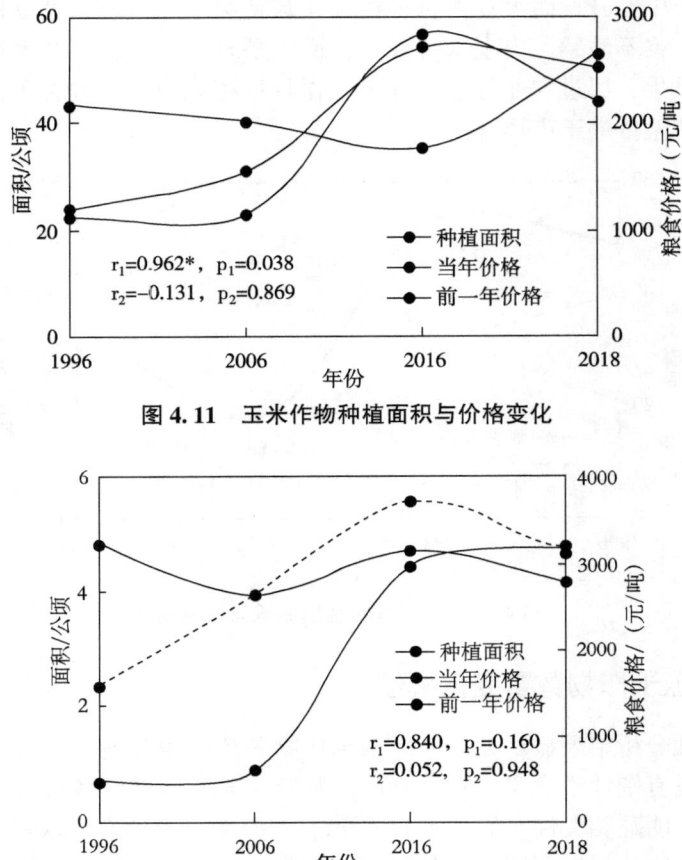

图 4.11 玉米作物种植面积与价格变化

图 4.12 水稻作物种植面积与价格变化

4.4 自然要素对粮食作物耕地利用区域分化的驱动机理

4.4.1 地理加权回归模型构建

地理加权回归模型（Geographically Weighted Regression，简称 GWR 模型）是一种考虑空间非平稳性的局部回归模型，相较于传统回归方法，能反映变量之间的空间变化关系，可以更好地描述地理要素的空间差异性。地理加权回归方法将空间结构嵌入回归模型，测算得出的回归系数是空间位置的函数，可以更好地分析耕地利用区域分化的驱动机理。因此，本研究运用 GWR 模型从不同自然要素作用的空间差异剖析研究区耕地利用区域分化驱动机理，进而定量化表达各影响因子在不同地理位置对耕地作物种植类型变化的作用方向和强度,分析不同变量对耕地利用空间差异的影响程度。

GWR 模型是对 OLS 回归分析的空间扩展,模型允许回归参数随着空间地理位置变化而发生改变,扩展为局部而非全局的参数估计。本研究利用 ArcGIS 10.2 软件的 GWR 工具,分析预测研究区耕地利用区域分化影响因素的空间分异,以求更具体地反映影响因子在不同空间上对耕地种植类型变化的影响作用大小。其公式如下:

$$y_i = \beta_0(u_i, v_i) + \sum_{k=1}^{p} \beta_k(u_i, v_i)x_{ik} + \varepsilon_i, \quad i=1, 2, \cdots, n, \quad (4.5)$$

其中,y_i 为 (u_i, v_i) 第 i 个样本的坐标;$\beta_k(u_i, v_i)$ 是第 i 个样本上的第 k 个回归参数,是地理位置的函数;ε_i 是第 i 个样本空间单元服从均值 0 的独立正态分布的误差;$\beta_0(u_i, v_i)$ 代表样本 k 的常数项;p 代表样本总数;x_{ik} 代表样本 k 的第 i 个解释变量。本研究中模型核函数选择为调整型高斯核函数,利用 AICc 准则检验模型精度。

GWR 模型中不同自变量的回归系数可以反映该自变量对因变量的解释能力,并将显著性因子的回归系数进行空间可视化表达,能够更直观地反映各关键性因子作用的空间差异特征。本研究引入 GWR 模型进一步分析耕地利用区域分化影响因子的空间差异,探究具有较强解释力因子的作用方向和强度在不同分析单元的空间异质性特征。

本研究用各种作物在每个时段内发生变化的耕地面积占分析单元的比重来表征研究区粮食作物耕地利用区域分化强度,分别以 4 个时段大豆、玉米、水稻和其他粮食作物的耕地利用区域分化强度作为因变量,将土壤、地形、气候、距离等因素作为自变量,构建 GWR 模型进行分析。具体操作步骤如下:第一,将研究期划分为 1988—1996 年、1996—2006 年、2006—2016 年和 2016—2018 年 4 个时段,分别统计每个时段大豆、玉米、水稻和其他作物在分析单元内的分异占比;第二,检验关键性影响因子的局部多重共线性,筛选可靠并具有独立解释能力的显著性影响因子,将影响因子分区统计到分析单元内;第三,以每个时段耕地作物区域分化强度作为因变量,以土壤类型、土壤有机质含量、海拔高度、研究时段内耕作期平均气温、到城镇中心距离、到主要公路距离和到河流距离作为自变量,选择 Fixed 高斯函数作为空间权函数,选择 AICc 作为带宽确定准则,进行 GWR 分析。

应用 GWR 模型对 1988—2018 年 4 个时段的大豆、玉米、水稻和其他作物耕地利用分异强度的各因子空间分异参数进行测算,运用 Jenks 自然最佳断点分级法对自变量回归系数进行可视化表达。模型通过多重共线性诊断,各自变量具有空间非平稳性,影响因子的空间变异程度及呈现的空间作用表现出一定的规律性特征。模型运行结果显示，大豆、玉米、水稻和其他作物在1988—1996年、1996—2006年、2006—2016年和2016—2018年的模型校正R^2值有所差异（表4.6）。

表 4.6　本研究 GWR 模型校正 R^2 值

年份	大豆	玉米	水稻	其他作物
1988—1996 年	0.377	0.661	0.298	0.590
1996—2006 年	0.505	0.406	0.291	0.183
2006—2016 年	0.550	0.536	0.357	0.303
2016—2018 年	0.788	0.712	0.440	0.326

4.4.2　土壤因子对耕地利用区域分化的驱动机理

土壤有机质为植物生长提供其所必需的碳、氮、磷、钾等营养元素，在因子筛选过程中，土壤全氮量、土壤全磷量、土壤全钾量与土壤有机质含量存在多重共线性，因此仅保留具有更好解释能力的土壤有机质含量作为影响因子。土壤有机质含量数据来源于国家科技基础条件平台的国家地球系统科学数据中心土壤分中心，统计每个分析单元的耕地土壤有机质平均值，作为耕地利用空间分异的影响因子。

（1）土壤因子对大豆作物空间分异的驱动机理

从1988—1996年、1996—2006年、2006—2016年和2016—2018年大豆作物空间分异的土壤因子回归系数在空间上的分布来看（图4.13），各时段回归系数在空间上差异明显。

从回归系数上看，土壤有机质含量在1988—1996年均为负值，说明土壤有机质含量与该时期大豆作物分异强度呈负相关关系，其影响程度在1988—1996年和1996—2006年由西北向东南逐渐降低，表明土壤有机质含量低的区域，更多用来种植大豆作物，同样也会导致大豆产量的降低；2006—2016年和2016—2018年回归系数在空间上呈现东西方向逆向变化，这期间大豆作物的空间分异强度受土壤有机质含量的影响不稳定，不具有一般性显著规律，表明大豆作物在研究前期受到自然条件影响较大，近年来受到农业政策宏观调控作用，土壤因子对其空间分异的驱动作用有所减弱。

（2）土壤因子对玉米作物空间分异的驱动机理

从1988—1996年、1996—2006年、2006—2016年和2016—2018年玉米作物空间分异的土壤因子回归系数在空间上的分布具有明显差异特征（图4.14）。

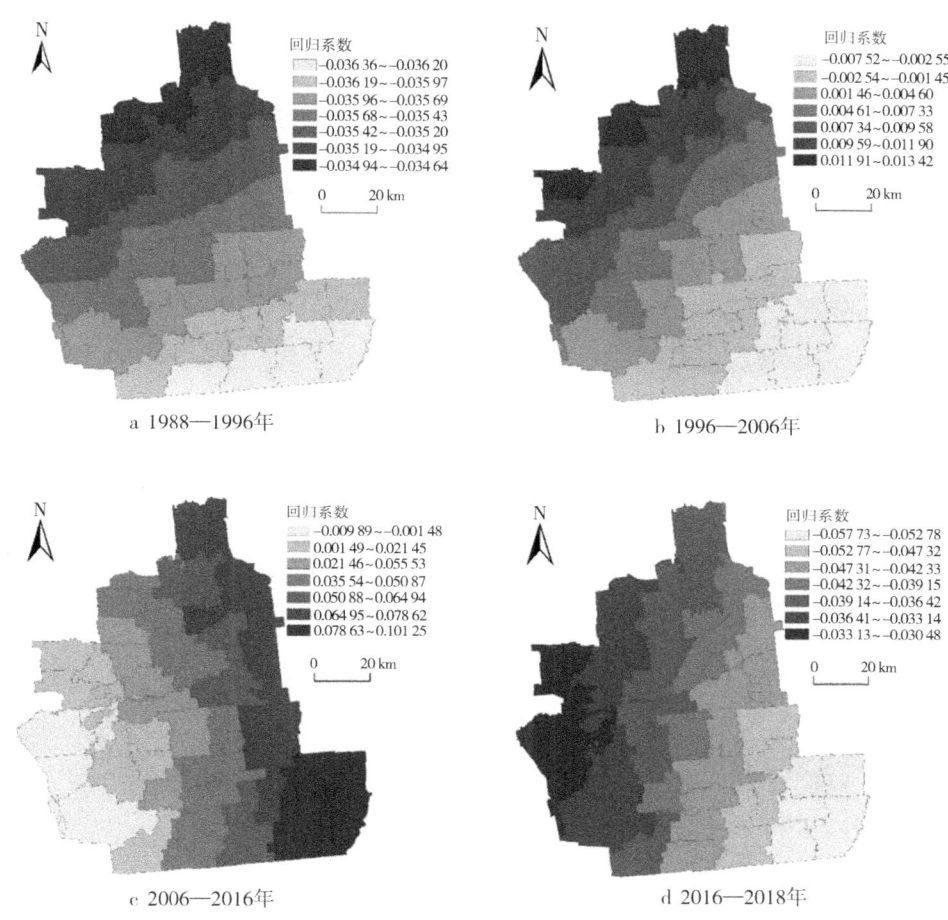

图 4.13 土壤有机质含量对大豆作物空间分异的影响

1988—1996 年和 1996—2006 年土壤有机质含量对玉米作物种植空间分异强度影响的回归系数均为正值,且空间异质性较强,分析回归系数的空间分布特征,可以看出克山县北部和拜泉县东南部土壤有机质含量对玉米作物空间分异的影响较大,依安县境内土壤有机质含量对玉米作物种植分化强度的影响较弱,说明依安县玉米种植范围较广,受土壤有机质含量的影响较小。2006—2016 年和 2016—2018 年土壤有机质含量的回归系数呈现出东西方向的变化规律,2006—2016 年回归系数值由负值逐渐转为正值(-0.113814~0.020902),2016—2018 年回归系数值一直为正(0.038049~0.038208),其中依安县 10 个分析单元回归系数为正值,说明依安县玉米作物种植变化强度与土壤有机质含量呈正相关关系,土壤有机质含量高的地方玉米作物的种植面积较大。

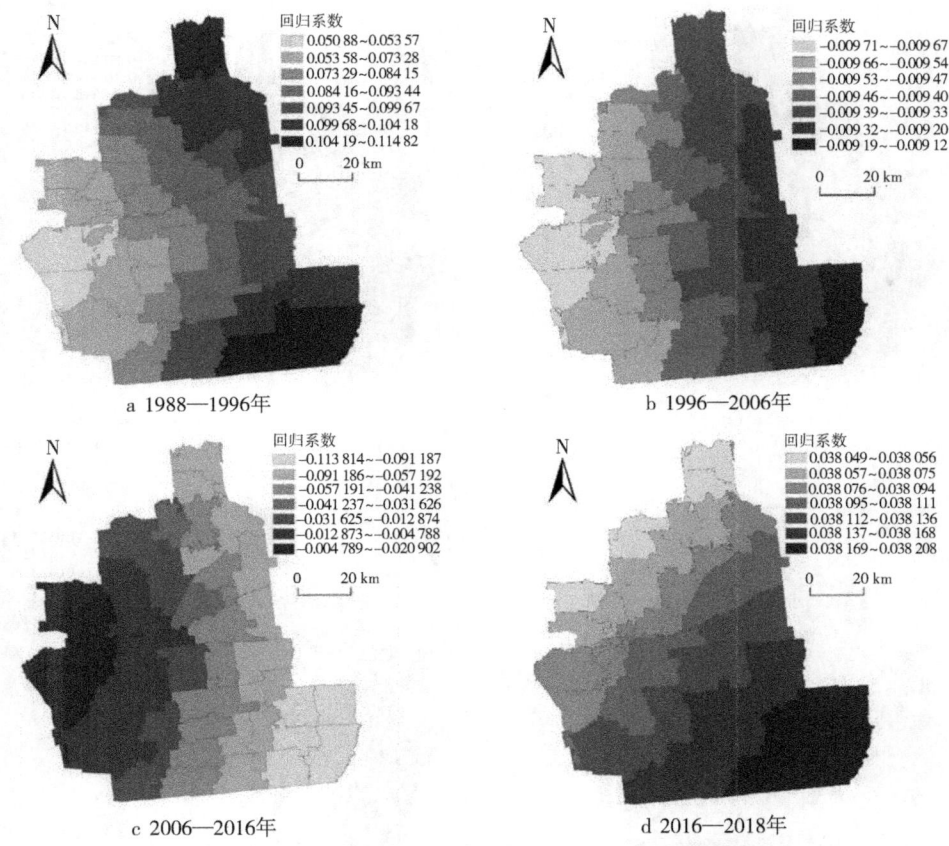

图 4.14 土壤有机质含量对玉米作物空间分异的影响

(3) 土壤因子对水稻作物空间分异的驱动机理

研究初期水稻种植数量很少,集中分布在拜泉县三道镇水库南侧,1996年水稻种植数量出现小幅度增加,但整体种植比例较低。从土壤因子对1988—1996年、1996—2006年、2006—2016年和2016—2018年水稻作物空间分异强度的回归系数在空间上的分布来看,各影响因子回归系数在空间上存在一定的差异,不过回归系数值都比较低,说明这期间自然因素对水稻种植空间分异没有产生直接影响。从土壤因子对研究区水稻作物空间分异驱动作用的空间差异来看,研究期间土壤因子对水稻作物空间分异的影响作用大小排序依次是:2006—2016年、1996—2006年、2016—2018年和1988—1996年。分析结果表明,土壤有机质含量对水稻作物空间分异有一定影响,但影响程度不高,可能存在原因有两点:第一,第一阶段和第四阶段水稻作物区域分化比例较小,导致地理加权回归分析结果不显著;第二,此期间水稻作物种植分化的形成不完全依赖于自然要素。

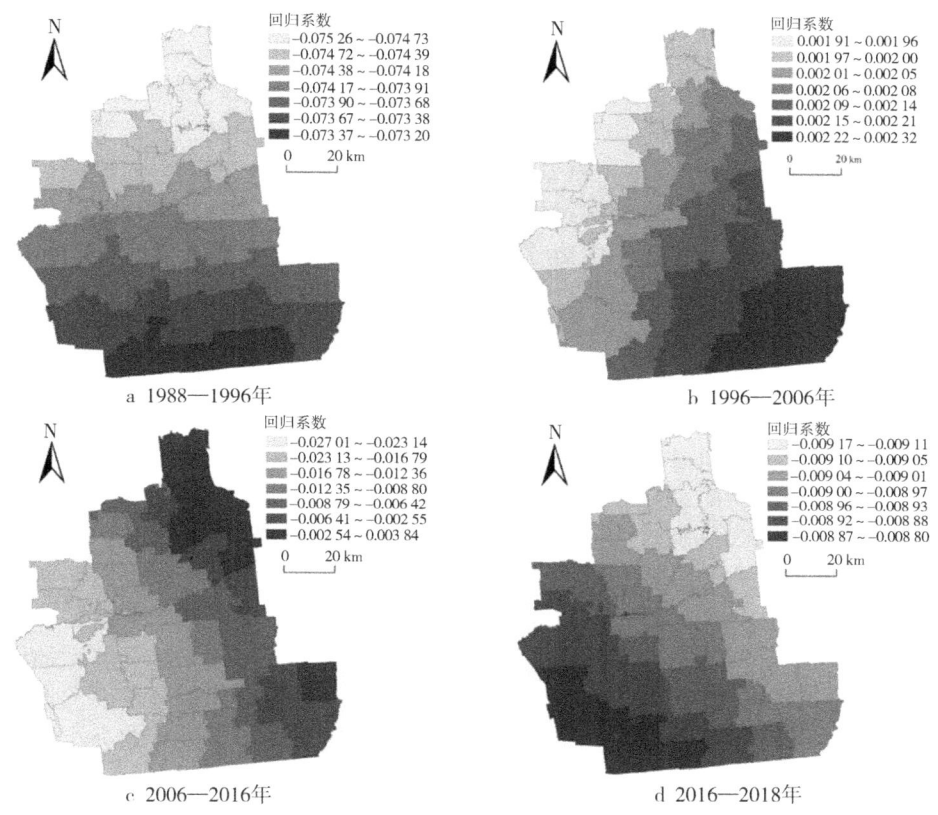

图 4.15 土壤有机质含量对其他作物空间分异的影响

（4）土壤因子对其他作物空间分异的驱动机理

从 1988—1996 年、1996—2006 年、2006—2016 年和 2016—2018 年其他作物空间分异强度的土壤因子回归系数在空间上的分布来看（图 4.15），各时段回归系数在空间上差异明显。从回归系数值来看，对其他作物种植变化影响最大的是 1988—1996 年，即回归系数绝对值最大。该时期回归系数均为负值，说明土壤有机质含量与其他作物空间分异强度呈负相关。同时，1996 年，黑龙江省的春小麦退出保护价，由于品种原因市场竞争力不强，研究区以春小麦为主的其他作物种植面积大范围缩减，更多地被经济收益更高的大豆和玉米作物所取代，所以 1988—1996 年其他作物的空间分异特征明显。从土壤因子作用的空间维度来看，土壤有机质含量对其他作物空间分异强度的影响程度整体上呈现东南高西北低的趋势。

4.4.3 气候因子对耕地利用区域分化的驱动机理

本研究气候因子主要选取与粮食作物生长密切相关的气温和降水两个因

子，其中，耕作期平均气温影响因子选取为1988—1996年、1996—2006年、2006—2016年和2016—2018年4个时段，每个时段涉及所有年份5—9月气温的平均值，耕作期降水量影响因子选取4个时段中5—9月耕作期降水总量的均值，对辐射研究区的10个气候站点数据进行空间插值处理，统计分析并赋值到研究单元。运用GWR模型进行粮食作物耕地利用空间分异机理分析之前，要对气候因子进行多重共线性检验。根据检验结果，确定耕作期平均气温通过对大豆、水稻和其他作物的耕地利用空间分异的多重共线性检验，耕作期降水量通过对玉米作物耕地利用空间分异的多重共线性检验。

(1) 气候因子对大豆作物空间分异的驱动机理

从气候因子对1988—1996年、1996—2006年、2006—2016年和2016—2018年大豆作物空间分异回归系数的空间分布来看（图4.16），各时段回归系数在空间上差异明显。耕作期平均气温对大豆作物种植变化强度影响的空间变异特征。从回归系数的空间分布来看，1988—1996年和2016—2018年耕作期平均气温与大豆作物种植变化强度呈负相关关系。其他时段呈正相关关系。总体上，平均气温高的地方大豆种植数量在减少，影响程度由南向北梯度变化。其中，1996—2006年研究区耕作期平均气温最低值位于克山县北兴镇（17.66℃），最高值位于依安县红旗种马场（18.98℃），有8个单元的耕作期平均气温的回归系数为负，表现为负相关关系，其余分析单元回归系数均为正，表现为正相关关系。2006—2016年，耕作期平均气温与大豆作物种植变化强度的关系以正相关为主，最北端的克山县北兴镇11a间耕作期平均气温18.01℃，而西南部依安县红旗种马场耕作期平均气温19.02℃。研究表明，一般大豆作物亩产较低，更倾向于被种植在气温较低的北部冷凉区，气候条件较好的区域则被用来种植产量高且可以带来更多经济效益的玉米等作物，而大豆作物种植面积大幅度减少。

(2) 气候因子对玉米作物空间分异的驱动机理

从1988—1996年、1996—2006年、2006—2016年和2016—2018年玉米作物空间分异的气候因子回归系数在空间上的分布来看（图4.17），各时段回归系数在空间上差异明显。耕作期降水量对玉米作物空间分异强度的回归系数，在1996—2006年和2006—2016年回归系数值均为正，表明该时期玉米作物空间分异强度大，种植面积在持续增加；1988—1996年和2016—2018年回归系数值均为负，表明该时期玉米作物空间分异强度值同为负，即玉米种植面积在减少。从回归系数的分布格局来看，总体上玉米作物耕地利用空间分异系数随耕作期降水量同向增长，降水量大的地区，玉米作物种植面积增加较大。

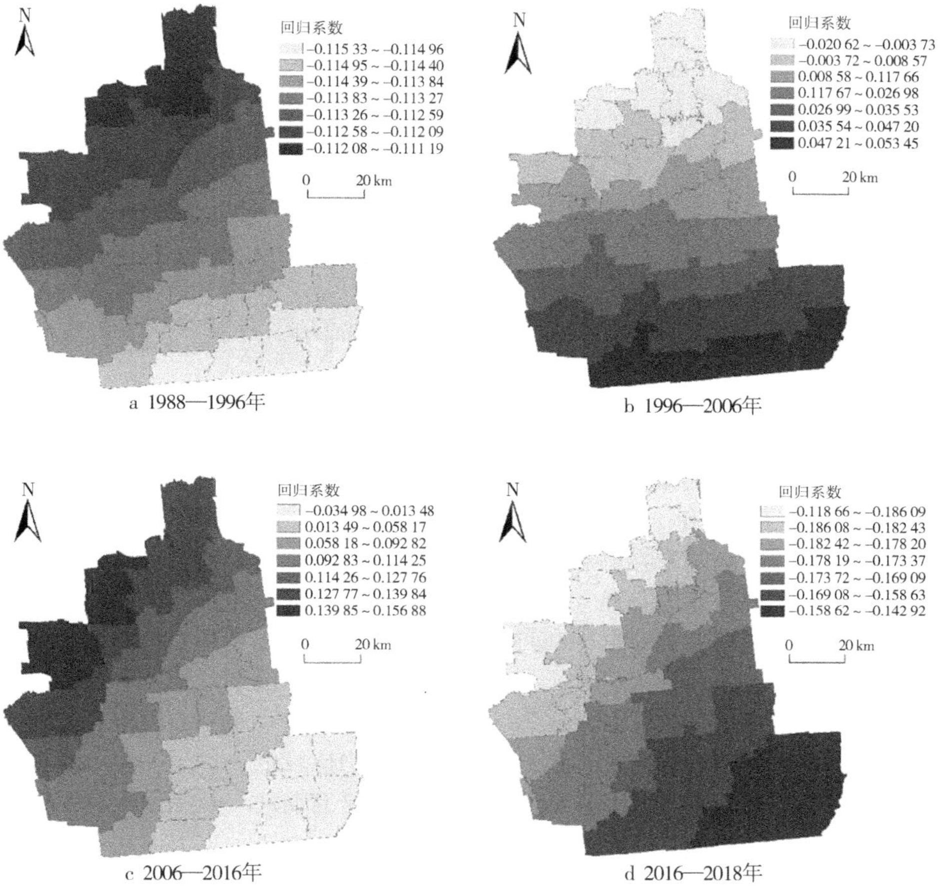

图 4.16 耕作期平均气温对大豆作物空间分异的影响

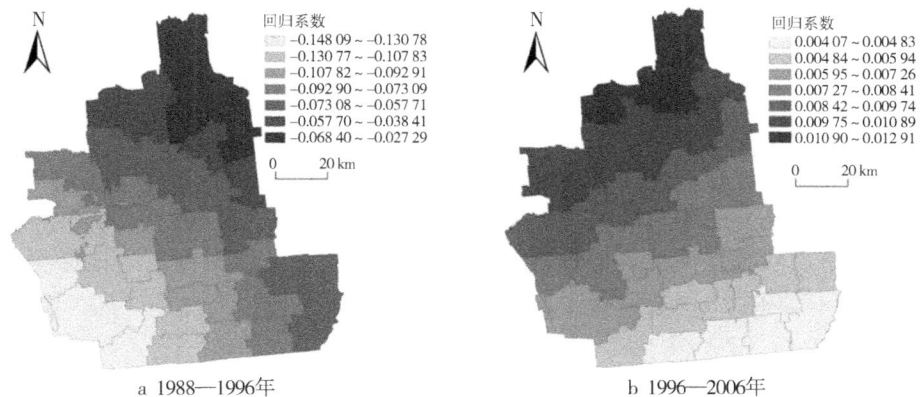

图 4.17 耕作期降水量对玉米作物空间分异的影响

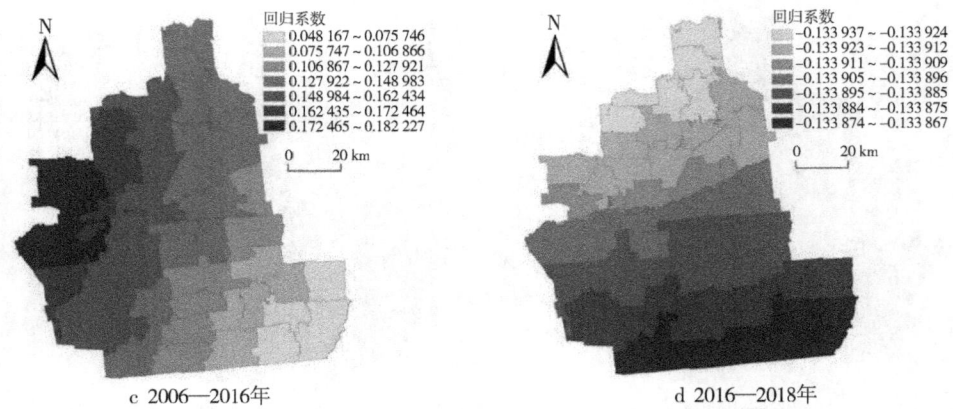

c 2006—2016年　　　　　　　　　　　d 2016—2018年
图 4.17　耕作期降水量对玉米作物空间分异的影响（续）

（3）气候因子对水稻作物空间分异的驱动机理

从 1988—1996 年、1996—2006 年、2006—2016 年和 2016—2018 年气候因子对水稻作物空间分异驱动作用的回归系数空间分布来看，各时段回归系数在空间上存在一定的差异，但回归系数值都比较低。1988—1996 年研究区水稻种植面积较少，主要集中在拜泉县西南部，与耕作期平均气温呈正相关关系；1996—2006 年研究区水稻种植面积有所增加，但增加水稻作物基本沿河流分布，耕作期平均气温对其影响的回归系数为负；2006—2016 年水稻种植数量出现一定幅度的增加，但总体种植比例仍比较低；2016—2018 年水稻种植数量基本保持稳定，变化幅度较小，说明研究期间气候因子对水稻作物区域分化特征产生的直接影响较小。

（4）气候因子对其他作物区域分化的驱动机理

从气候因子对 1988—1996 年、1996—2006 年、2006—2016 年和 2016—2018 年共 4 个时段其他作物空间分异影响的回归系数空间分布来看（图 4.18），1988—1996 年耕作期平均气温对其他作物种植空间分异驱动作用的回归系数均为正值，且空间异质性最强，可能存在原因有两点：第一，1988—1996 年，研究区以小麦为主的其他作物种植面积较大，而 1996 年以后其他作物种植的数量处于减少过程；第二，耕作期平均气温对其他作物空间分异的影响程度从东南至西北方向逐渐递减，研究区南部耕作期平均气温较高，其他作物种植变化强度较大，温度高的地区适宜多种作物种植，作物种植的选择更多，作物种植结构调整较为频繁。

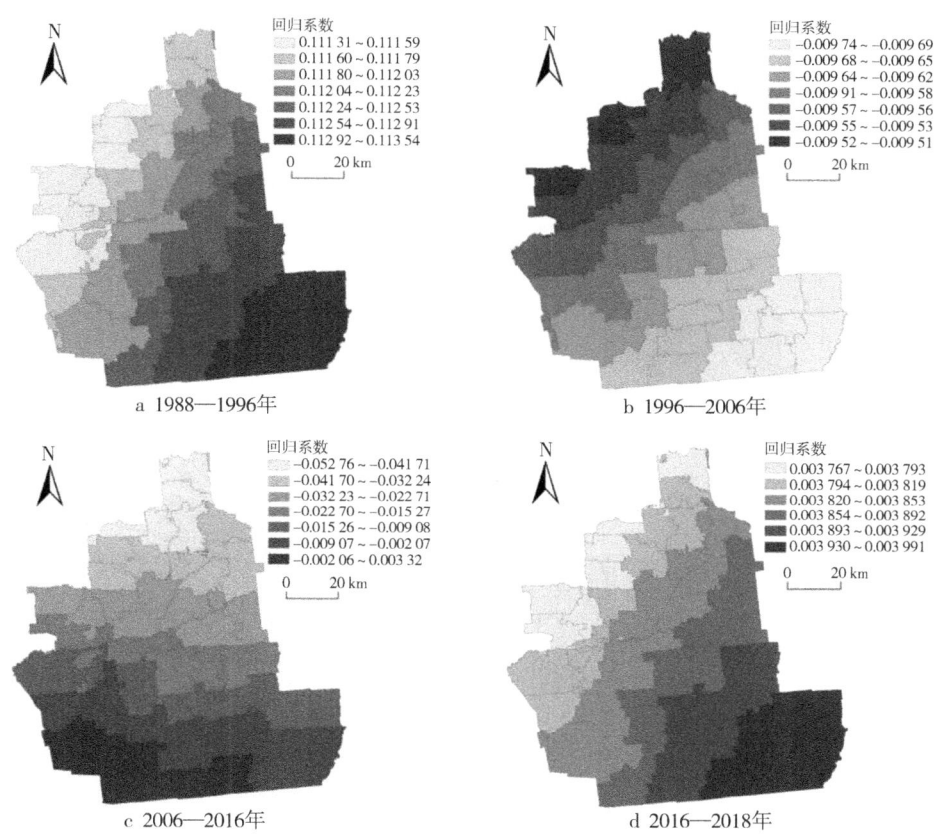

图 4.18 耕作期平均气温对其他作物空间分异的影响

4.4.4 地形因子对耕地利用区域分化的驱动机理

应用 GWR 模型，探究地形因子对 1988—1996 年、1996—2006 年、2006—2016 年和 2016—2018 年乡镇行政单元大豆、玉米、水稻和其他作物空间分异强度的空间分异参数，运用 Jenks 自然最佳断点分级法对自变量回归系数进行可视化表达。其中，海拔高度通过对大豆、水稻和其他作物的耕地利用空间分异的多重共线性检验，确定海拔高度为对粮食作物耕地利用空间分异主要驱动的地形因子。研究区所处的松嫩平原北部属丘陵漫岗区，北部平均海拔高于南部地区，东部平均海拔高于西部地区，本节分析中海拔高度是指分析单元内耕地的平均海拔高度。

（1）地形因子对大豆作物空间分异的驱动机理

从地形因子对 1988—1996 年、1996—2006 年、2006—2016 年和 2016—2018 年大豆作物耕地利用空间分异回归系数在空间上的分布来看（图 4.19），海拔高度对各个时段耕地利用空间分异影响的回归系数在空间上存在一定差异。从地形因子对研究区大豆作物空间分异驱动作用的空间差异来看,研究期间地形因子对大豆作物空间分异的影响作用大小排序依次是:2006—2016年、1996—2006 年、2016—2018 年和 1988—1996 年。从回归系数可知,1988—1996 年和 2006—2016 年两个时段海拔高度对该时期大豆作物空间分异的影响为正相关,其余两个时段为负相关,表明大豆作物不易受海拔高度的限制,研究区北部克山县平均海拔高度较高,所以大豆种植比例较高。

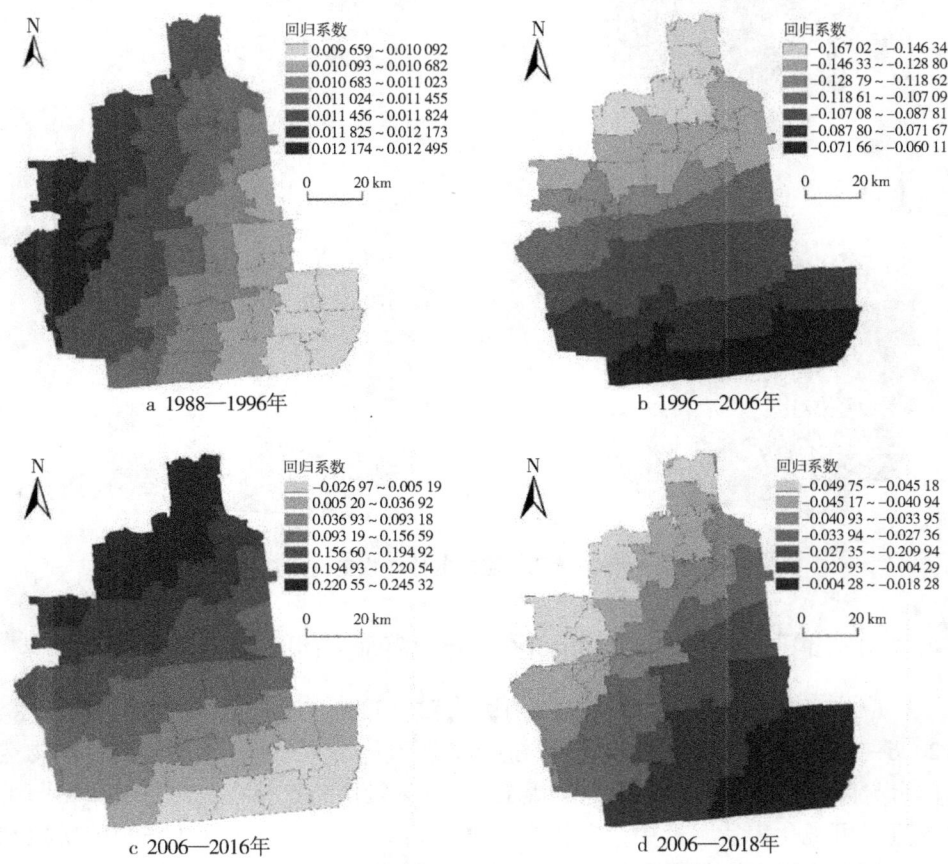

图 4.19 海拔高度对大豆作物空间分异的影响

(2)地形因子对玉米作物空间分异的驱动机理

从地形因子对 1988—1996 年、1996—2006 年、2006—2016 年和 2016—2018 年玉米作物空间分异的回归系数空间分布来看(图 4.20),各时段回归系数在空间上有一定差异。从回归系数来看,海拔高度对玉米作物空间分异强度的影响作用大小排序依次是:1996—2006 年、2006—2016 年、2016—

2018年和1988—1996年。1988—1996年，海拔高度对玉米作物空间分异的影响从中部逐渐向南北两端减弱，其中回归系数最高的兴农镇位于拜泉县境内；1996—2006年，海拔高度对玉米作物空间分异强度的回归系数均为正值（0.112 50~0.123 24），从回归系数的分布格局来看，由东南向西北小幅度增加；2006—2016年，海拔高度对玉米作物空间分异强度的回归系数由负转正（-0.122 816~0.024 563），总体上呈现出由北向南递增的趋势；2016—2018年，海拔高度对玉米作物空间分异强度的回归系数均为负值，总体上呈现出由东南向西北递增的趋势，在研究区西北部形成高值集聚区，表明海拔高度指数大的区域农业生产成本较高，这些区域更多种植产量较低的作物，所以海拔高度指数越高，玉米作物空间上分布就越少。

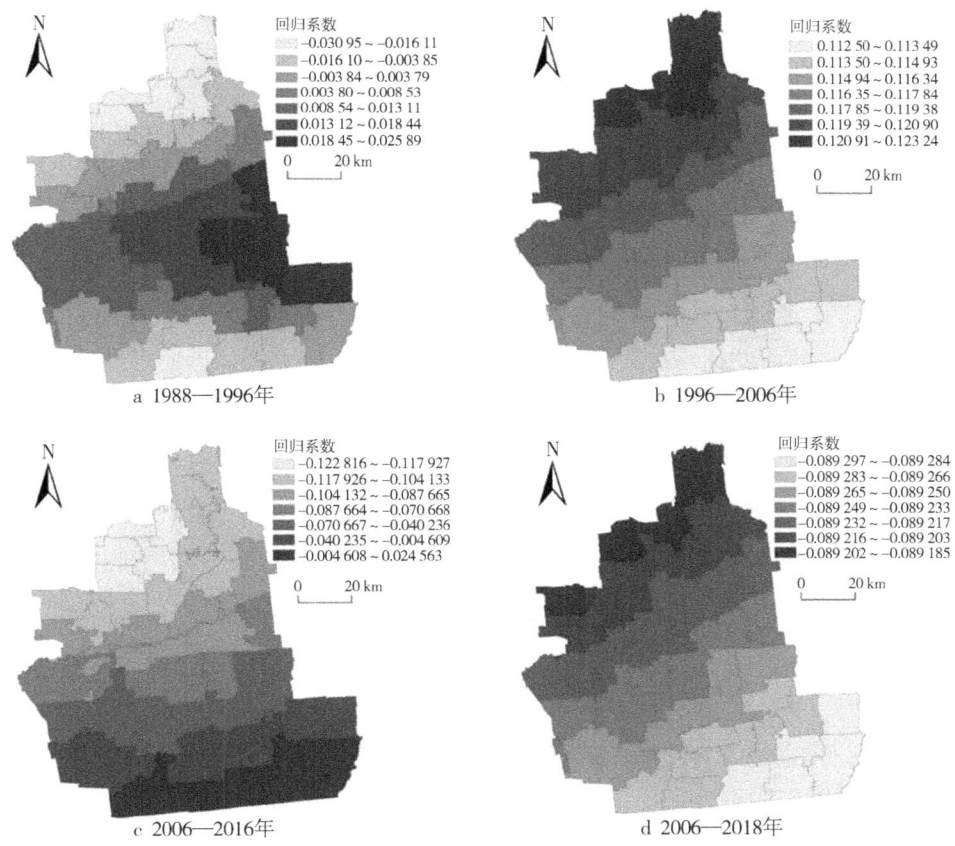

图4.20　海拔高度对玉米作物空间分异的影响

（3）地形因子对水稻作物空间分异的驱动机理

从地形因子对1988—1996年、1996—2006年、2006—2016年和2016—2018年水稻作物空间分异的回归系数空间分布来看（图4.21），各时段回归系数在空间上有一定的差异。从回归系数来看，海拔高度对水稻作物空间分异强度的影响作用大小排序依次是：2006—2016 年、1996—2006 年、1988—1996 年和 2016—2018 年。其中，1988—1996 年回归系数为正值，海拔高度与水稻作物空间分异强度呈正相关关系，其余时段回归系数均为负，海拔高度与水稻作物空间分异强度呈负相关关系，海拔高度越高的地方水稻作物扩张面积越小，说明海拔高度对水稻种植会产生不利的影响，即水稻作物倾向于种植在海拔高度低的区域。

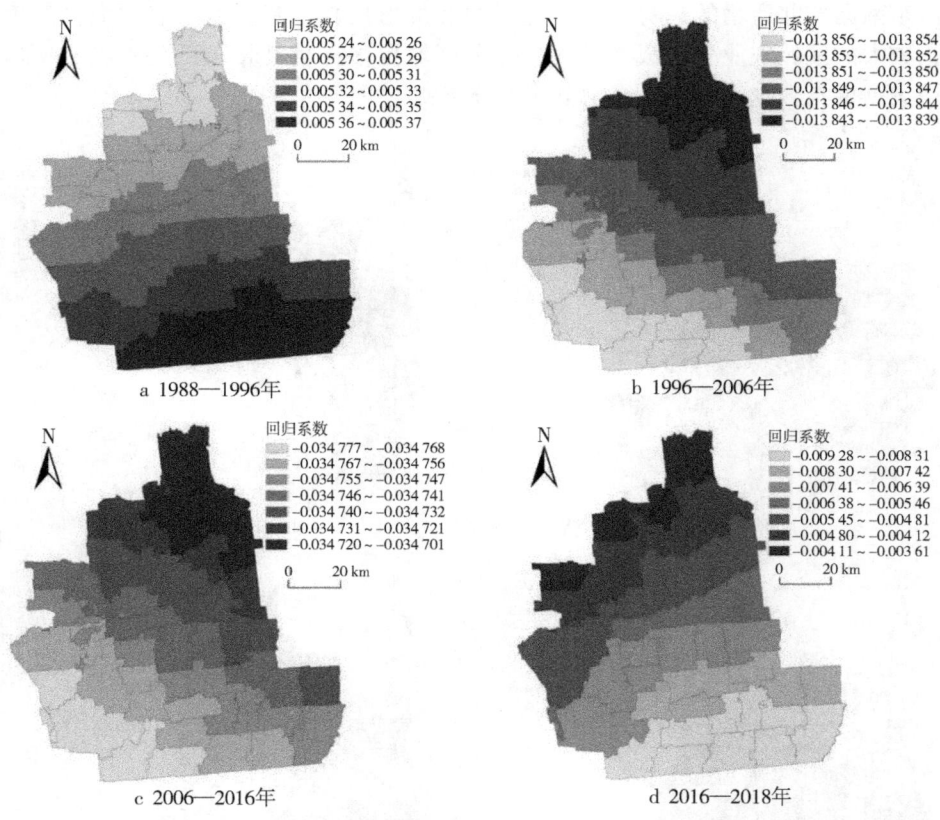

图 4.21　海拔高度对水稻作物空间分异的影响

（4）地形因子对其他作物空间分异的驱动机理

从地形因子对 1988—1996 年、1996—2006 年、2006—2016 年和 2016—2018 年其他作物空间分异强度回归系数空间分布来看（图 4.22），各时段回归系数在空间上差异明显。地形因子在 4 个时段不同程度上影响着其他作物的空间变化，1988—1996 年、1996—2006 年和 2016—2018 年，海拔高度对其他作物空间变化影响的回归系数均为正值，且 3 个时段的高值区与低值区都存在一定的重合区域，回归系数总体上均呈现出从北向南逐渐减弱的趋势,均在研究区北部形成高值集聚区,在研究区南部形成低值集聚区,说明研究区北部海拔高度较高,且其他作物种植变化较为明显。而2006—2016 年,海拔高度与其他作物空间变化呈负相关关系,空间上呈现北低南高的格局。

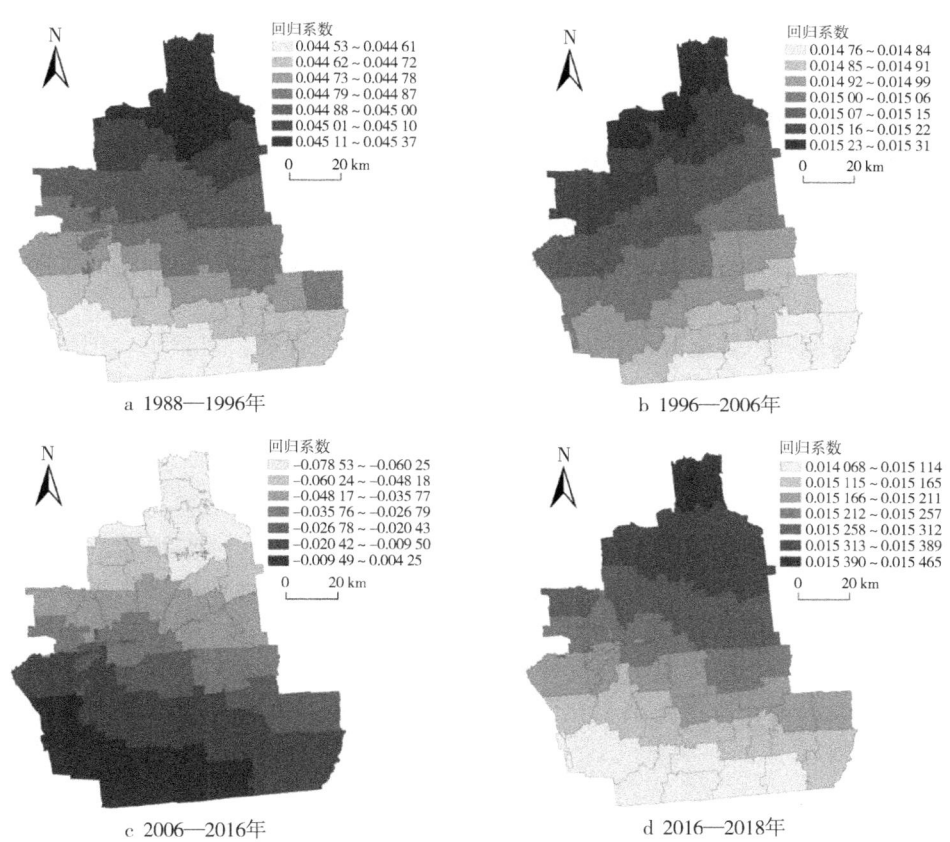

图 4.22　海拔高度对其他作物空间分异的影响

4.4.5　区位因子对耕地利用区域分化的驱动机理

本研究选取到河流距离、到主要公路距离和到城镇中心距离作为区位因子,探究其对 1988—2018 年粮食作物耕地利用空间分异的驱动机理。研究区主要公路、河流和城镇中心的数据来源于国家基础地理信息中心,利用 ArcGIS 10.2 软件与研究区范围叠加获得,采用 Euclidean Distance 工具计算栅格单元到主要河流和公路距离并将平均值统计到分析单元,到城镇中心距离则计算栅格单元到县级行政中心的距离,并统计每个分析单元的平均值。

(1) 区位因子对大豆作物空间分异的驱动机理

从到河流距离对 1988—1996 年、1996—2006 年、2006—2016 年和 2016—2018 年大豆作物耕地利用空间分异回归系数的空间分布来看，影响程度在空间上有所差异。从回归系数来看，到河流距离对大豆作物空间分异强度的影响作用大小的排序依次是：2006—2016 年、1996—2006 年、2016—2018 年和 1988—1996 年。1988—1996 年和 2016—2018 年，到河流距离对大豆作物空间分异影响的回归系数在空间上具有相似特征，即从西北向东南方向减弱；1996—2006 年，大豆作物耕地利用空间分异回归系数均为正值，到河流距离与大豆作物空间分异强度呈正相关关系，到河流距离越大，大豆作物种植变化的强度就越大；2006—2016 年，到河流距离与大豆作物空间分异强度呈负相关关系，可见大豆作物种植主要依靠自然降水，对河流的依赖程度较低。

交通便利的耕地地块具有相对较好的农业区位优势，对种子、化肥及粮食的运输，都提供了便利条件。到主要公路距离对 1988—1996 年、1996—2006 年、2006—2016 年和 2016—2018 年大豆作物耕地利用空间分异回归系数的空间分布如图 4.23 所示，影响程度在空间上有所差异。1988—1996 年，到主要公路距离因子对大豆作物种植变化强度的影响呈正相关关系，表明距离主要公路距离近的地方大豆种植的数量有所增加，影响程度由西向东逐渐增强。1996—2006 年，到主要公路距离对大豆作物种植变化强度影响从西北向东南增强；2006—2016 年，到主要公路距离与大豆作物种植变化强度呈正相关关系，影响程度从东向西逐渐增强；2016—2018 年，到主要公路距离与大豆作物种植变化强度呈负相关关系，影响程度由西南向东北逐渐增强。

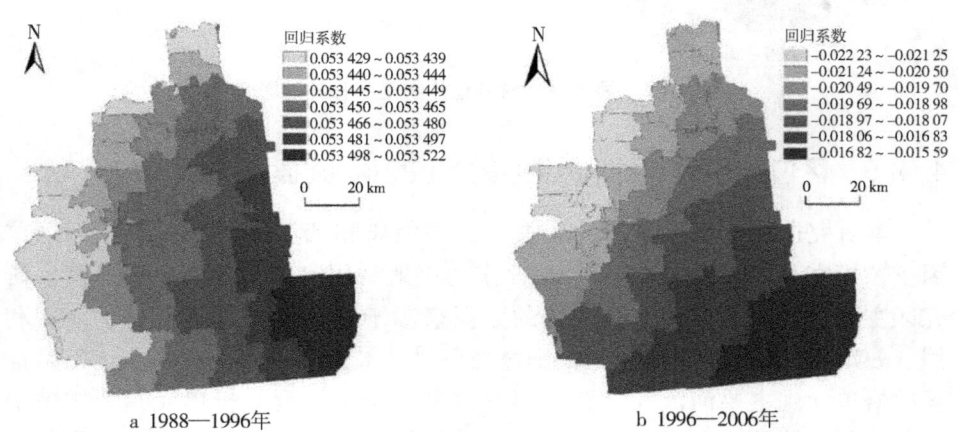

图 4.23 到主要公路距离对大豆作物空间分异的影响

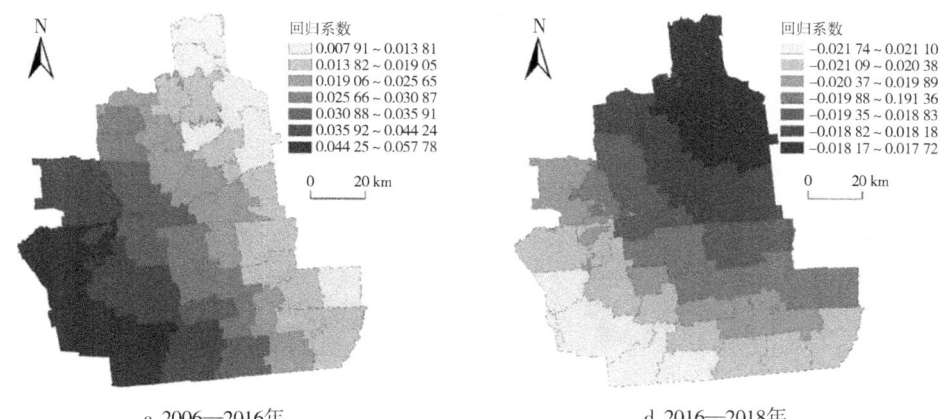

c 2006—2016年 d 2016—2018年

图 4.23　到主要公路距离对大豆作物空间分异的影响（续）

到城镇中心距离对 1988—1996 年、1996—2006 年、2006—2016 年和 2016—2018 年大豆作物耕地利用空间分异回归系数的空间分布如图 4.24 所示，影响程度在空间上有所差异。从回归系数来看，到城镇中心距离对大豆作物空间分异强度的影响作用大小排序依次是：2006—2016 年、2016—2018 年、1996—2006 年和 1988—1996 年。30 年间到城镇中心距离从不同程度上影响大豆作物种植变化，从回归系数上看，1996—2006 年和 2016—2018 年的回归系数均为正值，与大豆作物种植变化呈正相关关系；1988—1996 年和 2006—2016 年的回归系数均为负值，与大豆作物种植变化呈负相关关系。

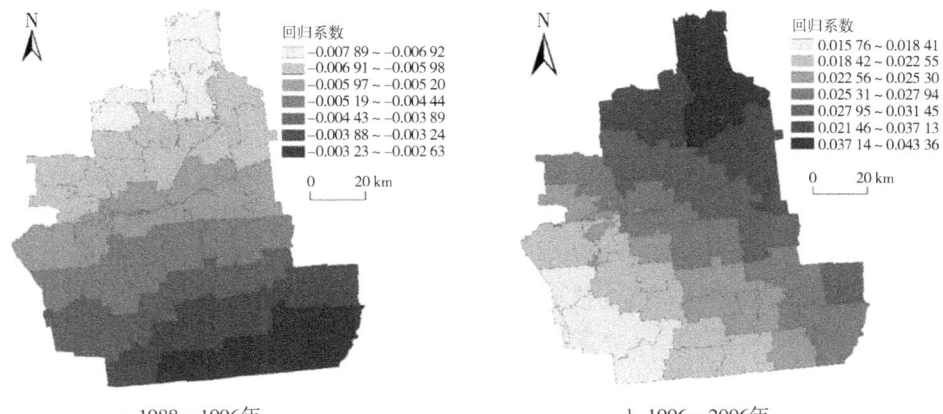

a 1988—1996年 b 1996—2006年

图 4.24　到城镇中心距离对大豆作物空间分异的影响

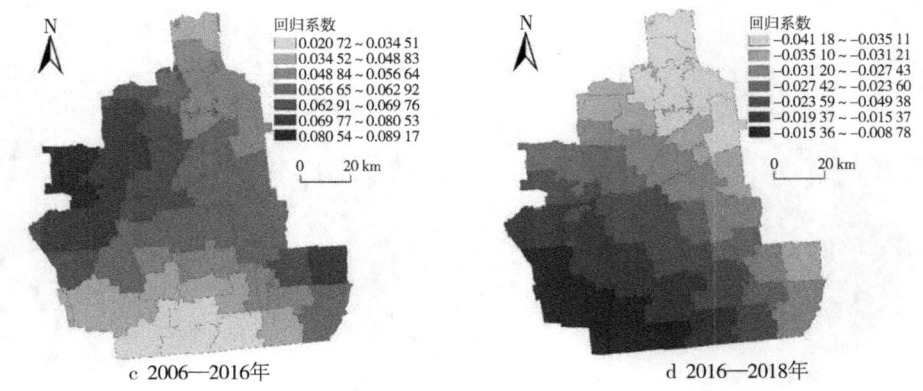

c 2006—2016年　　　　　　　　　　d 2016—2018年

图 4.24　到城镇中心距离对大豆作物空间分异的影响（续）

（2）区位因子对玉米作物空间分异的驱动机理

从到河流距离对 1988—1996 年、1996—2006 年、2006—2016 年和 2016—2018 年玉米作物耕地利用空间分异回归系数的空间分布来看，各影响因子回归系数在空间上差异明显。各时段到河流距离对玉米作物种植变化强度的解释能力从大到小依次为：1988—1996 年、2016—2018 年、1996—2006 年和 2006—2016 年。从回归系数来看，1988—1996 年回归系数值由负转正；1996—2006 年的回归系数均为负值；2006—2016 年和 2016—2018 年的回归系数大多为正值，该期间到河流距离与玉米作物种植变化的强度呈正相关关系。到河流距离对玉米作物的影响程度虽然存在一定的空间差异性，但回归系数之间较为接近，说明研究区范围内其对作物种植变化的解释能力有限。

从到主要公路距离对 1988—1996 年、1996—2006 年、2006—2016 年和 2016—2018 年玉米作物空间分异回归系数的空间分布来看（图 4.25），各时段回归系数在空间上差异明显。到主要公路距离对玉米作物空间分异强度的回归系数，在 1988—1996 年和 1996—2006 年均为正，但影响程度的空间变化特征有所差异，表明该时期玉米作物空间分异强度大，到主要公路距离对玉米作物空间分异强度的影响均为正相关，但不同时段影响程度存在一定差异；2006—2016 年和 2016—2018 年回归系数值均为负，表明该时期到主要公路距离对玉米作物空间分异强度值同为负，从回归系数的分布格局来看，总体上玉米作物耕地利用空间分异系数由东北向西南逐渐减弱。

到城镇中心距离对 1988—1996 年、1996—2006 年、2006—2016 年和 2016—2018 年玉米作物耕地利用空间分异回归系数的空间分布如图 4.26 所示，影响程度在空间上有所差异。从回归系数来看，到城镇中心距离对玉米作物空间分异强度的影响作用大小排序依次是：1988—1996 年、2006—2016 年、1996—2006 年和 2016—2018 年。其中，1988—1996 年到城镇中心距离对玉米作物空间分异影响的回归系数值最高（-0.129 49~0.047 18），以负向影响为主，从回归系数的分布格局看，到城镇中心距离正向影响玉米作物种植空间分异的区域主要位于研究区北部的克山县，其余中南部区域均为负向影响，说明研究区南部到城镇中心较远区域的玉米种植意愿不易受距离影响。

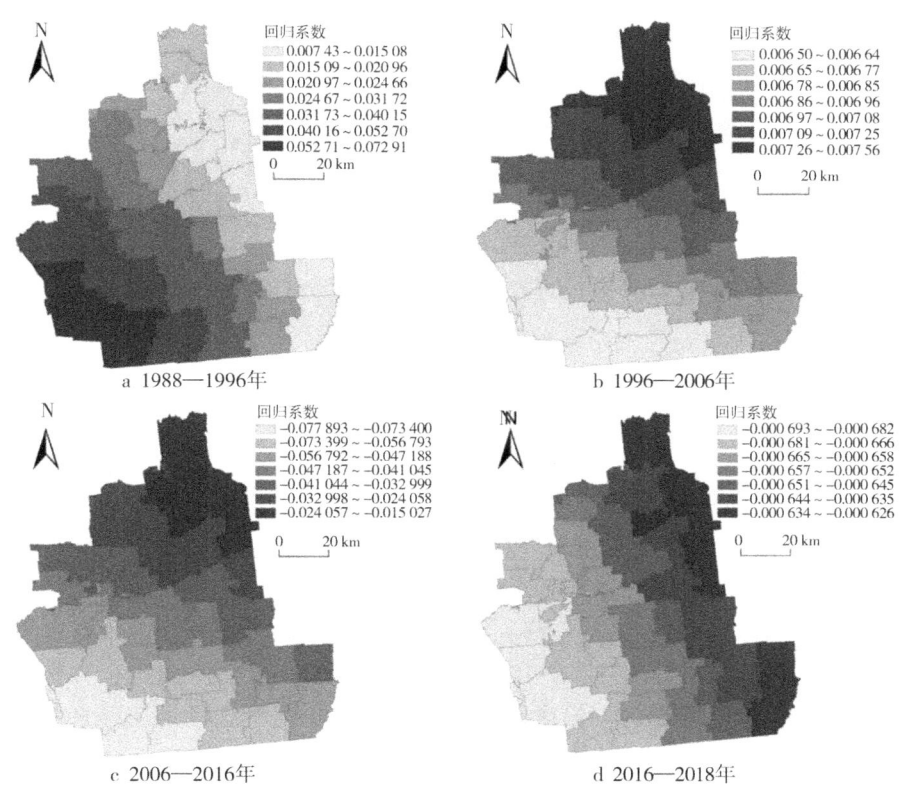

图 4.25　到主要公路距离对玉米作物空间分异的影响

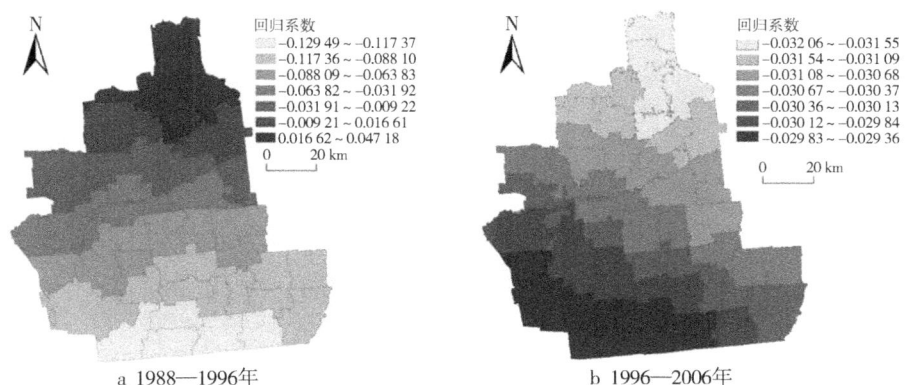

图 4.26　到城镇中心距离对玉米作物空间分异的影响

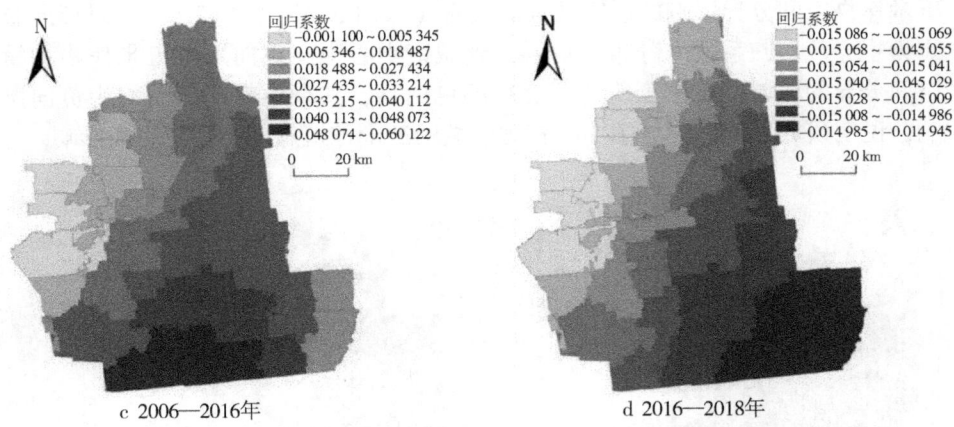

c 2006—2016年   d 2016—2018年

图 4.26 到城镇中心距离对玉米作物空间分异的影响（续）

(3) 区位因子对水稻作物空间分异的驱动机理

到河流距离对 1988—1996 年、1996—2006 年、2006—2016 年和 2016—2018 年水稻作物耕地利用空间分异回归系数的空间分布如图 4.27 所示，影响程度在空间上有所差异。从回归系数来看，到河流距离对水稻作物空间分异强度的影响作用大小排序依次是：2016—2018 年、2006—2016 年、1988—1996 年和 1996—2006 年。30 年到河流距离与水稻作物空间变化均呈负相关关系，表明到河流越近水稻作物扩张越快，验证了水稻作物的亲水性。1988—1996 年和 1996—2006 年研究区水稻种植面积较少，主要集中在拜泉县西南部水库附近或沿河流分布；2006—2016 年和 2016—2018 年水稻种植出现一定幅度的增加，均在河流沿岸。分析结果表明，到河流距离是对水稻作物种植变化具有最强解释力的影响因子，研究区的水田作物多数分布在乌裕尔河和讷谟尔河流域，即水稻作物倾向于种植在到河流距离近的区域。

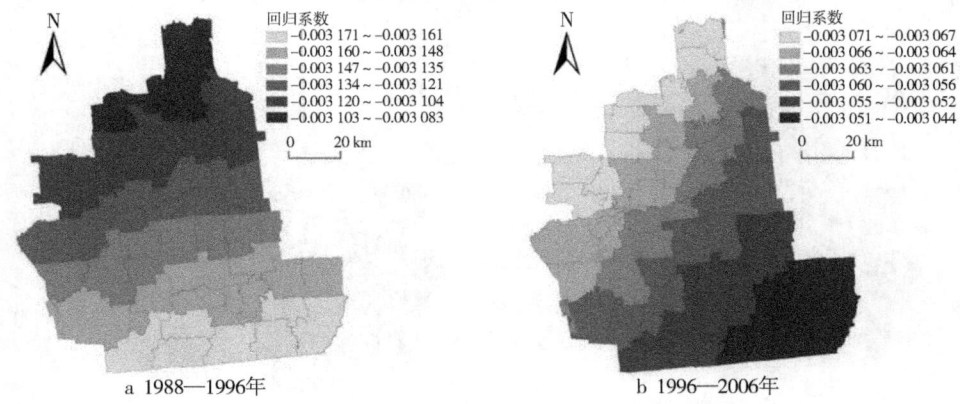

a 1988—1996年   b 1996—2006年

图 4.27 到河流距离对水稻作物空间分异的影响

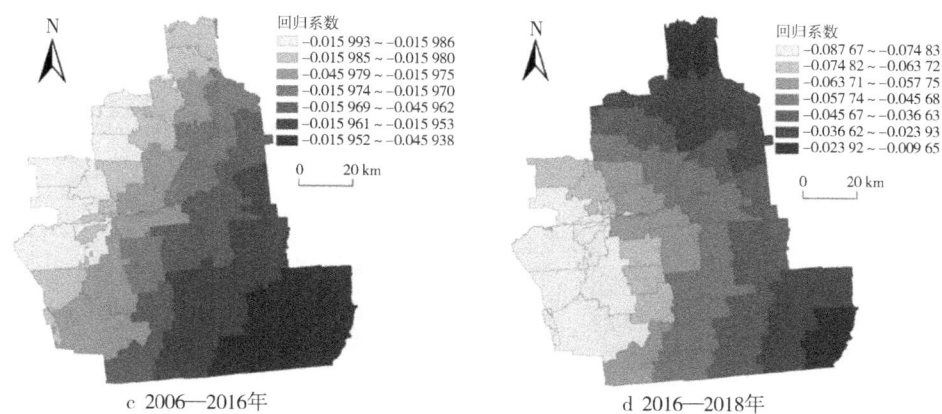

c 2006—2016年   d 2016—2018年

图 4.27 到河流距离对水稻作物空间分异的影响（续）

到主要公路距离对 1988—1996 年、1996—2006 年、2006—2016 年和 2016—2018 年水稻作物耕地利用空间分异回归系数的空间分布如图 4.28 所示，影响程度在空间上有所差异。各时段到主要公路距离对水稻作物种植变化强度的解释能力从大到小依次为：2016—2018 年、2006—2016 年、1996—2006 年和 1988—1996 年。1988—1996 年和 1996—2006 年，研究区水稻种植面积较少，到主要公路距离因子对该时期水稻作物种植变化强度的影响较多。2006—2016 年和 2016—2018 年水稻种植面积开始增长，到主要公路距离对水稻作物种植变化强度影响从东北向西南增强，到主要公路距离与水稻作物种植变化强度呈正相关关系，其中 2016—2018 年，到主要公路距离与水稻作物种植变化强度关系最为密切，表明随着机械化与农业现代化的实现，粮食作物生产对道路交通的依赖程度增加。

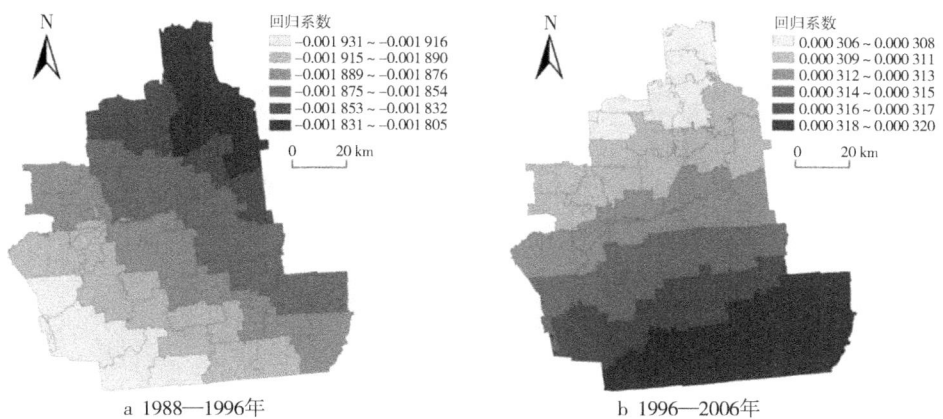

a 1988—1996年   b 1996—2006年

图 4.28 到主要公路距离对水稻作物空间分异的影响

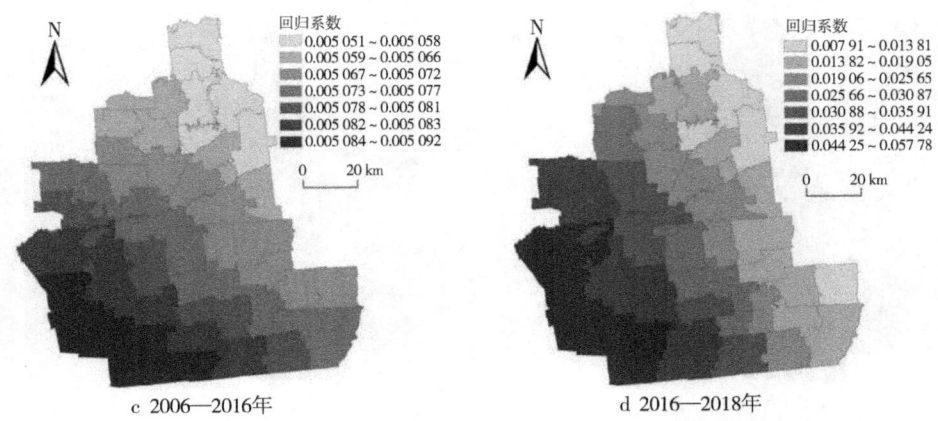

c 2006—2016年　　　　　　　　d 2016—2018年
图 4.28　到主要公路距离对水稻作物空间分异的影响（续）

到城镇中心距离对 1988—1996 年、1996—2006 年、2006—2016 年和 2016—2018 年水稻作物耕地利用空间分异回归系数的空间分布如图 4.29 所示，影响程度在空间上具有一定差异。从回归系数来看，到城镇中心距离对水稻作物空间分异强度的影响作用大小排序依次是：2016—2018 年、1988—1996 年、2006—2016 年和 1996—2006 年。其中，1996—2006 年和 2006—2016 年到城镇中心距离对水稻作物空间分异影响程度的高值区与低值区都存在一定的重合区域，总体上均呈现出从北向南逐渐减弱的趋势，在研究区北部形成高值集聚区，在研究区南部形成低值集聚区；1988—1996 年，到城镇中心距离对水稻作物空间变化的高值区发生在拜泉县东南部水稻种植集聚区；2016—2018 年，回归系数由乌裕尔河流域水稻种植集聚区向外递减。

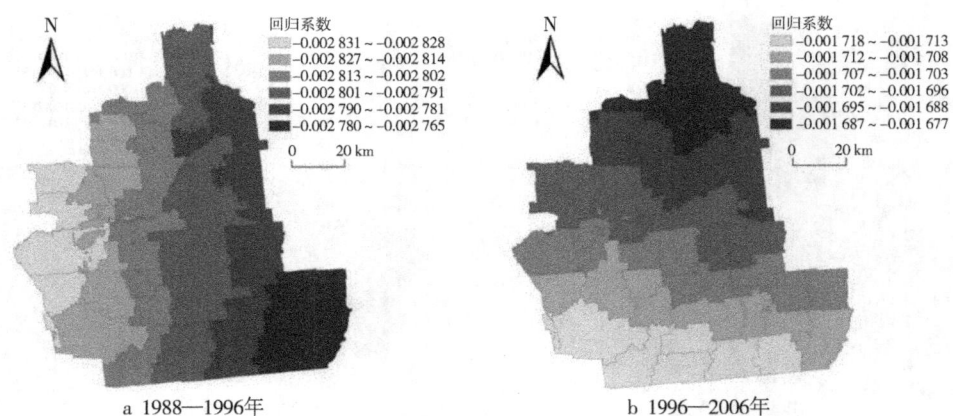

a 1988—1996年　　　　　　　　b 1996—2006年
图 4.29　到城镇中心距离对水稻作物空间分异的影响

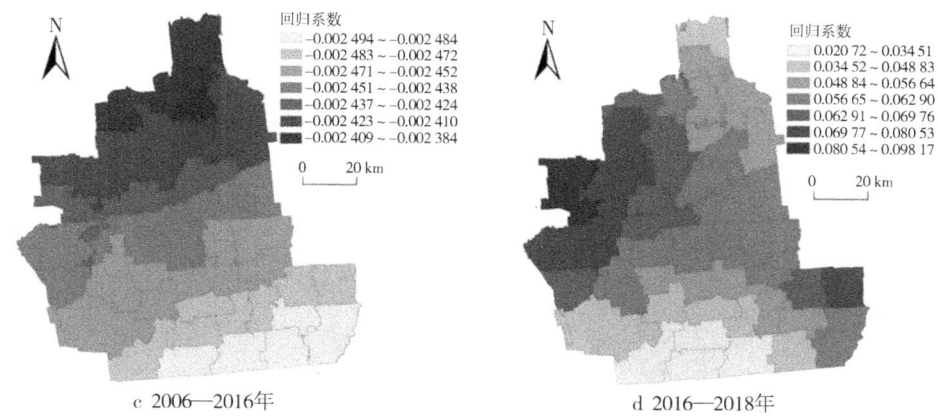

　　c 2006—2016年　　　　　　　　d 2016—2018年
图 4.29　到城镇中心距离对水稻作物空间分异的影响（续）

（4）区位因子对其他作物空间分异的驱动机理

从到河流距离对 1988—1996 年、1996—2006 年、2006—2016 年和 2016—2018 年其他作物耕地利用空间分异回归系数的空间分布来看（图 4.30），各影响因子回归系数在空间上差异明显。各时段到河流距离对其他作物种植变化强度的解释能力从大到小依次为：2016—2018 年、2006—2016 年、1988—1996 年和 1996—2006 年。从回归系数来看，除 2006—2016 年回归系数与其他作物空间变化呈负相关以外，其他 3 个时段回归系数均为正。2006—2016 年，研究区其他作物种植面积大幅度减少，且到河流距离远的地方其他作物减少较多；2016—2018 年研究区其他作物种植面积占比较低，零星分布在研究区域内，到河流距离对其作用程度由南向北递减。

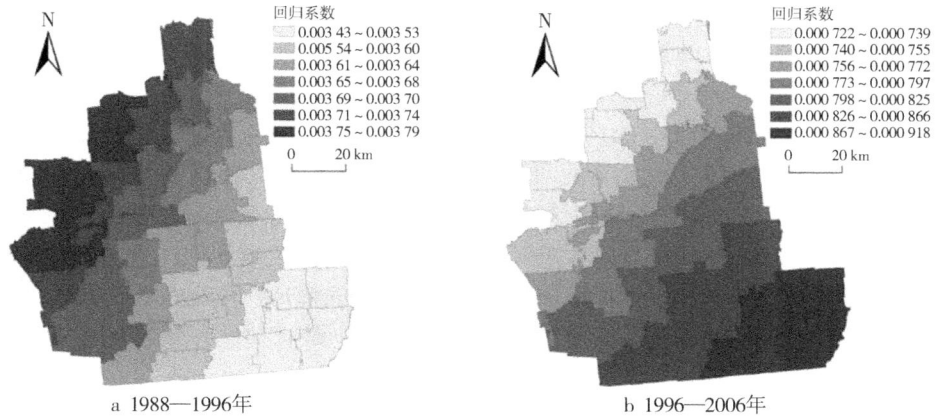

　　a 1988—1996年　　　　　　　　b 1996—2006年
图 4.30　到河流距离对其他作物空间分异的影响

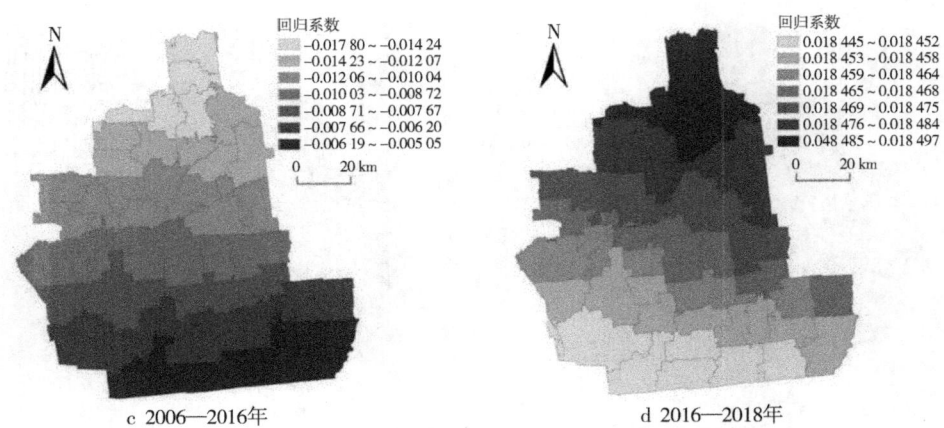

c 2006—2016年　　　　　　　　　　　d 2016—2018年

图4.30　到河流距离对其他作物空间分异的影响（续）

从到主要公路距离对1988—1996年、1996—2006年、2006—2016年和2016—2018年其他作物空间分异回归系数的空间分布来看，各时段回归系数在空间上差异明显。到主要公路距离对其他作物空间分异强度的回归系数，在1988—1996年和2006—2016年回归系数值均为负，影响程度的空间变化特征有所差异，表明该时期其他作物空间分异强度大，到主要公路距离对其他作物种植变化的影响均为负相关，但不同时段影响程度存在一定差异；1996—2006年和2016—2018年回归系数值均为正，表明该时期到主要公路距离对其他作物空间分异强度值同为正，从回归系数的分布格局来看，两时段回归系数的变化规律相反。

到城镇中心距离对1988—1996年、1996—2006年、2006—2016年和2016—2018年其他作物耕地利用空间分异回归系数的空间分布如图4.31所示，影响程度在空间上有所差异。从回归系数来看，到城镇中心距离对其他作物空间分异强度的影响作用大小排序依次是：2006—2016年、2016—2018年、1988—1996年和1996—2006年。从回归系数上看，1988—1996年、1996—2006年和2006—2016年的回归系数均为负值，与其他作物种植变化呈负相关关系；2016—2018年的回归系数均为正值，与其他作物种植变化呈正相关关系。此外，4个时段到城镇中心距离在不同程度上影响着其他作物种植空间分异，1988—1996年和1996—2006年空间结构大致相似，到城镇中心距离对其他作物种植变化的影响程度由西向东逐渐减弱；2006—2016年和2016—2018年空间结构大致相似，到城镇中心距离对其他作物种植变化的影响程度由北向南逐渐增强。

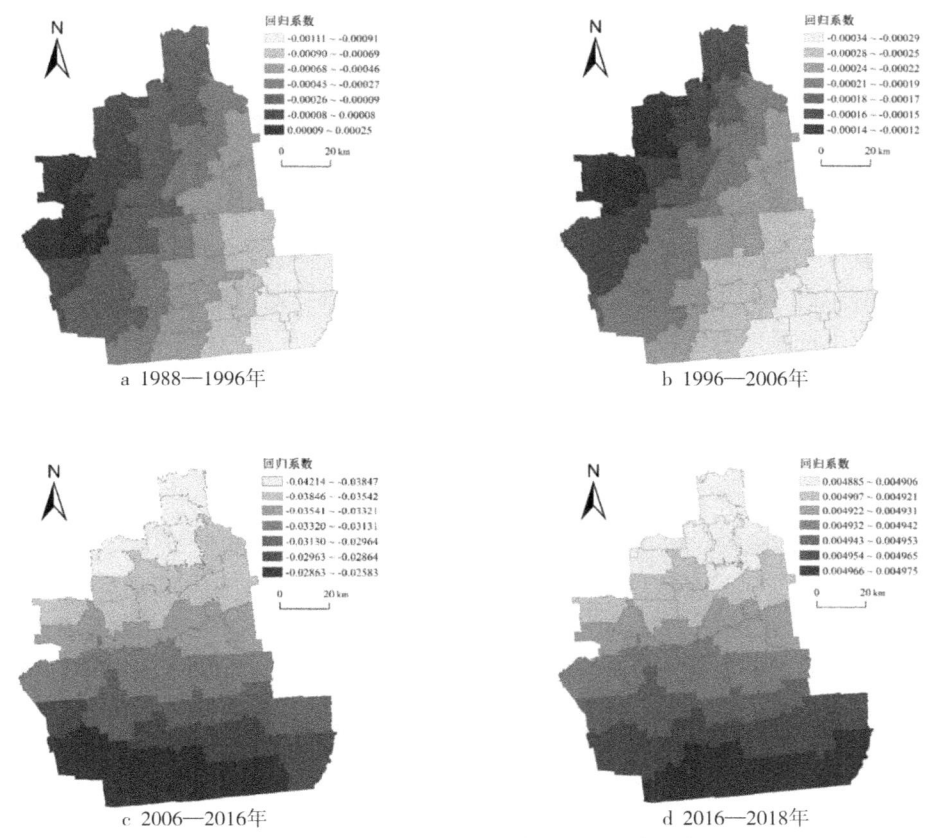

图 4.31　到城镇中心距离对其他作物空间分异的影响

4.5　本章小结

　　本章遵循科学性、系统性、有效性和可操作性原则，从土壤要素、气候要素、区位要素、地形要素和人文要素等方面筛选和甄别影响 1988—2018 年研究区粮食作物耕地利用区域分化的关键性影响因子。借助 Rstudio 平台构建地理探测器模型，测算各影响因子及因子交互作用对研究区粮食作物耕地利用区域分化的作用大小，阐明不同因子对粮食作物耕地利用区域分化的作用大小和方向。运用 SPSS 软件进行相关性分析，探究社会经济要素对主要粮食作物耕地利用数量变化的驱动机理。在此基础上，构建 GWR 模型，从空间上进一步揭示不同自然要素对耕地利用区域分化的作用规律，明确研究区粮食作物耕地利用区域分化的驱动机理。

第一，选取粮食作物耕地利用区域分化的关键性影响因子。

关键性影响因子的选取是进行粮食作物耕地利用区域分化驱动机理分析的重要基础，影响因子选取的合理性对驱动机理的分析结果具有至关重要的作用。遵循科学性、系统性、有效性和可操作性原则，从土壤要素、气候要素、地形要素、区位要素和人文要素等方面选取充分考虑对作物种植产生直接影响的自然与人文因子，具体包括：土壤类型、土壤全氮量、土壤全磷量、土壤全钾量、土壤有机质含量、耕作期平均气温、耕作期降水量、海拔高度、到河流距离、到主要公路距离、到城镇中心距离、行政区政策因素以及大豆、玉米、水稻的粮食价格。

第二，从单一因子和双因子交互作用对粮食作物耕地利用区域分化进行因子探测。

本研究基于 R 语言包构建参数优化的地理探测器模型，将每个时段每种作物耕地利用产生变化的面积占分析单元耕地总面积的比重作为因变量，将采用 Jenks 自然最佳断点分级法对选取的 12 个关键性影响因子进行分层处理作为自变量，将其由数值变量转化为类型变量，编写程序代码导入 RStudio，借助地理探测器 R 语言包进行地理探测分析。同时，应用地理探测器模型中交互作用模块分析耕地利用区域分化与多种影响因子之间的交互作用关系，分别计算和比较各单因子 Q 值及两因子叠加后 Q 值，判断两因子是否存在交互作用及交互作用的强弱、方向、线性还是非线性。

1）单一因子探测结果显示：①1988—1996 年，耕地利用区域分化的关键性因子作用强度各有不同，其中耕作期平均温度、行政区政策因素和海拔高度对大豆作物耕地利用区域分化具有较强的解释力；土壤有机质含量、土壤全氮量和土壤全钾量对玉米作物耕地利用区域分化的作用强度较大；其他作物耕地利用区域分化的形成则主要受制于耕作期平均气温和行政区要素；此外，该时期水稻作物变化很小，所选因子不能很好地解释水稻作物耕地利用区域分化特征。②1996—2006 年，耕地利用区域分化是多因子共同作用的结果，其中耕作期平均气温和行政区政策因素对大豆和玉米作物的耕地利用区域分化起到主导作用，海拔高度和土壤因素也对大豆和玉米作物耕地利用变化存在一定影响；到河流距离对水稻作物耕地利用区域分化的解释力最强，同时海拔高度和行政区的政策调控也对水稻作物的耕地利用变化起到一定的作用；而此期间其他作物种植面积持续萎缩，这些影响因子对其他作物耕地利用区域分化的解释能力有限。③2006—2016 年，对大豆和玉米作物的耕地利用区域分化解释力最强的因子是行政区要素和海拔高度，表明该时期行政区的政策引导和海拔高度对大豆和玉米作物的区域分化起到主导作用；到河流距离对水稻作物的耕地利用区域分化的解释力仍然是最强的，而土壤类型、海拔高度和行政区要素也在一定程度上影响着水稻作物的耕地利用区域分化；该时期其他作物耕地利用区域分化特征不明显，各影响因子对其他作物的耕地利用区域分化特征的解释能力较弱。④2016—2018 年，该时期大豆作物耕地利用区域分化是由多因子共同作用的结果，且气候要素、土壤要素和行政区政策要素都起到较强的影响作用；行政区政策调节和耕作期气候因素对玉米作物耕地利用区域分化起主导作用，土壤要素和海拔高度也对玉米作物耕地利用区域分化有一定的解释能力；水稻作物变化较小，各影响因素对水稻作物耕地利用区域分化的影响较弱；其他作物的种植数量较小，其他作物耕地利用区域分化主要发生在城镇周边地区，因此到城镇中心距离是对其最具解释力的影响因子。

2) 研究区耕地利用区域分化是由多种影响因子共同作用的结果，运用地理探测器模型中交互作用模块分析耕地利用区域分化与多种影响因子之间的交互作用关系，通过运行结果获得 1988—1996 年、1996—2006 年、2006—2016 年和 2016—2018 年各影响因子交互作用值，分析影响因子对粮食作物耕地利用区域分化特征影响的交互作用。从数值分析：①1988—1996 年，除水稻作物耕地利用面积很少且影响因子未通过显著性检验以外，大豆、玉米和其他作物在多数情况下因子对耕地利用变化程度呈现非线性增强和双因子增强的协同增强作用。大豆作物耕地利用区域分化影响因子中，耕作期平均气温与土壤全氮量的交互影响最大，Q 值为 0.6106；玉米作物耕地利用区域分化影响因子中，耕作期平均气温与耕作期降水量的交互影响最大，Q 值为 0.6503；其他作物耕地利用区域分化影响因子中，耕作期平均气温与耕作期降水量的交互影响最大，Q 值为 0.7078。②1996—2006 年，除其他作物耕地利用影响因子未通过显著性检验以外，大豆、玉米和水稻作物在多数情况下因子对耕地利用变化程度呈现非线性增强和双因子增强的协同增强作用。大豆和玉米作物耕地利用区域分化影响因子中，耕作期平均气温与耕作期降水量的交互影响都是最强，Q 值分别为 0.7019 和 0.6521；水稻作物耕地利用区域分化影响因子中，土壤全氮量和海拔高度的交互影响最大，Q 值为 0.6923。③2006—2016 年，耕地利用影响因子之间的交互作用结果大多数呈现非线性增强和双因子增强的协同增强作用，有少量影响因子的交互作用结果为单因子减弱。大豆作物耕地利用区域分化影响因子中，耕作期降水量和海拔高度的交互影响最大，Q 值为 0.8276；玉米作物耕地利用区域分化影响因子的交互作用结果中，耕作期平均气温和耕作期降水量的交互影响最大，Q 值为 0.679。水稻作物耕地利用区域分化影响因子中，到河流距离和到主要公路距离的交互影响最大，Q 值为 0.8199；其他作物耕地利用区域分化影响因子中，土壤全氮量和海拔高度的交互影响最大，Q 值为 0.5587。④2016—2018 年，耕地利用影响因子之间的交互作用结果大多数呈现非线性增强和双因子增强的协同增强作用，存在部分影响因子的交互作用结果对其他作物为单因子减弱。大豆作物耕地利用区域分化影响因子中，耕作期平均气温和土壤全钾量的交互影响最大，Q 值为 0.8218；玉米作物耕地利用区域分化影响因子中，耕作期平均气温和耕作期降水量的交互影响最大，Q 值为 0.7884；水稻作物和其他作物耕地利用区域分化影响因子的交互作用强度与大豆和玉米作物相比较弱，其中，到河流距离和到主要公路距离的交互作用对水稻作物区域分化的影响最大，Q 值为 0.5934，到城镇中心距离和到河流距离对其他作物区域分化的交互影响最大，Q 值为 0.7964。

第三，分析社会经济要素对粮食作物耕地利用数量变化的驱动机理。

为探索社会经济要素对耕地利用区域分化的影响，利用我国历年粮食价格的年度数据，在 SPSS 21.0 统计分析软件的支持下，运用相关性分析的方法，识别粮食价格与主要粮食作物耕地数量变化的密切程度，揭示粮食价格与大豆、玉米和水稻作物种植数量变化之间的相关性规律，进而科学地分析社会经济要素对粮食作物耕地利用数量变化的驱动机理。考虑到粮食价格对农户种植选择的影响可能存在滞后性，将主要粮食作物前一年的价格与当年价格均列入分析范畴。统计分析结果显示：

1）研究区玉米作物种植面积与前一年玉米作物价格的相关性具有统计学意义（$p<0.05$），前一年玉米价格可以较好地解释研究区玉米作物的耕地利用区域分化（$r=0.962$，$p=0.038$），这表明农民决定种植玉米的部分原因取决于前一年玉米作物的市场价格。

2）大豆作物的种植面积与大豆价格之间没有显著相关性，表明大豆作物种植面积变化对价格不敏感，政府通过农业补贴调控大豆作物种植规模，导致农民在耕地利用决策时不完全依赖于市场价格。

3）水稻作物作为研究区另一种主要粮食作物，种植面积与前一年水稻粮食的价格具有一定相关性（$r=0.840$，$p=0.160$），说明水稻作物的种植面积在一定程度上受到粮食价格的影响，但不完全取决于粮食价格，因为水稻作物种植投入的成本较大，耕地利用可逆性小，且水稻作物受水源、地势等自然环境影响较大。

第四，明确了自然要素对粮食作物耕地利用空间分异的驱动机理。

粮食作物耕地利用区域分化是受多因子共同作用的结果，为进一步探索各自然因子对粮食作物耕地利用空间分异的驱动机理，本研究构建地理加权回归模型从土壤因子、气候因子、地形因子和区位因子作用的空间差异剖析研究区耕地利用区域分化的驱动机理，筛选通过局部多重共线性并具有独立解释能力的显著性影响因子，定量化表达各影响因子在不同地理位置对粮食作物耕地作物空间分异特征的作用方向和强度，分析不同变量对耕地利用区域分化的驱动机理。

1）土壤有机质为植物生长提供其所必需的碳、氮、磷、钾等营养元素，经过影响因子多重共线性检验，选择具有更好解释能力的土壤有机质含量作为影响因子。从土壤因子对1988—1996年、1996—2006年、2006—2016年和2016—2018年大豆、玉米、水稻和其他作物空间分异强度的回归系数的空间分布来看：大豆作物在研究前期受土壤因子影响较大，近年来受到农业政策宏观调控作用的影响，土壤因子对其空间分异的驱动作用有所减弱；玉米作物种植变化强度与土壤有机质含量呈正相关关系，土壤有机质含量高的地方玉米作物种植面积较大；由于研究初期水稻种植数量很少，1996年水稻种植数量开始出现小幅度增加，但总体上回归系数值都比较低，说明土壤因子对水稻种植空间的分异没有产生直接影响；土壤有机质含量对其他作物种植变化影响最大的是1988—1996年，该时期其他作物空间分布最为广泛，从土壤因子作用的空间维度来看，土壤有机质含量对其他作物空间分异强度的影响程度整体上呈东南高西北低的趋势。

2）气候因子主要选取与粮食作物生长密切相关的气温和降水两个因子，对气候因子进行多重共线性检验，根据检验结果，确定耕作期平均气温通过对大豆、水稻和其他作物的耕地利用空间分异的多重共线性检验，耕作期降水量通过对玉米作物耕地利用空间分异的多重共线性检验。从气候因子对1988—1996年、1996—2006年、2006—2016年和2016—2018年大豆、玉米、水稻和其他作物空间分异强度的回归系数的空间分布来看：耕作期平均气温对粮食作物耕地利用区域分化影响最大，其与大豆作物种植变化强度呈负相关关系，平均气温高的地方大豆种植数量在减少，影响程度由南向北逐渐减弱，说明大豆作物更倾向被种植在气温较低的区域，而气温平均值较高的区域则被用来种植玉米或其他产量高且可以带来更多经济效益的作物，作物种植结构的调整较为频繁；玉米作物耕地利用空间分异系数随耕作期降水量同向增长，降水量大的地区，玉米作物种植面积增加较大；水稻作物的气候因子回归系数值都比较低，说明研究期间气候因子对水稻作物耕地利用空间分异产生的直接影响较小；1988—1996年耕作期平均气温对其他作物种植空间分异驱动作用的回归系数均为正值，且空间异质性最强，该期间以小麦为主的其他作物种植面积较大，而1996年以后其他作物种植数量处于减少过程，此外，研究区南部耕作期平均气温较高，其他作物种植变化强度较大，温度高的地区适宜多种作物种植，作物种植的选择更多，作物种植结构调整较为频繁。

3）海拔高度因子通过多重共线性检验，选择海拔高度为对粮食作物耕地利用空间分异的地形因子。研究区北部平均海拔高于南部地区，东部平均海拔高于西部地区，本节分析中海拔高度是指分析单元内耕地的平均海拔高度。从地形因子对 1988—1996 年、1996—2006 年、2006—2016 年和 2016—2018 年大豆、玉米、水稻和其他作物空间分异回归系数的空间分布可知：海拔高度对大豆和玉米作物的耕地利用区域分化具有一定的解释能力，其影响程度由北向南依次反向变化，表明大豆种植未受到海拔高度的限制，海拔高度指数大的区域农业生产成本较高，这些区域更多种植产量低且适宜性强的大豆作物；海拔高度越高的地方水稻作物扩张面积越小，说明海拔高度对水稻种植产生不利影响，即水稻作物倾向于种植在海拔高度低的区域；其他作物种植面积占比较低，零星分布在研究区域内，地形因子的回归系数值比较低，说明地形因子对其他作物的直接影响较弱。

4) 本研究选取到河流距离、到主要公路距离和到城镇中心距离作为区位因子，探究其对 1988—2018 年粮食作物耕地利用空间分异的驱动机理。从区位因子对 1988—1996 年、1996—2006 年、2006—2016 年和 2016—2018 年大豆、玉米、水稻和其他作物空间分异回归系数的空间分布可知：到河流距离对大豆和玉米作物空间分异影响的回归系数在空间上具有相似特征，但回归系数值都比较低。可见，大豆作物种植主要依靠自然降水，对河流的依赖程度较低，而到河流距离对玉米作物的影响程度虽然存在一定的空间差异性，但回归系数之间较为接近，说明研究区范围内其对作物种植变化的解释能力有限，到河流距离对水稻作物种植变化具有较强的解释能力，并同时呈现负相关关系，表明水稻作物倾向于种植在海拔高度低和到河流距离近的区域。到主要公路距离近的耕地地块具有相对较好的农业区位优势，为种子、化肥及粮食的运输，都提供了便利的条件，距离主要公路距离近的地方大豆种植数量有所增加，影响程度由西向东逐渐增强，到主要公路距离对玉米作物空间分异强度的影响大多为正相关，但不同时段影响程度存在一定差异。近年来，到主要公路距离与粮食作物种植变化强度关系日益密切，表明随着机械化与农业现代化的实现，粮食作物生产对道路交通的依赖程度增加。从回归系数的分布格局看，到城镇中心距离正向影响玉米作物种植空间分异的区域主要位于研究区北部的克山县，其余中南部区域均为负向影响，说明研究区南部到城镇中心较远区域的玉米种植意愿不易受距离影响，而到城镇中心距离对大豆、水稻和其他作物的驱动作用在空间上同样具有一定的空间异质性特征，但回归系数值较低，表明到城镇中心距离不能较好地解释粮食作物空间分异特征。

5 粮食作物耕地利用区域分化的管控策略

实现耕地利用的可持续发展是保障新时期粮食安全与社会经济繁荣的必然选择，根据粮食作物耕地利用的实际情况与历史特征对研究区域进行分区划定，科学管控耕地利用的规模数量、空间结构等内容是实现耕地利用可持续发展的重要途径。前文已充分论述研究区耕地利用的区域分化特征及驱动机理等问题，所得结论对耕地利用科学管理具有重要启示意义，但尚未探讨耕地利用区域分化的管理与调控问题。鉴于此，本章在明确研究区耕地利用分区目标与原则的基础上，选择研究区最为主要的大豆和玉米两种粮食作物，通过耕地利用优势区域划定提出主要粮食作物耕地利用的发展方向与管控策略，围绕区域发展战略、自然地理条件、农户种植习惯等因素，构建不同政策情景，因地制宜提出具有差别化的耕地利用管控策略，强化耕地利用管理的空间约束功能，提升耕地利用空间的有序性，为保障国家粮食安全、促进耕地保护战略、实现区域耕地利用可持续发展提供重要参考，为完善耕地保护与粮食安全制度设计提供思路。

5.1 耕地利用区域分化的管控目标与原则

5.1.1 管控目标

主要粮食作物耕地利用的管控目标，就是在一定时期内通过相应的技术手段、制定政策等方法措施调整耕地利用现状，使耕地利用朝着更加优化的结构和布局转变。根据研究区 30 年内主要粮食作物种植的空间差异性，在充分尊重当地农户种植习惯的基础上，明确各区域耕地利用的发展方向，通过主要粮食作物耕地利用的区域划定，加强对研究区耕地利用的管理和指导工作，进而整合研究区耕地资源，对各区域采取不同的农业政策引导，合理优化各区域种植结构和生产措施，实现自上而下的科学引导促进研究区耕地利用的可持续发展。

耕地利用区域分化的目标层级递进，主要包含直接目标、发展目标和终极目标（图 5.1）。直接目标是在管控过程中，通过技术手段和相应措施所需要达到的直接结果，是耕地利用管理与调控的重要基础，要根据研究期内主要粮食作物耕地利用的数量与空间结构，划定作物种植优劣区，进行数量和空间的管控，提出对策建议。发展目标是保障耕地利用管控过程顺利实现，保障未来有序发展而设定的调控计划，依据经济社会发展要求进行分区管控，确定未来时期耕地利用的预期结构、布局，基于预期效果制定管控策略。终极目标则是耕地利用区域分化管控所期望达到的最佳效果，依据发展需求科学调整种植结构，保障国家粮食结构性安全，以改善农民生活水平为宗旨提升耕地利用效益，实现耕地利用可持续，作为耕地利用区域分化管控的终极目标。整体上，以三重目标为依据，设定直接目标和发展目标以管理和调整耕地利用的数量结构与空间布局，终极目标是主要粮食作物耕地利用长期调整的理想结果。

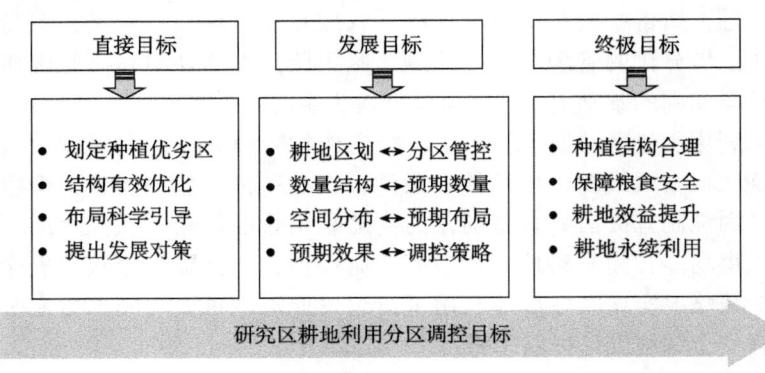

图 5.1 耕地利用区域分化管控目标

5.1.2 管控原则

（1）适用性宏观调控原则

耕地所有权归集体所有，在制定主要粮食作物耕地利用区划的过程中，要保持内部各分区单元之间的一致性，包括自然资源、农业结构及社会经济条件等，所划分的对象（基本分析单元）应尽可能保持相应级别行政区域的完整性，使区划方案能够更好地得到实际应用。农户受到经济效益的刺激，市场机制容易失效，因此耕地利用管理需要政府的宏观调控。本研究在分区时以乡镇级行政区（包括国有农场）作为基本分析单元，保持了行政区的完整性，这不仅有利于完整系统资料的获取和分区研究工作的顺利开展，也有利于提高区划方案的适用性，便于管辖区今后宏观调控管理方案的有效实施。

（2）因地制宜原则

耕地利用区划的核心是实现"人地协调"，制定农作物种植优劣分区，要合理利用耕地资源，集约使用耕地，合理开发农业资源。不同区域的自然和社会经济发展条件有所差异,政府在优化调控耕地资源利用方式时要综合考虑耕地利用现状和农业发展现状,以现有耕地利用和农业结构为基础,合理调整耕地利用和农业种植,避免过度和盲目的开发利用。因此,在耕地利用功能区划工作中,必须在可持续发展的理念下,立足农业资源的优化配置,统筹人与自然、经济与社会的协调发展,发挥区域特色,因地制宜,兼顾不同耕地利用功能区的公平发展,以耕地利用区划来促进农业的科学、全面、协调、可持续发展。

(3)区域差异最大化原则

作物种植是耕地利用最直接的方式,对耕地利用方式进行识别区分,主要是依据不同区域间耕地利用的相似性和差异性。区域分异有一定的规律性,区域内部耕地利用方式的相似性决定着耕地利用分区的范围,区域间耕地利用方式的差异性决定着区域分区界线。因此,本研究将根据各乡镇历史年份的各种作物种植占耕地面积比例的一致性与差异性进行分区。同时,耕地利用区划中各乡镇如无特殊条件应当尽可能保持行政区在空间上的连续性,以便于行政区综合管理政策的落实。

5.2 粮食作物耕地利用区域分化的管控方案

5.2.1 分组分析法的基本原理

耕地利用区划是表达耕地利用现象和特征区域分布规律的重要科学方法,是实现耕地资源的合理开发和管理、农业种植区域配置和布局协调可持续的重要基础,制定合理的耕地利用种植分区,是研究区实现耕地差异化保护、精细化管理的重要途径。由前文分析可知,近年来研究区耕地利用主要以种植大豆和玉米作物为主,不同作物的耕地利用空间分布呈现出一定的地域分异性,不同行政单元的耕地利用方式也不尽相同,对耕地利用和农业生产加以科学管理和保护,对保障粮食结构性安全和耕地资源可持续发展具有重要意义。改善研究区耕地利用结构不均衡的情况,有必要根据各个时期乡镇主要粮食作物占耕地总面积的比例进行分类分析,针对不同的分区制定不同的管控策略,对研究区耕地利用采取分区管理的措施。

耕地利用分区方法主要有数理统计分析法、定性分析法和地理系统分区法等。其中,数理统计分析法包括聚类分析法、层次分析法、指标评价法等,能较好地体现区域的相对差异但未考虑单元的空间连续性和集聚性;定性分析法包括主导因素法、专家集成法、判别分析法等,适用于较难定量化的区域,主要依赖研究者主观判断,精确度不高;地理信息系统分析法主要是借助 ArcGIS 等计算机软件的空间数据挖掘、空间分析功能,统筹考虑各区域、各要素的特征和差异,考虑到单元空间位置的关系,分析过程简便快捷,更加智能化。

数理统计分析法和定性分析法主要是考虑如何将较高单元划分为较低的单元,在空间上存在一定的分离现象。而地理系统分区法要考虑如何将较低层次的地域单元归并为较高等级的地域区域,在空间上具有连续性和聚集性。前文主要粮食作物耕地利用区域分化中已经分别计算统计了各个行政乡镇 4 类种植模式占主要粮食作物种植面积占本行政单元耕地面积的比例,基于各行政单元的种植数量占比自下而上进行的聚类更符合实际情况,各个分区单元连续且聚集,有利于相关优化举措的制定和实施,分区结果更具指导意义。

本书选择 ArcGIS 10.2 软件的 Grouping Analysis 工具作为分区方法,其优势表现为聚类过程考虑要素的地理空间位置关系。Grouping Analysis 工具是 ArcGIS 10.2 以上版本嵌入的空间聚类分析方法,该工具可根据指定字段,基于一定的空间约束条件,实现对全部分析对象的组别划分。该方法结合了分组对象的属性因素和空间特征进行综合聚类分析,目的是寻找一个能够使每个组中的所有要素具有最大的相似性,但各个组之间尽可能不同的空间格局。

为确保所有组的分析单元都互相邻近,将空间约束参数设置为"K 最近邻(K_NEAREST_NEIGHBORS)",当某个要素至少有一个其他要素是"K 最近邻"时,该要素才能包括在群组中,K 是要考虑的相邻要素数。选择相邻要素数目为 8,即组中每一个要素都处于组中至少另外一个要素的 8 个最近的相邻要素范围内。分组有效性主要通过伪 F 统计量来测量,用来反映组内相似性和组间差异性的比率,首先计算具有 2 至 15 个组的伪 F 统计值,在没有其他标准指导分区组数时,通常选择最大伪 F 统计值的组数,其中最大 F 统计量指明在组相似性和组差异性之间具有最佳性能的解决方案。

计算公式如下:

$$伪 F 统计量 = \frac{\left(\dfrac{R^2}{n_c - 1}\right)}{\left(\dfrac{1 - R^2}{n - n_c}\right)}, \quad (5.1)$$

$$R^2 = \frac{SST - SSE}{SST}, \quad (5.2)$$

其中,SST 表征组间差异,SSE 表征组内相似性。

$$SST = \sum_{i=1}^{n_c} \sum_{j=1}^{n_i} \sum_{k=1}^{n_v} (V_{ij}^k - \bar{V}^k)^2, \quad (5.3)$$

$$SSE = \sum_{i=1}^{n_c} \sum_{j=1}^{n_i} \sum_{k=1}^{n_v} (V_{ij}^k - \bar{V}_i^k)^2, \qquad (5.4)$$

其中，n 为分析单元数，n_i 为 i 组的行政单元数，n_c 为分组的数量，n_v 为用于分组的变量数，V_{ij}^k 为第 i 组 j 分析单元的 k 变量取值，$\bar{V}^k$ 是指所有分析单元 k 变量的均值，$\bar{V}_i^k$ 指第 i 组所有分析单元的 k 变量均值。

5.2.2 大豆作物耕地利用的管控分区

（1）确定分区组数

本研究在使用 Grouping Analysis 工具时采用的空间约束方式是"K 最近邻"，分区依据 1988 年、1996 年、2006 年、2016 年和 2018 年研究区大豆作物耕地利用占所在乡镇耕地总面积的比例，确定分区组数后进行耕地利用分区。大豆作物耕地利用分区组数为 2~15 时，伪 F 统计值位于 15.6016~20.4816（表 5.1）。大豆作物分组分区的伪 F 统计值分布随着组数增加而增长，到达最高值 20.4816 时对应的最佳分组数为 4，之后伪 F 统计值随组数的增加而减少，直到趋于平稳。因此，本研究选择将研究区大豆作物耕地利用划为 4 个分区，保证各区域内部大豆作物耕地利用规律相似性最高，各区域之间大豆作物耕地利用规律差异性最大。

表 5.1 大豆作物耕地利用分组分析参数特征

组数	2	3	4	5	6	7	8
伪 F 统计值	15.6016	17.1067	20.4816	19.3961	18.5046	18.2363	18.2690
组数	9	10	11	12	13	14	15
伪 F 统计值	17.8129	17.4025	17.1102	16.8155	16.9013	16.9628	16.9708

（2）大豆作物耕地利用分区结果

按照上述分区原则与方法，依据研究区 1988 年、1996 年、2006 年、2016 年和 2018 年各个乡镇行政单元大豆种植面积占耕地总面积的比例，突破县级行政区界限，将研究区大豆作物耕地利用状况进行分区划定，共划分 4 个相互独立的区域。大豆作物耕地利用区划结果如图 5.2 所示。

I 区共计 17 个乡镇级行政单元，是所有分区中面积最大的区域，分布在研究区北部，包括克山县的北兴镇、曙光乡、西建乡、北联镇、向华乡、发展乡、西联乡、西河镇、西城镇、古北镇、河北乡、河南乡、克山镇和克山农场，以及依安县的先锋乡、红星乡和新屯乡。

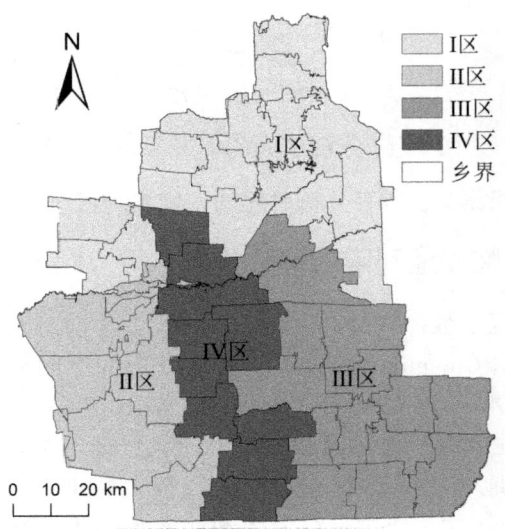

图 5.2 大豆作物耕地利用区划

表 5.2 大豆作物种植面积占比分区统计　　　　　　　　单位:%

分区	1988 年	1996 年	2006 年	2016 年	2018 年
I	31.15	59.49	44.33	29.28	50.93
II	35.83	19.34	33.84	12.54	5.68
III	64.32	77.84	86.03	24.90	66.50
IV	55.93	67.14	79.96	5.57	17.15
全域	45.34	58.18	63.59	21.40	40.67

II 区共计 7 个乡镇级行政单元，全部位于研究区西南部依安县境内，包括依安农场、依安镇、新兴乡、三兴镇、中心镇、依龙镇和富饶乡。

III 区位于研究区东南部，共计 14 个乡镇级行政单元，有克山县的古城镇、双河乡，以及拜泉县的大众乡、兴农镇、丰产乡、兴华乡、上升乡、国富镇、三道镇、时中乡、兴国乡、新生乡、龙泉镇和拜泉镇。

IV 区位于研究区中部，呈条带状由南至北分布，共计 10 个乡镇级行政单元，其中有拜泉县的长春镇、永勤乡、富强镇和爱农乡 4 个乡镇，以及依安县的上游乡、太东乡、新发乡、阳春乡、解放乡和双阳镇 6 个乡镇。

各分区内典型年份（1988 年、1996 年、2006 年、2016 年和 2018 年）大豆作物耕地利用占比如表 5.2 所示。

（3）大豆作物耕地利用分区命名

I 区大豆作物种植比例在 1988 年处于 4 个分区中最低，到 1996 年与 2006 年升至第 3 位，在 2016 年和 2018 年分别位于第 1 位和第 2 位。根据历史发展规律，将其命名为"大豆种植新兴优势区"。

Ⅱ区大豆作物种植比例在30年间始终低于研究区各时期大豆种植面积占总耕地面积的比例，在1988年和2016年处于4个分区中第3位，在1996年、2006年和2018年均位于4个分区中第4位。根据历史发展规律，将其命名为"大豆种植综合劣势区"。

Ⅲ区大豆作物种植占比30年间均高于研究区各时期大豆种植面积占耕地总面积比例，在1988年、1996年、2006年、2016年和2018年均位于4个分区的首位。根据历史发展规律，将其命名为"大豆种植综合优势区"。

Ⅳ区大豆作物种植比例在1988年位于4个分区中的第2位，1996年升至首位，2006年位于4个分区中第2位，2016年和2018年分别位于第4位和第3位且低于整体大豆种植面积占比。根据历史发展规律，将其命名为"大豆种植新兴劣势区"。

5.2.3 玉米作物耕地利用的管控分区

（1）确定分区组数

玉米作物是研究区另一主要粮食作物，其耕地利用分区依据1988年、1996年、2006年、2016年和2018年研究区玉米作物耕地利用占所在乡镇耕地总面积的比例，确定分区组数后进行耕地利用分区。玉米作物耕地利用分区组数在2~15的伪F统计值位于14.0296~16.5691（表5.3），玉米作物分组分区的伪F统计值随组数变化波动较大，组数为6时达到最高值16.5691，随后伪F统计值随组数增加平稳下降。结果表明，玉米作物耕地利用分区最佳分组数为6。因此，将研究区玉米作物耕地利用划为6个分区时，各区域内部玉米作物耕地利用规律相似性最高，各区域之间玉米作物耕地利用规律差异性最大。

表5.3 玉米作物耕地利用分组分析参数特征

组数	2	3	4	5	6	7	8
伪F统计值	15.1039	14.0296	14.4688	16.1453	16.5691	15.6980	15.1460
组数	9	10	11	12	13	14	15
伪F统计值	14.9017	15.0139	14.8048	14.6795	14.5667	14.5401	14.4655

（2）玉米作物耕地利用分区结果

按照前文所述的分区原则与方法，依据研究区1988年、1996年、2006年、2016年和2018年各个乡镇行政单元玉米种植面积占耕地总面积的比例，突破县级行政区界限，将研究区玉米作物耕地利用状况进行分区划定，共划分6个相互独立的区域。玉米作物耕地利用区划结果如图5.3所示。

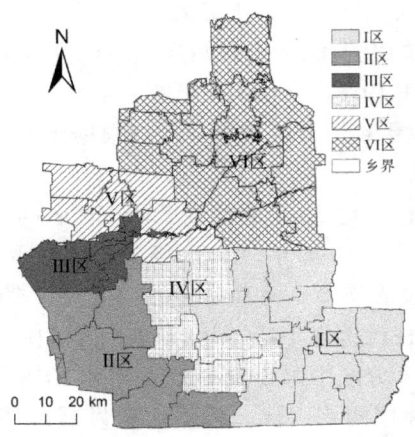

图 5.3 玉米作物耕地利用分区结果

Ⅰ区共计 11 个乡镇级行政单元，位于研究区东南部拜泉县境内，包括大众乡、丰产乡、兴华乡、上升乡、兴农镇、国富镇、三道镇、拜泉镇、龙泉镇、兴国乡和新生乡。

Ⅱ区共计 5 个乡镇级行政单元，位于研究区西南部依安县境内，包括三兴镇、中心镇、依龙镇、富饶乡和爱农乡。

Ⅲ区共计 3 个乡镇级行政单元，位于研究区西部，乌裕尔河南岸的依安县境内，包括依安农场、依安镇和新兴乡。

Ⅳ区共计 7 个乡镇级行政单元，位于研究区中南部，包括依安县的阳春乡、解放乡和双阳镇，以及拜泉县的长春镇、永勤乡、时中乡和富强镇。

Ⅴ区共计 6 个乡镇级行政单元，位于研究区西部，乌裕尔河北岸的依安县境内，包括先锋乡、新屯乡、红星乡、上游乡、太东乡和新发乡。

Ⅵ区共计 16 个乡镇级行政单元，是玉米作物耕地利用分区中面积最大的区域，主要分布在克山县境内，包括克山农场、北兴镇、曙光乡、北联镇、向华乡、西建乡、发展乡、西联乡、西城镇、西河镇、古北乡、克山镇、古城镇、双河乡、河南乡和河北乡。

各个分区对应典型年份（1988 年、1996 年、2006 年、2016 年和 2018 年）玉米作物耕地利用占比如表 5.4 所示。

表 5.4 玉米作物种植面积占比分区统计 单位:%

分区	1988 年	1996 年	2006 年	2016 年	2018 年
Ⅰ	0.12	12.50	7.89	65.62	24.62
Ⅱ	60.37	56.22	27.84	78.36	85.01
Ⅲ	31.60	54.66	55.79	28.18	40.43

续表

分区	1988 年	1996 年	2006 年	2016 年	2018 年
IV	20.92	13.97	9.49	89.77	75.16
V	9.00	27.94	24.55	63.32	78.01
VI	7.28	23.34	45.03	61.52	38.18
全域	20.06	26.55	27.27	67.05	52.09

(3) 玉米作物耕地利用分区命名

Ⅰ区玉米作物种植比例在30年间均低于每个时期全域玉米作物种植占比，其中在1988年、1996年和2006年均为6个分区中最后一位，且与其他分区玉米作物种植占比差值较大，2016年玉米作物种植占比升至第3位，2018年再次回落。根据该区玉米种植历史规律，将其命名为"玉米种植传统劣势区"。

Ⅱ区玉米作物种植比例在1988年、1996年和2006年均位于6个分区中首位，玉米作物种植占比远高于其他区域，2016年降至第2位，2018年恢复第1位。根据该区域玉米种植历史规律和农户种植习惯，将其命名为"玉米种植传统优势区"。

Ⅲ区玉米作物种植比例在1988年和1996年处于6个分区中的第2位，2006年升至第1位，2016年处于第6位，2018年处于第4位。综合历史变化规律，将该区命名为"玉米种植新兴劣势区"。

Ⅳ区玉米作物种植比例1988年处于6个分区中的第2位，1996年和2006年位于第5位，2016年升至首位，2018年位于第3位。综合历史变化规律，将其命名为"玉米种植综合优势区"。

Ⅴ区玉米作物种植比例在1988年处于6个分区中的第4位，1996年和2006年处于第3位，2016年处于第4位，2018年升至第2位，将其命名为"玉米作物新兴优势区"。

Ⅵ区玉米作物种植比例在1988年位于6个分区中的第5位，1996年位于第4位，2006年位于第2位，2016年和2018年回落至第5位，因此将其命名为"玉米种植综合劣势区"。

5.3 粮食作物耕地利用区域分化的管控对策

5.3.1 不同政策情景构建

传统的粮食作物耕地利用分区管控通常只是针对耕地本身是否与自然条

件或社会经济条件相匹配,然而我国作为农业大国,国家需求引导下的农业政策因素更是粮食作物耕地利用区域分化的主导因素。针对现阶段与未来可能出现的不同政策情景,结合粮食作物耕地利用分区结果,围绕耕地利用数量、结构、布局等内容,探索性地提出松嫩平原典型区耕地利用区域分化管理和调控的对策建议,以实现耕地利用方式的科学管理和有序引导。在研究区主要粮食作物耕地利用分区的基础上,从政府、农户等不同层面对耕地利用进行管控,以保障研究区耕地利用结构合理和布局优化。未来时期的耕地利用应该充分发挥耕地资源的地域优势,通过农业政策调整、农村土地综合整治等管控策略,促使种植结构科学合理、耕地利用高效发展。

表 5.5 大豆振兴政策情景与粮食增产政策情景的基本情况

政策情境	国际形势	管控策略
大豆振兴	2020 年我国大豆产量 1960 万吨,累计进口大豆 10 033 万吨,国产大豆占比不到 20%。我国大豆产需缺口巨大,高度依赖进口的局面短期内很难改变。面对国际政治经济形势和疫情发展的巨大不确定性,作为全球最大的大豆进口国,我国大豆稳定供应面临严峻考验,大豆振兴政策势在必行	针对大豆振兴政策情景,本研究基于大豆历史种植规律的大豆作物耕地利用管控分区为基础,有针对性地提出相应的管控对策
粮食增产	近年来国际形势愈发复杂,加之新冠疫情等"黑天鹅"事件频发,国际上各粮食生产大国都一定程度上收紧粮食出口,我国必须做好完全以中国土地养活中国人的准备。在这种情景下,粮食产量是考虑的首要因素,玉米是保障我国粮食产量的关键,维持与提高东北粮食主产区的玉米产量是粮食增产政策情境下的关键目标	针对粮食增产政策情景,本研究基于玉米历史种植规律的玉米作物耕地利用管控分区为基础,有针对性地提出相应管控对策

根据现阶段国际形势与我国粮食安全的现状,本研究提出了两种最可能出现的政策情景——大豆振兴政策情景与粮食增产政策情景(表5.5),并针对这两种政策情景结合前文对玉米作物与大豆作物的耕地利用管控分区(水稻作物在本研究区内占比很少,所以在此就不多作分析),提出了两种政策情景下不同区域的管控对策。本研究提出的不同粮食作物管控政策考虑到了农户的种植习惯与不同的政策情景,具有更好的可实施性。

5.3.2 大豆振兴情景下的管控对策

前文已按照研究区大豆作物种植的习惯与自然规律,将大豆作物耕地利用划分为大豆种植新兴优势区、大豆种植新兴劣势区、大豆种植综合优势区和大豆种植综合劣势区。本研究根据对耕地利用区域分化具有显著解释能力的影响因素,对大豆作物耕地利用进行管理和调控。

(1) 大豆种植新兴优势区

大豆种植新兴优势区（Ⅰ区）在历史时期多以种植杂粮、玉米等作物为主，往往以利用耕地资源获取尽多产出为种植取向。但这类地区自然条件与经济技术能力尚佳，易受政策调控，可以在政策或市场出现波动时快速做出响应。针对此类地区，要在维持现有政策平稳运行的基础上，建设现代化农业耕作区，加快推进形成粮豆轮作模式，充分发挥耕地功能，提升农作物产量，增强农产品的市场竞争力。

(2) 大豆种植新兴劣势区

大豆种植新兴劣势区（Ⅳ区）表现为历史时期大豆种植比例较高，但近期大豆种植比例降低。这类区域耕地资源本身就适合种植大豆作物，前期农户也倾向于种植大豆作物，但近期受限于大豆种植收益较低只能转为种植玉米作物。针对此类地区，要建立畅通的"政府—农户"二者融合的耕地保护机制，充分调动农民参与耕地保护和保障国家粮食安全的积极性，加大政策宣传与农业补贴力度，释放耕地利用潜力，维持耕地利用的良性循环。

(3) 大豆种植综合优势区

大豆种植综合优势区（Ⅲ区）在 30 年间始终保持着稳定的大豆种植比例，经过历史检验，该区域无论是自然条件还是在农户偏好上，均具有较好的大豆种植基础，但由于长期的大豆连作，耕地质量和耕地生态安全受到影响。针对此类地区，建议推广严格的轮作制度，以大豆与玉米轮作为主，鼓励麦豆轮作，与杂粮杂豆、薯类、饲草等轮作为辅，以 3 年为一轮作周期，3 种作物交替种植。改善以大豆为主的连作、重迎茬状况，对于因长期大豆连作造成的生产、生态效益低下的耕地，尽量减少其农业生产活动，积极开展耕地休耕试点。

(4) 大豆种植综合劣势区

大豆种植综合劣势区（Ⅱ区）长期以来大豆种植比例较低，以种植玉米、杂粮为主，该区域大多自然条件较差，容易发生旱涝灾害，而大豆作物抗旱耐涝能力较差，使得这类区域大豆种植比例低下。针对此类区域，需要政府用公共财政来支持和补贴，积极改善耕地基础设施条件，开展治理侵蚀沟等土地综合整治行动，增强耕地韧性，推进耕地利用向规模经营转型，同时完善高标准农田建设，探索等高种植的耕地利用模式。

5.3.3 粮食增产情景下的管控对策

在粮食增产的政策背景下，增加单产较高的玉米种植面积是适应政策最好的选择。前文已按照研究区玉米作物的种植习惯与自然规律，将玉米作物耕地利用划分为玉米种植新兴优势区、玉米种植传统优势区、玉米种植综合优势区、玉米种植新兴劣势区、玉米种植传统劣势区和玉米种植综合劣势区。本研究根据对耕地利用区域分化具有显著解释能力的影响因素，对玉米作物耕地利用进行管理和调控。

（1）玉米种植新兴优势区

玉米种植新兴优势区（Ⅴ区）是指历史上以种植大豆与其他作物为主、近年来以玉米种植为主的区域，此区域位于依安县与拜泉县交界地带，交通条件便利，水土条件优良，区域内种植结构变化较快。对于此类区域，在调控过程中建议充分了解当地农户的种植意愿，在现有耕地利用种植框架下按照国家粮食调控需求逐渐调整种植结构，在保障粮食安全的同时提高耕地利用综合效益。

（2）玉米种植新兴劣势区

玉米种植新兴劣势区（Ⅲ区）位于乌裕尔河沿岸，前期以旱田作物为主，近年来由于地势平坦开始发展水田种植，水稻种植占比的提升使得该区域产生玉米种植劣势。针对此区域，应基于有利的自然条件，保持耕地利用多样化均衡发展的态势，发展现代农业。可结合农业景观特色，促进耕地保护与农村发展、农业文化相融合，构建农业生态休闲田园综合体，进一步增强耕地多功能性。

（3）玉米种植传统优势区

玉米种植传统优势区（Ⅱ区）主要集中分布在研究区西部依安县的大部分地区，该区域耕地常年种植玉米作物，玉米连作现象尤为突出。长期玉米连作导致该区域耕地土壤养分不均、病虫害加重，存在自毒作用潜在风险。根据农业部关于"镰刀弯"地区玉米种植结构的调整意见，在充分考虑农户种植习惯的基础上，针对此类地区重点推广"二二制"轮作模式，引导农户开展"玉米—大豆"轮作，通过大豆的固氮作用为下一季玉米提供氮素，起到减少肥料成本投入和提高经济效益的作用，进而实现缩减玉米种植面积和改良玉米连作耕地土壤质量的双重目的。

（4）玉米种植传统劣势区

玉米种植传统劣势区（Ⅰ区）主要集中分布在研究区东南部拜泉县，此区域以大豆为主栽作物，是典型的黑土区，土壤质量较好，没有明显的耕地利用限制条件。针对此区域，要继续保持原有的农业政策平稳运行，在此基础上推进农村土地使用权流转，实现土地承包经营权集中，将土地流转到农村合作社或农村经营大户进行集中管理，流转后的耕地便于耕地经营者进行规模化种植，有利于从根本上促进传统农业向现代农业转变。

（5）玉米种植综合优势区

玉米种植综合优势区（Ⅳ区）在研究期30年间耕地利用方式基本以玉

米种植为主，形成了较为稳定的种植模式。针对这类区域，一方面要积极推广保护性耕作，提高土壤质量的同时实现黑土区农业可持续发展；另一方面对于生产、生态可持续性欠佳的耕地，要推广玉米与谷子、高粱等耐旱耐瘠薄的杂粮杂豆轮作，稀播稀种，减少化肥农药投入，尽可能地减轻耕地生产压力，并做好玉米秸秆还田工作，做到耕地的用养结合。

（6）玉米种植综合劣势区

玉米种植综合劣势区（Ⅵ区）主要位于研究区北部的克山县，前期耕地利用以种植大豆和其他作物为主，逐渐转为大豆主产区。这类区域在保持原有农业政策的基础上，要加强规划实施管理与控制，保障高标准基本农田数量、质量、生态"三位一体"落实，在耕地保护为重要保障的前提下，完善并优化农业基础设施条件，增加对农业基础设施的投入力度，不断改善耕地的耕作条件。

5.4 本章小结

本章在明确研究区耕地利用区域分化管控分区目标与原则的基础上，选择研究区最主要的大豆和玉米两种粮食作物，划定耕地利用优势区域，提出主要粮食作物耕地利用的发展方向与管控策略，围绕区域发展战略、区域内自然地理条件、农户种植习惯等因素，针对不同的政策情景，因地制宜，提出具有差别化的耕地利用管控策略。基于大豆振兴和粮食增产的不同政策情景，结合每个分区的特点和历史发展规律对不同区域提出管控对策。

①运用 Grouping Analysis 工具，采用"K 最近邻"的空间约束方式，依据 1988 年、1996 年、2006 年、2016 年和 2018 年研究区大豆作物和玉米作物的耕地利用占所在乡镇耕地总面积的比例，确定分区组数后进行耕地利用分区。根据伪 F 统计值分布差异，将研究区大豆作物和玉米作物分别划分为 4 个区和 6 个区，保证各区域内部主要粮食作物耕地利用规律的相似性最高，各区域之间主要粮食作物耕地利用规律的差异性最大。

②在大豆振兴的政策情景下，主要针对大豆作物耕地利用分区进行综合管控。"大豆种植新兴优势区"在维持现有政策平稳运行的基础上，建设现代化农业耕作区，加快推进形成粮豆轮作模式；"大豆作物新兴劣势区"要建立畅通的"政府—农户"二者融合的耕地保护机制，充分调动农民参与耕地保护和保障国家粮食安全的积极性，释放耕地利用潜力；"大豆作物综合优势区"建议推广严格的轮作制度，以大豆与玉米轮作为主，改善以大豆为主的连作、重迎茬状况，对于因长期大豆连作造成的生产、生态效益低下的耕地，

尽量减少农业生产活动，积极开展耕地休耕试点；"大豆种植综合劣势区"需要政府用公共财政来支持和补贴，积极改善耕地基础设施条件，开展治理侵蚀沟等土地综合整治行动，增强耕地韧性，完善高标准农田建设，探索等高种植的耕地利用模式。

③在粮食增产的政策情景下，主要针对玉米作物耕地利用分区进行综合管控。"玉米种植新兴优势区"要充分了解当地农户种植意愿，在现有耕地利用种植框架下按照国家粮食调控需求逐渐调整种植结构，在保障粮食安全的同时提高耕地利用综合效益。"玉米种植新兴劣势区"应基于有利的自然条件，保持耕地利用的多样化均衡发展态势，发展现代农业，可结合农业景观特色，促进耕地保护与农村发展、农业文化相融合，增强耕地的多功能性。"玉米种植传统优势区"应根据农业部种植结构调整意见，重点推广"二二制"轮作模式，引导农户开展"玉米—大豆"轮作，实现缩减玉米种植面积和改良玉米连作耕地土壤质量的双重目的。"玉米种植传统劣势区"要继续保持原有农业政策平稳运行，推进农村土地使用权流转，将土地流转到农村合作社或农村经营大户进行集中管理，从根本上促进传统农业向现代农业转变。"玉米种植综合优势区"要积极推广保护性耕作，提高土壤质量的同时实现黑土区农业可持续发展，对于生产、生态可持续性欠佳的耕地，要减少化肥农药投入，减轻耕地生产压力，并做好玉米秸秆还田工作，做到耕地的用养结合。"玉米种植综合劣势区"在保持原有农业政策的基础上，要加强规划实施管理与控制，保障高标准基本农田数量、质量、生态"三位一体"落实，完善并优化农业基础设施条件，改善耕地的耕作条件，提高粮食产量。

6 结论与讨论

6.1 结论

本研究以松嫩平原黑土区相互邻接的 3 个典型县（依安县、克山县和拜泉县）为研究区，以主要粮食作物耕地利用方式与结构差异带来的耕地利用区域分化为切入点，基于 Google Earth Engine 大数据云平台，运用随机森林分类器提取 1988 年、1996 年、2006 年、2016 年和 2018 年主要粮食作物（大豆、玉米、水稻和其他作物）的分布信息，构建研究区主要粮食作物耕地利用数据库。以此为基础，运用地理信息技术与空间统计分析方法，测算研究区典型年份及不同时段主要粮食作物耕地利用面积、结构、转移方式、动态度等数量变化特征，分析了主要粮食作物耕地利用的重心迁移路径、方向、分布范围、关联性等空间分异特征，阐明了耕地利用区域分化的空间格局和动态变化规律，通过构建地学信息图谱，从空间位置和时间变化的角度探究研究区典型年份粮食作物耕地利用区域分化的总体特征。在明确耕地利用区域分化特征的基础上，从土壤要素、气候要素、区位要素、地形要素和人文要素等方面筛选和甄别 1988—2018 年研究区粮食作物耕地利用区域分化的关键性影响因子，借助 RStudio 平台构建地理探测器模型，测算各影响因子及因子交互作用对粮食作物耕地利用区域分化的作用大小和方向；运用 SPSS 软件进行相关性分析，探究社会经济要素对粮食作物耕地利用数量变化的驱动机理；构建地理加权回归模型从空间上揭示自然因子对耕地利用空间分异的作用规律，明确研究区粮食作物耕地利用空间分异的驱动机理；通过耕地利用功能分区提出主要粮食作物耕地利用的发展方向与管控策略，围绕区域内自然地理条件、农户种植习惯等因素，构建大豆振兴与粮食增产等不同的政策情景，因地制宜，提出具有差别化的耕地利用区域分化管控对策，对于保障耕地资源的合理利用，实现粮食安全与耕地保护的共同目标至关重要。研究结论如下。

①1988—2018 年研究区粮食作物耕地利用面积处于不断调整变化中，大

豆和玉米作物逐渐成为研究区最主要的两种耕地利用类型，水稻作物基本保持平稳状态，其他作物持续减少。其中，大豆作物在2006年种植面积达到峰值后开始下降，2018年再次出现增加；玉米作物耕地利用面积一直处于上升趋势，于2016年达到峰值，2018年出现小幅回落；水稻作物耕地利用面积整体占比较低；其他作物耕地利用面积一直呈减少的趋势。1988—1996年、1996—2006年、2006—2016年和2016—2018年4个时段中，1988—2018年研究区耕地利用综合动态度、单一耕地利用动态度所呈现的时空差异和变化趋势各不相同，大豆、玉米和其他作物的单一动态度呈现互补特征。

②研究区粮食作物耕地利用的空间分化特征显著，大豆作物较多分布在研究区东部的克山县和拜泉县，玉米作物较多分布在研究区西部的依安县，水稻作物集中分布在河流沿岸，其他作物空间分布较为分散。根据1988—2018年粮食作物耕地利用重心迁移轨迹，大豆作物耕地利用重心始终位于拜泉县境内，重心位置向东北方向移动；玉米作物耕地利用重心处于三县交界，重心迁移路径由南向北沿顺时针方向迁移；水稻作物耕地利用重心由依安县境内移动到拜泉县境内，重心迁移路径总体上呈向北再向东迁移的趋势；其他作物耕地利用重心一直处于变化中，重心迁移路径整体上呈现波动南移的状态。通过标准差椭圆分析揭示研究区1988—2018年大豆、玉米、水稻和其他作物的空间方向、展布范围等一系列参数的变化特征，表现为大豆作物空间分布从分散趋于集中，玉米作物在研究区内广泛分布，水稻作物聚集为主，覆盖范围逐渐增大，而其他作物的空间分布在重要时间节点上发生趋势性变化。采用探索性空间数据分析（ESDA）方法对1988—2018年研究区48个乡镇的不同作物进行空间关联性测度，不同粮食作物耕地利用的空间关联特征存在差异，总体上大豆和玉米作物的耕地利用空间集聚特征更为显著，水稻作物高值集聚区主要分布在乌裕尔河沿岸，其他作物高值集聚区的范围逐年缩小。

③研究区粮食作物耕地利用区域分化总体特征在时空上具有一般地学信息图谱"时间—空间—属性—过程"的基本特征。本研究构建了研究区粮食作物耕地利用区域分化的地学信息图谱，对1988—1996年、1996—2006年、2006—2016年和2016—2018年4个时段变化过程进行合成表达，将耕地利用区域分化过程划分为5种类型：稳定不变型、前期变化型、后期变化型、间歇变化型和持续变化型，占耕地总面积的比例分别为5.02%、22.81%、14.80%、49.29%和8.08%。其中，稳定不变型图谱单元集中在拜泉县中部、西南部地区和依安县西部，呈小聚集、跳跃式的分布特征；前期稳定型图谱单元主要在依安县东部及拜泉县大部分地区集中连片分布；后期稳定型图谱单元较多分布在克山县境内，以及依安县西部与拜泉县东部地区，空间分布

较为分散；间歇变化型是最为普遍的变化类型，广泛分布在克山县与依安县的大部分地区及拜泉县的南部地区；持续变化型图谱单元在研究区内数量较少且零星分布，研究结果综合反映了30年来研究区粮食作物耕地利用区域分化的空间格局和动态变化总体特征。

④本研究结合前期研究基础及松嫩平原典型地区的实际情况，遵循科学性、系统性、有效性和可操作性原则，综合确定土壤类型、土壤有机质、土壤全氮量、土壤全磷量、土壤全钾量、耕作期5—9月平均气温、耕作期5—9月降水量、海拔高度、到城镇中心距离、到河流距离、到主要公路距离、粮食价格及农业政策等影响因子为研究区粮食作物耕地利用区域分化的关键性影响因子。

⑤运用基于最佳参数组合的地理探测器模型，从单一因子和双因子交互作用对粮食作物耕地利用区域分化进行因子探测。第一，耕作期平均温度、行政区因素对大豆和玉米作物耕地利用区域分化起到主导作用，且行政区的政策影响的解释能力逐渐增强，土壤要素也对大豆和玉米作物耕地利用区域分化具有一定解释能力。到河流距离对水稻作物的耕地利用区域分化的解释力是最强的，海拔高度和土壤类型也在一定程度上影响着水稻作物的耕地利用区域分化。由于其他作物种植面积持续减少，各影响因子对其他作物的耕地利用区域分化特征解释能力较弱。第二，1988—2018年粮食作物耕地利用区域分化影响因子之间交互作用的结果大多数呈现非线性增强和双因子增强的协同增强，有少量影响因子交互作用结果为单因子减弱或未通过显著性检验。不同时期影响因子的交互作用对粮食作物耕地利用区域分化的影响有所差异，从整体来看，气候因子与土壤因子对大豆和玉米作物耕地利用区域分化的交互影响最强，距离因子与海拔高度对水稻和其他作物耕地利用区域分化的交互影响最强。

⑥根据主要粮食作物（大豆、玉米和水稻）耕地利用的面积数据与中国历年粮食价格的年度数据进行相关性分析，对主要粮食作物耕地利用数量变化进行定量归因。结果表明，玉米作物种植面积与前一年玉米作物价格的相关性具有统计学意义且可以较好地解释研究区玉米作物的耕地利用区域分化（$r=0.962$，$p=0.038$），与当年价格相关性较弱。大豆作物种植面积变化对价格不敏感，政府通过农业补贴调控大豆作物种植规模，导致农民在耕地利用决策时不完全依赖于市场价格。水稻作物种植面积在一定程度上受到前一年粮食价格的影响，但水稻作物受水源、地势等自然环境影响较大，不完全取决于粮食价格。

⑦运用地理加权回归模型从影响因子作用的空间差异角度剖析研究区耕地利用区域分化的驱动机理，定量化表达各影响因子在不同地理位置对耕粮

食作物地利用区域分化的作用方向和强度。土壤因子在研究前期对大豆和玉米作物影响较大,随着农业政策宏观调控作用的加强,土壤因子对其空间分异的驱动作用有所减弱,土壤有机质含量高的地方玉米作物种植面积较大;气候因子对研究区粮食作物耕地利用空间分异的解释力较强,大豆作物更倾向被种植在耕作期平均气温低的区域,自然条件较优的区域多用来种植产量较高的玉米作物,同时降水量大的地区玉米作物的种植面积增加较大;地形因子对大豆和玉米作物的耕地利用区域分化具有一定的解释能力,高海拔地区更多种植产量低且适宜性强的大豆作物,海拔高度越高的地方水稻作物扩张面积越小;到河流距离对水稻作物种植变化具有较强的解释能力,水稻作物倾向于种植在到河流距离近的区域,随着机械化与农业现代化的实现,粮食作物生产对道路交通的依赖程度增加,城镇中心距离对粮食作物的驱动作用在空间上同样具有一定的空间异质性特征,但回归系数值较低。

⑧在明确研究区粮食作物耕地利用区域分化管控分区目标与原则的基础上,根据粮食作物耕地利用的实际情况与历史特征对研究区域进行分区划定,科学调控耕地利用的数量规模和空间结构。将大豆作物划分为大豆种植新兴优势区、大豆种植新兴劣势区、大豆作物综合优势区和大豆作物综合劣势区,将玉米作物分别划分为玉米种植新兴优势区、玉米种植新兴劣势区、玉米种植传统优势区、玉米种植传统劣势区、玉米种植综合优势区和玉米种植综合劣势区,围绕区域发展战略、区域内自然地理条件、农户种植习惯等因素,针对不同的政策情景,因地制宜,提出具有差别化的粮食作物耕地利用管控对策。

6.2 讨论

基于粮食作物种植视角,探究粮食作物耕地利用的区域分化特征及驱动机理,是对耕地利用领域研究的延伸和细化。松嫩平原耕地资源丰富,是东北地区作物种植结构调整的重点地区,传统分析作物种植结构通常是使用农业统计数据,囿于统计方法和精度,很难刻画出作物分布的时空特征。遥感数据相比统计数据更加客观而且具有更好的尺度自由性,可以从不同尺度分析作物种植结构演变规律。本研究基于 Google Earth Engine 大数据云平台,利用多时相 Landsat 5 和 Sentinel-2 遥感数据结合随机森林算法提取研究区主要粮食作物的耕地利用信息,为客观、准确地获取耕地利用信息提供新的科学方法和手段。

①在粮食作物耕地利用区域分化特征方面,本研究从数量结构和空间分

布等属性特征分析1988年、1996年、2006年、2016年和2018年5个时间点和1988—1996年、1996—2006年、2006—2016年和2016—2018年4个时段的粮食作物耕地利用区域分化特征,突破了目前研究局限于单一作物或单一年份的静态分析,实现了较长时间序列主要粮食作物耕地利用区域分化特征的多维度分析。在未来研究中,可尝试拓展研究广度和深度,探索更大尺度的耕地利用区域分化特征研究。

②在粮食作物耕地利用区域分化驱动机理方面,相关成果侧重依据对作物种植结构的认知,定性探讨其分布的影响因素,辅以简单的统计或空间分析,而基于空间统计学方法和模型的定量归因是既有研究的薄弱环节。本研究从气候、土壤、地形、区位、价格等方面选取影响因子,定量分析主要粮食作物耕地利用面积与粮食价格的相关性,对耕地利用区域分化的影响因子进行地理探测和交互作用分析,以及探究影响因子在不同空间位置上的影响程度,弥补了当前研究多为定性归因,缺少揭示粮食作物耕地利用影响因子作用的空间异质性及因子间可能具有的协同或拮抗作用的不足。对于耕地利用驱动机理中影响因子的作用关系,本研究仅考虑了任意两因子之间的交互作用强度,在以后的研究中可以尝试分析多因子共同作用对耕地利用区域分化的解释能力。

③在粮食作物耕地利用区域分化的管控对策方面,现有的耕地利用分区管控研究,多依据自然资源条件及其利用属性进行耕地综合管理调控。本研究结合30年间粮食作物耕地利用发展规律,对研究区最主要的大豆和玉米作物进行耕地利用分区,针对不同的政策情景,提出每个分区具体管控策略,这是研究区实现耕地差异化保护、精细化管理的重要途径,更是对当前研究缺少粮食作物耕地利用分区管控的补充与完善。同时,针对粮食作物耕地利用的不同发展阶段,探索构建多元主体精准调控的适应机制,将是下一步研究的重点和方向。

参考文献

[1] 金涛. 中国粮食作物种植结构调整及其水土资源利用效应[J]. 自然资源学报, 2019, 34(1): 14-25.

[2] 刘洛, 徐新良, 刘纪远, 等. 1990-2010年中国耕地变化对粮食生产潜力的影响[J]. 地理学报, 2014, 69(12): 1767-1778.

[3] 宋戈, 张文琦. 粮食作物种植视角下东北粮食主产区耕地利用的时空分化特征[J]. 农业工程学报, 2020, 36(15): 1-8.

[4] 罗翔, 曾菊新, 朱媛媛, 等. 谁来养活中国: 耕地压力在粮食安全中的作用及解释[J]. 地理研究, 2016, 35(12): 2216-2226.

[5] 洪舒蔓, 郝晋珉, 周宁, 等. 黄淮海平原耕地变化及对粮食生产格局变化的影响[J]. 农业工程学报, 2014, 30(21): 268-277.

[6] 李天祥, 朱晶. 近十年来中国粮食内部种植结构调整对水土资源利用的影响分析[J]. 中国人口·资源与环境, 2014, 24(9): 96-102.

[7] 冯颖, 侯孟阳, 姚顺波. 中国粮食生产空间关联网络的结构特征及其形成机制[J]. 地理学报, 2020, 75(11): 2380-2395.

[8] 陈秧分, 李先德. 中国粮食产量变化的时空格局与影响因素[J]. 农业工程学报, 2013, 29(20): 1-10.

[9] 华树春, 钟钰. 我国粮食区域供需平衡以及引发的政策启示[J]. 经济问题, 2021(3): 100-107.

[10] 倪学志, 于晓媛. 耕地轮作、农业种植结构与我国持久粮食安全[J]. 经济问题探索, 2018(7): 78-88.

[11] 毛学峰, 刘靖, 朱信凯. 中国粮食结构与粮食安全: 基于粮食流通贸易的视角[J]. 管理世界, 2015(3): 76-85.

[12] 王大为, 蒋和平. 基于农业供给侧结构改革下对我国粮食安全的若干思考[J]. 经济学家, 2017(6): 78-87.

[13] 张元红, 刘长全, 国鲁来. 中国粮食安全状况评价与战略思考[J]. 中国农村观察, 2015(1): 2-14, 29, 93.

[14] 谢高地, 成升魁, 肖玉, 等. 新时期中国粮食供需平衡态势及粮食安全观的重构[J]. 自然资源学报, 2017, 32(6): 895-903.

[15] 张红梅, 宋戈. 黑龙江省典型县耕地种植结构空间分异特征与影响因素[J]. 农业机械学报, 2021, 52(5): 239-248.

[16] 倪坤晓, 何安华. 中国粮食供需形势分析[J]. 世界农业, 2021(2): 10-18.

[17] 马述忠,叶宏亮,任婉婉.基于国内外耕地资源有效供给的中国粮食安全问题研究[J].农业经济问题,2015,36(6):9-19,110.

[18] 陈美球,赖昭豪,刘桃菊.改革开放以来我国耕地利用变化及其展望[J].土壤通报,2019,50(2):497-504.

[19] 孟丽君,黄灿,陈鑫,等.曲周县耕地利用系统韧性评价[J].资源科学,2019,41(10):1949-1958.

[20] 王国刚,刘彦随,陈秧分.中国省域耕地集约利用态势与驱动力分析[J].地理学报,2014,69(7):907-915.

[21] 柯新利.我国耕地保护目标责任及区域补偿研究进展[J].华中农业大学学报(社会科学版),2014(1):117-123.

[22] 徐超.论我国耕地利用和保护的多元主体重构[J].农村经济,2016(4):32-39.

[23] 侯现慧,王占岐,杨俊.富硒区耕地质量评价及利用分区研究:以福建省三元区为例[J].资源科学,2015,37(7):1367-1375.

[24] 潘洪义,景伟力,范婷,等.规划引导与耕地质量约束下农用地整理时序研究[J].中国土地科学,2015,29(8):81-88,97.

[25] 吕晓,牛善栋,谷国政,等."新三农"视域下中国耕地利用的可持续集约化:概念认知与研究框架[J].自然资源学报,2020,35(9):2029-2043.

[26] 郑亚楠,张凤荣,谢臻,等.中国粮食生产时空演变规律与耕地可持续利用研究[J].世界地理研究,2019,28(6):120-131.

[27] 张鹏岩,秦明周,闫江虹,等.河南省耕地资源利用效益的影响因素及特征分析[J].中国人口·资源与环境,2013,23(1):162-169.

[28] 柯新利,邓祥征,刘成武.基于分区异步元胞自动机模型的耕地利用布局优化:以武汉城市圈为例[J].地理科学进展,2010,29(11):1442-1450.

[29] 陈玉洁,张平宇,刘世薇,等.东北西部粮食生产时空格局变化及优化布局研究[J].地理科学,2016,36(9):1397-1407.

[30] 宋伟.1998—2007年中国耕地数量及其结构变化研究[J].经济地理,2011,31(10):1698-1702.

[31] 宋小青,李心怡.区域耕地利用功能转型的理论解释与实证[J].地理学报,2019,74(5):992-1010.

[32] 欧阳玲,王宗明,贾明明,等.基于遥感的吉林省中西部耕地数量和质量空间格局变化分析[J].农业工程学报,2016,32(13):234-242.

[33] 李智国.中国耕地利用变化与城市化发展关系综述[J].中国土地科学,2011,25(1):84-88.

[34] 安悦,谭雪兰,谭杰扬,等.湖南省农作物种植结构演变及影响因素[J].经济地理,2021,41(2):156-166.

[35] 黄妮,刘殿伟,王宗明.1986年~2005年三江平原水田与旱地的转化特征[J].资源科学,2009,31(2):324-329.

[36] 宋戈,杨雪昕,高佳.三江平原典型地区水田分布格局变化特征[J].中国土地科学,2017,31(8):61-68.

[37] 吴文嘉,夏天,胡琼. 1980—2015 年黑龙江水田旱地转换格局及其水资源效应 [J]. 中国农业资源与区划, 2019, 40（1）：142-151.

[38] 胡文海. 中部地区粮食生产比较优势分析与基地建设 [J]. 地理科学, 2015, 35（3）：293-298.

[39] 宋戈,王越,赵可,等. 东北区耕地利用系统安全格局模拟及其阈值的确定 [J]. 地理研究, 2015, 34（3）：555-566.

[40] 邓灵稚,杨振华,苏维词. 贵州喀斯特地区农作物种植结构优化对策 [J]. 经济地理, 2017, 37（9）：160-166.

[41] 张莉,吴文斌,杨鹏,等. 黑龙江省宾县农作物格局时空变化特征分析 [J]. 中国农业科学, 2013, 46（15）：3227-3237.

[42] 王泓淯,房艳刚,刘建志. 2005—2015 年黑龙江省农作物种植结构时空演变 [J]. 地域研究与开发, 2020, 39（1）：168-174.

[43] 王卫东,曹旭. 陕西省主要粮食作物种植结构时空变化特征分析 [J]. 中国农业资源与区划, 2020, 41（9）：155-162.

[44] 付东杰,肖寒,苏奋振,等. 遥感云计算平台发展及地球科学应用 [J]. 遥感学报, 2021, 25（1）：220-230.

[45] 胡云锋,商令杰,张千力,等. 基于 GEE 平台的 1990 年以来北京市土地变化格局及驱动机制分析 [J]. 遥感技术与应用, 2018, 33（4）：573-583.

[46] 龙爽,郭正飞,徐粒,等. 基于 Google Earth Engine 的中国植被覆盖度时空变化特征分析 [J]. 遥感技术与应用, 2020, 35（2）：326-334.

[47] 刘珍环,唐鹏钦,范玲玲,等. 1980—2010 年东北地区种植结构时空变化特征 [J]. 中国农业科学, 2016, 49（21）：4107-4119.

[48] 董金玮,吴文斌,黄健熙,等. 农业土地利用遥感信息提取的研究进展与展望 [J]. 地球信息科学学报, 2020, 22（4）：772-783.

[49] 王嫚嫚,刘颖,高奇正,等. 湖北省水稻种植模式结构和比较优势时空变化 [J]. 经济地理, 2017, 37（8）：137-144.

[50] 吕娜娜,白洁,常存,等. 近 50 年基于农作物种植结构的新疆绿洲农田蒸散发时空变化分析 [J]. 地理研究, 2017, 36（8）：1443-1454.

[51] 刘焕军,于胜男,张新乐,等. 一年一季农作物遥感分类的时效性分析 [J]. 中国农业科学, 2017, 50（5）：830-839.

[52] 满卫东,王宗明,刘明月,等. 1990—2013 年东北地区耕地时空变化遥感分析 [J]. 农业工程学报, 2016, 32（7）：1-10.

[53] 张鹏,胡守庚. 地块尺度的复杂种植区作物遥感精细分类 [J]. 农业工程学报, 2019, 35（20）：125-134.

[54] 朱爽,张锦水. 面向省级农作物种植面积遥感估算的分层方法 [J]. 农业工程学报, 2013, 29（2）：184-191, 300-301.

[55] 谷祥辉,张英,桑会勇,等. 基于哨兵 2 时间序列组合植被指数的作物分类研究 [J]. 遥感技术与应用, 2020, 35（3）：702-711.

[56] 谭深,吴炳方,张鑫. 基于 Google Earth Engine 与多源遥感数据的海南水稻分类研究

[J]. 地球信息科学学报, 2019, 21 (6): 937-947.
- [57] 宋戈, 王越, 雷国平. 松嫩高平原黑土区耕地利用系统安全影响因子作用机理研究: 以黑龙江省巴彦县为例 [J]. 自然资源学报, 2014, 29 (1): 13-26.
- [58] 宋梦美, 安萍莉, 江丽, 等. 1993-2013 年吉林省主粮作物种植布局及其水热资源利用效率评估 [J]. 资源科学, 2017, 39 (3): 501-512.
- [59] 董非非, 刘爱民, 封志明, 等. 大豆传统产区种植结构变化及影响因素的定量化评价: 以黑龙江省嫩江县为例 [J]. 自然资源学报, 2017, 32 (1): 40-49.
- [60] 张晓峰, 王宏志, 刘洛, 等. 近50年来气候变化背景下中国大豆生产潜力时空演变特征 [J]. 地理科学进展, 2014, 33 (10): 1414-1423.
- [61] 李祎君, 王春乙. 气候变化对我国农作物种植结构的影响 [J]. 气候变化研究进展, 2010, 6 (2): 123-129.
- [62] 王晓煜, 杨晓光, 孙爽, 等. 气候变化背景下东北三省主要粮食作物产量潜力及资源利用效率比较 [J]. 应用生态学报, 2015, 26 (10): 3091-3102.
- [63] 黄季焜. 对近期与中长期中国粮食安全的再认识 [J]. 农业经济问题, 2021 (1): 19-26.
- [64] 高珊, 黄贤金, 钟太洋, 等. 农产品商品化对农户种植结构的影响: 基于沪苏皖农户的调查研究 [J]. 资源科学, 2014, 36 (11): 2370-2378.
- [65] 邹军, 朱颖璇, 杨雨豪, 等. 1981—2015 年华北地区种植结构演变及其驱动机制分析 [J]. 中国农业大学学报, 2019, 24 (12): 23-32.
- [66] 蒋凌霄, 安悦, 谭雪兰, 等. 近30年来长株潭地区农作物种植结构演变及优化对策 [J]. 经济地理, 2020, 40 (1): 173-180.
- [67] 林大燕, 朱晶. 从供应弹性的视角看我国主要农作物种植结构变化原因 [J]. 农业技术经济, 2015, (1): 33-41.
- [68] 吕东辉, 徐彩芬, 张郁. 价格波动对黑龙江省种植结构影响的模拟分析 [J]. 农业技术经济, 2019 (12): 96-106.
- [69] 杨进, 钟甫宁, 陈志钢, 等. 农村劳动力价格、人口结构变化对粮食种植结构的影响 [J]. 管理世界, 2016 (1): 78-87.
- [70] 薛庆根, 周宏, 王全忠. 中国种植业增长中的结构变动贡献及影响因素: 基于 1985—2011 年省级面板数据的分析 [J]. 中国农村经济, 2013 (12): 28-38, 92.
- [71] 刘慧芳, 毕如田, 郭永龙, 等. 基于形态-结构-功能多维评价体系的耕地保护分区研究 [J]. 农业机械学报, 2021, 52 (2): 168-177, 354.
- [72] 王娜, 李晓云, 曾琳琳, 等. 价格支持政策对我国不同粮食作物播种面积变化的影响差异 [J]. 中国农业资源与区划, 2020, 41 (10): 52-62.
- [73] 刘志强, 王明全, 金剑. 国内外地域分异理论研究现状及展望 [J]. 土壤与作物, 2017, 6 (1): 45-48.
- [74] 郑度. 关于地理学的区域性和地域分异研究 [J]. 地理研究, 1998 (1): 5-10.
- [75] 杨宇, 李小云, 董雯, 等. 中国人地关系综合评价的理论模型与实证 [J]. 地理学报, 2019, 74 (6): 1063-1078.
- [76] 刘彦随. 现代人地关系与人地系统科学 [J]. 地理科学, 2020, 40 (8): 1221-1234.

[77] 李小云, 杨宇, 刘毅. 中国人地关系演进及其资源环境基础研究进展[J]. 地理学报, 2016, 71 (12): 2067-2088.

[78] 樊杰. 人地系统可持续过程、格局的前沿探索[J]. 地理学报, 2014, 69 (8): 1060-1068.

[79] 陈印军, 易小燕, 方琳娜, 等. 中国耕地资源与粮食增产潜力分析[J]. 中国农业科学, 2016, 49 (6): 1117-1131.

[80] 周立青, 程叶青. 黑龙江省粮食生产的时空格局及动因分析[J]. 自然资源学报, 2015, 30 (3): 491-501.

[81] 刘瑶, 张凤荣, 谢臻, 等. 耕地利用视角下全国粮食生产时空特征演变[J]. 中国农业大学学报, 2019, 24 (11): 173-182.

[82] 刘珍环, 杨鹏, 吴文斌, 等. 近30年中国农作物种植结构时空变化分析[J]. 地理学报, 2016, 71 (5): 840-851.

[83] 冀正欣, 王秀丽, 李玲, 等. 南阳盆地区耕地利用效率演变及其影响因素[J]. 自然资源学报, 2021, 36 (3): 688-701.

[84] 魏后凯. 中国农业发展的结构性矛盾及其政策转型[J]. 中国农村经济, 2017 (5): 2-17.

[85] XIE H, HE Y, ZOU J, et al. Spatio-temporal difference analysis of cultivated land use intensity based on emergy in the Poyang Lake Eco-economic Zone of China[J]. Journal of Geographical Sciences, 2016, 26 (10): 1412-1430.

[86] VIALLON F-X, SCHWEIZER R, VARONE F. When the regime goes local: Local regulatory arrangements and land use sustainability[J]. Environmental Science & Policy, 2019, 96: 77-84.

[87] LIU Y, TANG W, HE J, et al. A land-use spatial optimization model based on genetic optimization and game theory[J]. Computers Environment and Urban Systems, 2015, 49: 1-14.

[88] YU D, HU S, TONG L, et al. Spatiotemporal Dynamics of Cultivated Land and Its Influences on Grain Production Potential in Hunan Province, China[J]. Land, 2020, 9 (12).

[89] SONG X, HUANG Y, WU Z, et al. Does cultivated land function transition occur in China?[J]. Journal of Geographical Sciences, 2015, 25 (7): 817-835.

[90] ZHANG M, WANG J, FENG Y. Temporal and spatial change of land use in a large-scale opencast coal mine area: A complex network approach[J]. Land Use Policy, 2019, 86: 375-386.

[91] LIU D, TANG W, LIU Y, et al. Optimal rural land use allocation in central China: Linking the effect of spatiotemporal patterns and policy interventions[J]. Applied Geography, 2017, 86: 165-182.

[92] JUAN C, ZHAO Z, LIANGLIANG Z, et al. Damage evaluation of soybean chilling injury based on Google Earth Engine (GEE) and crop modelling[J]. Journal of Geographical Sciences, 2020, 30 (8): 1249-1265.

[93] OKELLY M, BRYAN D. Agricultural location theory: Von Thunen's contribution to economic geography [J]. Progress in Human Geography, 1996, 20 (4): 457-475.

[94] HSU S K. The agroindustry: A neglected aspect of the location theory of manufacturing [J]. Journal of Regional Science, 1997, 37 (2): 259-274.

[95] ZHANG Q, ZHANG L, LI Y. Exploring the Path of Regional Eco-Compensation under the Coordination of Man-land Relationship Perspective [J]. Disaster Advances, 2012, 5: 31-36.

[96] LI X, YANG Y, LIU Y. Research progress in man-land relationship evolution and its resource-environment base in China [J]. Journal of Geographical Sciences, 2017, 27 (8): 899-924.

[97] YUAN X, SHAO Y, WEI X, et al. Study on the potential of cultivated land quality improvement based on a geological detector [J]. Geological Journal, 2018, 53: 387-397.

[98] CAO Y G, BAI Z K, ZHOU W, et al. Forces driving changes in cultivated land and management countermeasures in the Three Gorges Reservoir Area, China [J]. Journal of Mountain Science, 2013, 10 (1): 149-162.

[99] LI L, LI T. Improvement Measurement to Guarantee the Quantity and Quality of Ecological Cultivated Land [J]. Ekoloji, 2019, 28 (107): 1835-1845.

[100] ZHANG Y-X, WANG Y-K, FU B, et al. Changes in cultivated land patterns and driving forces in the Three Gorges Reservoir area, China, from 1992 to 2015 [J]. Journal of Mountain Science, 2020, 17 (1): 203-215.

[101] AGARWAL S, NAGENDRA H. Classification of Indian cities using Google Earth Engine [J]. Journal of Land Use Science, 2019, 14 (4-6): 425-439.

[102] MATEO-GARCIA G, GOMEZ-CHOVA L, AMOROS-LOPEZ J, et al. Multitemporal Cloud Masking in the Google Earth Engine [J]. Remote Sensing, 2018, 10 (7).

[103] MIN K C. Land use classification and land use change analysis using satellite images in Lombok Island, Indonesia [J]. Forest Science and Technology, 2016, 12 (4): 183-191.

[104] LIU Y, FANG F, LI Y. Key issues of land use in China and implications for policy making [J]. Land Use Policy, 2014, 40: 6-12.

[105] CAPUTO V, LUSK J L. What agricultural and food policies do US consumer prefer? A best-worst scaling approach [J]. Agricultural Economics, 2020, 51 (1): 75-93.

[106] SHEN X, ZHANG L, ZHANG J. Ratoon rice production in central China: Environmental sustainability and food production [J]. Science of the Total Environment, 2021, 764.

[107] LI M, LIU T, LUO Y, et al. Fractional vegetation coverage downscaling inversion method based on Land Remote-Sensing Satellite (System, Landsat-8) and polarization decomposition of Radarsat-2 [J]. International Journal of Remote Sensing, 2021, 42 (9): 3255-3276.

[108] CAMPI M, DUENAS M, FAGIOLO G. Specialization in food production affects global food security and food systems sustainability [J]. World Development, 2021, 141.

[109] BAJPAI S, SHARMA A, GUPTA M N. Removal and recovery of antinutritional factors

from soybean flour [J]. Food Chemistry, 2005, 89 (4): 497-501.

[110] FISCHER S, HILGER T, PIEPHO H-P, et al. Missing association between nutrient concentrations in leaves and edible parts of food crops - A neglected food security issue [J]. Food Chemistry, 2021, 345.

[111] GUO T, WANG Q, BAI W, et al. Effect of Land Use on Scouring Flow Hydraulics and Transport of Soil Solute in Erosion [J]. Journal of Hydrologic Engineering, 2013, 18 (4): 465-473.

[112] CANDELISE C, SACCONE D, VALLINO E. An empirical assessment of the effects of electricity access on food security [J]. World Development, 2021, 141.

[113] WANG G, LIU Y, LI Y, et al. Dynamic trends and driving forces of land use intensification of cultivated land in China [J]. Journal of Geographical Sciences, 2015, 25 (1): 45-57.

[114] LI Y, DUAN X, LI Y, et al. Interactive effects of land use and soil erosion on soil organic carbon in the dry-hot valley region of southern China [J]. Catena, 2021, 201.

[115] KING A E, BLESH J. Crop rotations for increased soil carbon: perenniality as a guiding principle [J]. Ecological Applications, 2018, 28 (1): 249-261.

[116] LUO C, LIU H J, FU Q, et al. Mapping the fallowed area of paddy fields on Sanjiang Plain of Northeast China to assist water security assessments [J]. Journal of integrative agriculture, 2020, 19 (7): 1885-1896.

[117] ZHAO J, YANG Y, ZHANG K, et al. Does crop rotation yield more in China? A meta-analysis [J]. Field Crops Research, 2020, 245.

[118] LIU Y, JIAO L, LIU Y. Land use data generalization indices considering scale and land use pattern effects [J]. Science China-Earth Sciences, 2011, 54 (5): 694-702.

[119] VOLLRATH A, MULLISSA A, REICHE J. Angular-Based Radiometric Slope Correction for Sentinel-1 on Google Earth Engine [J]. Remote Sensing, 2020, 12 (11).

[120] FAN D, WANG S, GUO Y, et al. The role of bacterial communities in shaping Cd-induced hormesis in 'living' soil as a function of land-use change [J]. Journal of Hazardous Materials, 2021, 409.

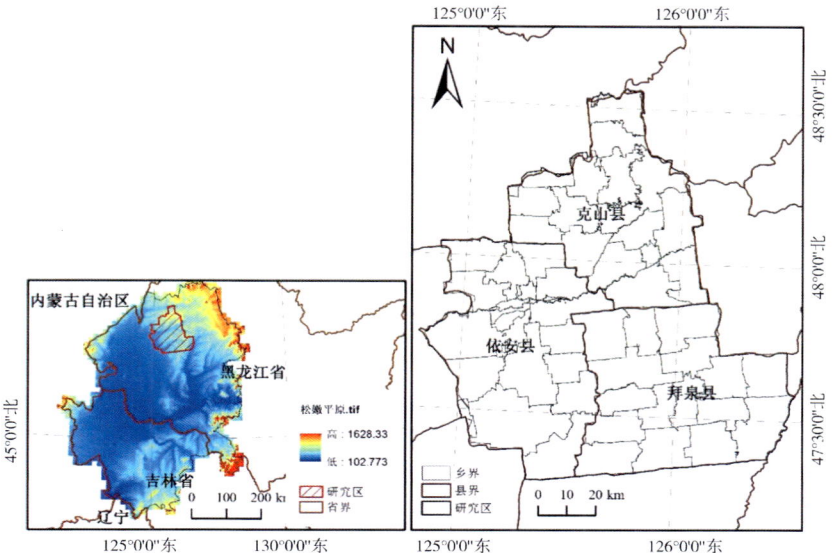

图 1.3 研究区示意图

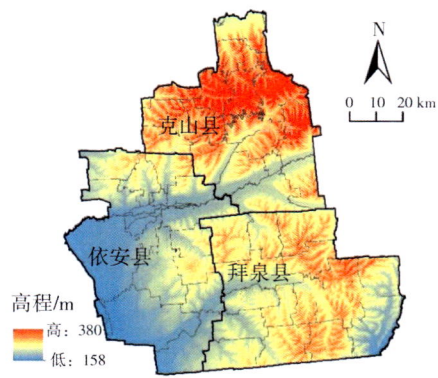

图 1.4 研究区地形图

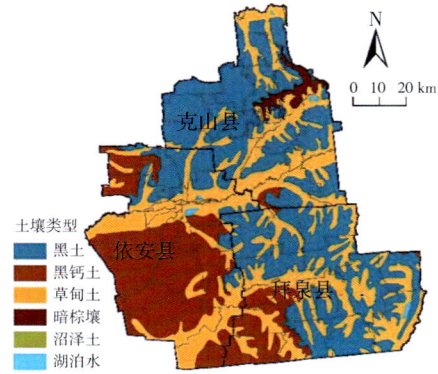

图 1.5 研究区土壤类型

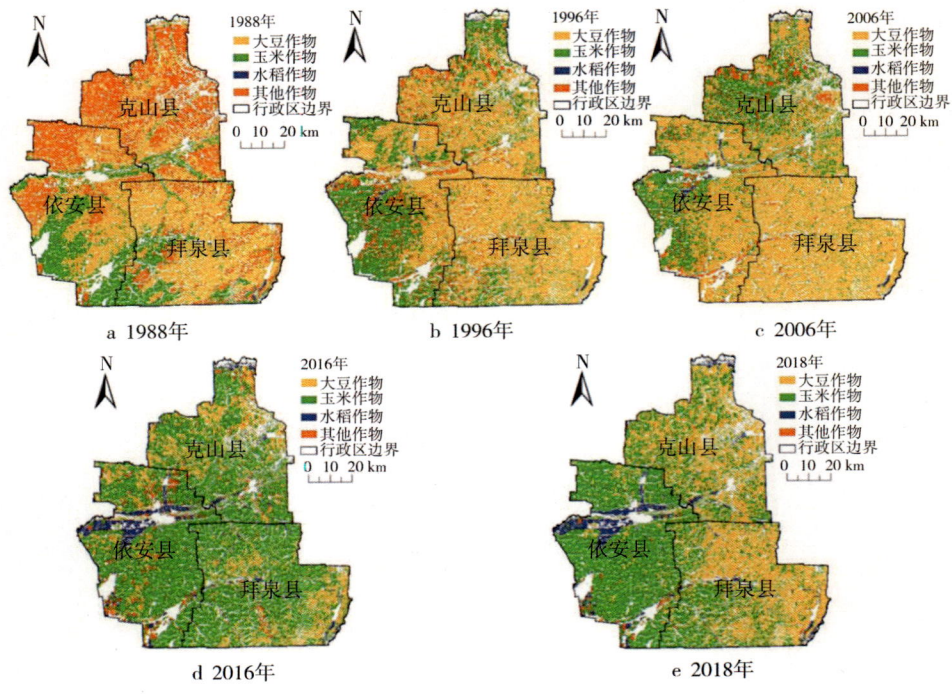

图 3.2 1988—2018 年研究区耕地利用现状

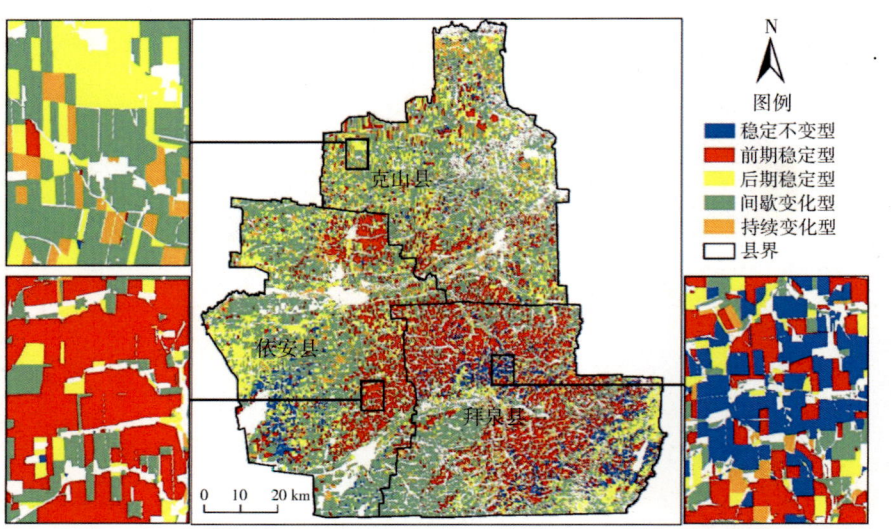

图 3.22 粮食作物耕地利用区域分化的地学信息图谱